Gütersloher Taschenbücher / Siebenstern 605

Sören Kierkegaard
Gesammelte Werke

Herausgegeben von
Emanuel Hirsch und Hayo Gerdes

5. und 6. Abteilung

Sören Kierkegaard

Die Wiederholung

Drei erbauliche Reden 1843

Gütersloher Verlagshaus
Gerd Mohn

Übersetzt von Emanuel Hirsch

CIP-Kurztitelaufnahme der Deutschen Bibliothek

Kierkegaard, Søren:
[Sammlung ⟨dt.⟩]
Gesammelte Werke / Sören Kierkegaard. – Gütersloh:
Gütersloher Verlagshaus Mohn.
Abt. 5/6. Die Wiederholung. Drei erbauliche Reden:
1843. [Übers. von Emanuel Hirsch]. – 1980.
(Gütersloher Taschenbücher Siebenstern; 605)
Orig.-Ausg. u. d. T.: Kierkegaard, Søren: Gjentagelsen.
ISBN 3-579-00605-3

ISBN 3-579-00605-3

Lizenzausgabe mit freundlicher Genehmigung des
Eugen Diederichs Verlags Düsseldorf und Köln

Umschlagentwurf: Dieter Rehder, Aachen
Gesamtherstellung: Clausen & Bosse, Leck
Printed in Germany

INHALTSVERZEICHNIS

Zum geschichtlichen Verständnis der fünften und sechsten Abteilung

Zusammen mit „Furcht und Zittern" sind Die Wiederholung (Gjentagelsen) und Drei erbauliche Reden (Tre opbyggelige Taler) am 16. Oktober 1843 im Kopenhagener Buchhandel erschienen. Sie stehen in dem wissenschaftlich maßgebenden ersten Druck der Samlede Vaerker Bd. III (1901) 171-315. Die Seitenzahlen dieser Ausgabe sind am Rande angegeben. Die Entwürfe oder Manuskripte zu beiden Schriften sind verglichen und beschrieben in der großen Ausgabe der Papirer Bd. IV (1912). Die mit + versehenen Anmerkungen teilen aus den Papirer das zum wissenschaftlichen Verständnis Nötige mit. Die übrigen Anmerkungen geben gelehrte Belege und Erläuterungen.

Die Einleitung zur vierten Abteilung dieser deutschen Kierkegaardausgabe (Furcht und Zittern) hat mit Rücksicht darauf, daß die drei am 16. Oktober 1843 erschienenen Schriften eine Einheit höherer Art darstellen, schon über die Entstehungsgeschichte auch der Wiederholung und der Drei erbaulichen Reden berichtet. Der Leser sei auf das dort Gesagte verwiesen, obwohl einiges davon hier in andrer Form wiederholt werden muß, um zum richtigen Studium dieses Bandes anzuleiten.

Die Wiederholung ist in der Gestalt, in der Kierkegaard sie drucken ließ, wohl die rätselhafteste aller seiner Schriften. Jeder Leser spürt in ihrem ersten Teil (S. V. III 171-213), dem Bericht des Constantin Constantius über seine Begegnung mit dem in ein undurchführbares Liebesverhältnis verstrickten jungen Menschen und über die eigne Reise nach Berlin, einen tragischen Schauer hindurchzittern, den auch dieser kalte, mit den Menschen experimentierende Verstandesmensch sich nicht zu verhehlen vermag, und jeder Leser spürt im zweiten Teil, nachdem er die Irritierung durch eine störende Vorbemerkung des Constantin Constantius (S. V. III

214 ff) überwunden hat, in den dann zunächst folgenden Briefen des jungen Menschen (S. V. III 223-248), daß es für diese Seele, dieses Schicksal, eigentlich nur eine Lösung, eine Entladung geben kann, den Tod. Eben da aber, wo schon ein kleiner Anlaß das Äußerste herbeiführen kann und muß, eben da (S. V. III 249) schlägt mit einem kalt-ironischen Zwischenbericht des Constantin Constantius, der herbe Sottisen gegen das weibliche Geschlecht bietet, die Stimmung um, und unmittelbar auf diesen Zwischenbericht folgt ein jubelnder Brief des jungen Menschen, der durch die Verlobung und Heirat seiner ihm zum tragischen Verhängnis werden wollenden Braut mit einem andern plötzlich der Freiheit und dem Leben wiedergegeben worden ist. Ein Schlußwort des Constantin Constantius sucht dem durch diesen Umbruch ins Possenhafte genarrten Leser weiszumachen, daß seine Schrift dennoch ein planvolles Ganzes sei, in dem er das Werden eines Dichters durch eine hart am Religiösen vorbeistreifende Krise hindurch mit überlegter psychologischer Kunst dargestellt habe. Dies Mißverhältnis zwischen dem aufs Tragische zielenden Einsatz und dem possierlichen, notdürftig zurechtgeflickten Ende geht über die den romantischen Dichtungen gern eigenen Sprünge und Umbrüche weit hinaus.

Prüft man nun, von der Verwunderung über die Uneinheitlichkeit des Werks gepackt, Kierkegaards Manuskripte, so stößt man auf folgende Tatsachen. Erstens, während von Kierkegaards Schriften sonst Entwürfe, vorläufige Ausarbeitungen, Reinschriften verschiedener Stadien sich zu finden pflegen, ist von der Wiederholung nur das Manuskript vorhanden, das Kierkegaard in die Druckerei geschickt hat. Dies Manuskript hat deutlich das Gepräge der ersten Niederschrift. Jene irritierende Vorbemerkung zu den Briefen (S. V. III 214-222) erweist sich dabei als eine im Format von der Umgebung stark abweichende besondere Blattlage. An der eigentlich kritischen Stelle aber, d. h. nach S. V. III 248, sind eine Reihe beschriebener Blätter weggeschnitten worden, und mit S. V. III 249 beginnt wieder eine neue Blattlage. Die weggeschnittenen Blätter aber hat Kierkegaard gegen seine durchgehende Gewohnheit sonst, alle verworfenen Entwürfe und Fassungen für die Nachwelt aufzuheben, vernichtet. Zweitens, in dem Bericht des Constantin Constantius im ersten Teile ist mehrmals der Tod, einmal dabei die Selbsttötung des jungen Menschen, erwähnt gewesen.

Diese Erwähnungen wurden erst nachträglich im Manuskript getilgt und verändert, wodurch Sinn und Zusammenhang ihrer Umgebung sich verdunkelt hat. Drittens, der kalt-ironische Zwischenbericht des Constantin Constantius S. V. III 249 ff ist ein erst nachträglich durch Korrekturen in einige Form gebrachter maßloser Erguß wider das weibliche Geschlecht gewesen, in dem eine durch ein Weib sich gekränkt fühlende Seele sich entlädt. Über alle diese Dinge kann der deutsche Leser sich jetzt ein selbständiges Urteil bilden an Hand der mit + versehenen Anmerkungen, welche auch die kleinen und belanglosen Streichungen, Zusätze und Änderungen des Manuskripts der Wiederholung gewissenhaft verzeichnen.

Es mag nun sein, daß an einzelnen Stellen dem Nachprüfenden Unklarheiten übrig bleiben. Eins aber beweist die haargenaue Übereinstimmung des literarkritischen und des archivalischen Tatbestandes ohne Zweifel: daß Kierkegaards Wiederholung durch zwei deutlich unterschiedene Arbeitsstadien gegangen ist. Die ursprüngliche Fassung veranschaulicht die Fruchtlosigkeit eines menschlichen Versuchs zur echten ernsten Wiederholung daran, daß der junge Mensch an der Unmöglichkeit der Wiederherstellung des Verhältnisses zur Geliebten zerbricht und in den Tod getrieben wird, weil er die ethische Kraft nicht erschwingt und Gott die von ihm erwartete und ersehnte religiöse Wunderhilfe nicht gewährt. Diese ursprüngliche Wiederholung ist, um den tragischen Schluß verkürzt und an wenigen unvermeidlichen Stellen verändert, in die endgiltige Fassung aufgenommen worden. In dieser endgiltigen Fassung wird dem jungen Menschen das Durchschmecken der ethischen und religiösen Katastrophe bis zum bittern Ende durch einen äußeren Zufall erspart, und wie zum ironischen Entgelt für das Erlassen der letzten Probe trägt er aus seinem Liebeshandel die Gabe der Dichtung davon. Es ist klar, daß der dialektische Grundgedanke der Schrift, die Unmöglichkeit einer echten Wiederholung im ethisch religiösen Sinne rein aus menschlicher Kraft, in der endgiltigen Fassung nicht zum klaren Ausdruck kommt, und daß die Geschichte des jungen Menschen und die Berliner Reise des Constantin Constantius, welche einmal als tragischer Ernst und parodierendes Spiel wie Bild und Gegenbild zueinander gedacht gewesen waren, nunmehr beide ins Parodische geraten sind. Die endgiltige Fassung bleibt also sowohl dialektisch wie literarisch hinter dem ursprünglichen Plane weit zurück. Dies beweist, daß nicht denkerische oder schriftstellerische Erwägungen, sondern die Einwirkung von außen kommender persönlicher Schickungen den Wandel vom ersten zum zweiten Stadium der Schrift herbeigeführt haben.

Diese persönlichen Schickungen sind in der Furcht und Zittern vorangestellten geschichtlichen Einleitung zusammenhängend dargestellt worden, und die in den Anmerkungen zur Wiederholung gegebenen Erläuterungen gehen den Verflechtungen mit Kierkegaards Lebensgeschichte bis ins einzelne nach. Es ergibt sich, daß die ursprüngliche Wiederholung mit Furcht und Zittern zusammen, sei es als Warnung an Regine vor einem Wiederannäherungsversuch, sei es als Versuch einer dichterisch-dialektisch verhüllten, durch Irreführung hindurch zur Selbsttätigkeit aufreizenden Erschließung an Regine gedacht gewesen ist, und daß es Regines Verlobung mit einem andern gewesen ist, welche die Umarbeitung und Umgestaltung der Schrift erzwang. Von hier aus wird die literarische Entstehungsgeschichte der Wiederholung zum Schlüssel der menschlichen Katastrophe und religiösen Wende, welche die Wiederverlobung Regines im Sommer 1843 für Kierkegaard bedeutet hat.

Die aus der ursprünglichen Wiederholung in die endgiltige Fassung übergegangenen Partien sind dichterisch wohl das Genialste, was aus Kierkegaards Feder geflossen ist, und denkerisch ist die Aufdeckung der ethischen und religiösen Schwierigkeit einer echten Wiederholung der Ausgangspunkt für Kierkegaards gesamte spätere existentialdialektische Analyse der menschlichen Innerlichkeit geworden. Der Anstoß, den diese seltsame Schrift, zumal in ihrer endgiltigen Fassung, dem feinfühligen Leser dennoch bedeutet, liegt in dem harten menschlichen Urteil, welches Kierkegaard mit ihr für den durch die dichterischen Verhüllungen Durchdringenden über Regine gefällt hat. Da hat man sich nun klarzumachen, daß Kierkegaard die Wiederholung nicht als Einzelschrift hat erscheinen lassen, sondern zusammen mit Furcht und Zittern und den Drei erbaulichen Reden. Erst die Drei erbaulichen Reden, welche hier nicht ohne Grund mit der Wiederholung zu einem Bande zusammengefügt sind, geben ein wirkliches Bild von Kierkegaards Seelengeschichte im Sommer 1843. Die beiden Reden von der Liebe, welche der Sünden Menge deckt, zeigen ihn als Christen, der sich, trotz dem Versagen des subjektiven Einfühlungsvermögens

Regine gegenüber, aus dem harten und bösen Urteil über Regine herausarbeitet, und die dritte Rede, die über die Bestätigung in dem inwendigen Menschen, ist der erste Niederschlag des neuen religiösen Einverständnisses mit Gott, das dem in seinen Erwartungen und Empfindungen sich genarrt fühlenden Manne aus der Katastrophe zuteil wird. Vor allem diese Rede über die Bestätigung in dem inwendigen Menschen ist des genauesten und eindringendsten Studiums wert. Sie enthält (vgl. Anm. 210 u. 214) nicht nur die deutlichsten Selbstzeugnisse über die Jugendgeschichte, welche von Kierkegaard vor der Krankheit zum Tode und dem Gesichtspunkt an den Tag gegeben worden sind. Sie bietet auch die Gedankenkeime, aus denen Kierkegaard dann Der Begriff Angst und Die Krankheit zum Tode erwachsen sind und ist damit zugleich das erste Zeugnis von der eigentümlichen Art, in welcher Kierkegaard von nun an das Gottesverhältnis und das Weltverhältnis innerlich aufeinander bezogen hat.

DIE WIEDERHOLUNG

Ein Versuch
in der experimentierenden Psychologie

von

CONSTANTIN CONSTANTIUS

Kopenhagen
1843

Dänischer Titel (S.V.III 171): Gjentagelsen. Et Forsøg i den experimenterende Psychologi af Constantin Constantius. Kjøbenhavn. Angabe von Verlag und Druckerei 1843[1+].

Bei wilden Bäumen sind die Blüten wohlriechend,
bei zahmen die Früchte (vgl. Heldengeschichten Flavius
Philostratus' des Älteren)[2+].

Zu diesem Motto (S. V. III 172) vgl. Philostratus, Heldengeschichten Werke II S. 131 (Kaysers Ausgabe, Leipzig 1871).

Als[3]+ die Eleaten die Bewegung leugneten, trat, wie jedermann III 173
weiß, Diogenes[4] als Opponent auf; er trat wirklich auf; denn er sprach nicht ein Wort; sondern ging lediglich einige Male auf und nieder und meinte damit jene hinreichend widerlegt zu haben. Als ich mich längere Zeit, zum mindesten gelegentlich, mit dem Problem beschäftigt hatte[5], ob eine Wiederholung möglich sei und welche Bedeutung sie besitze, ob eine Sache dadurch, daß sie wiederholt wird, gewinne oder verliere, fiel es mir plötzlich ein: ‚Du kannst ja nach Berlin fahren, da bist du schon einmal gewesen[6], und kannst dich alsdann vergewissern, ob eine Wiederholung möglich ist und was sie zu bedeuten hat.‘ Bei mir zu Hause wäre ich in diesem Problem beinahe stecken geblieben. Man sage darüber, was man wolle, es wird in der neuern Philosophie eine überaus wichtige Rolle zu spielen haben; denn *Wiederholung* ist ein entscheidender Ausdruck für das, was „*Erinnerung*“ bei den Griechen[7] gewesen ist. Gleich wie diese also gelehrt haben, daß alles Erkennen ein sich Erinnern sei, ebenso wird die neuere Philosophie lehren, daß das ganze Leben eine Wiederholung ist. Der einzige neuere Philosoph, der hiervon eine Ahnung gehabt hat, ist Leibniz[8]. Wiederholung und Erinnerung sind die gleiche Bewegung, nur in entgegengesetzter Richtung; denn wessen man sich erinnert, das ist gewesen, wird rücklings wiederholt; wohingegen die eigentliche Wiederholung sich der Sache vorlings erinnert. Daher macht die Wiederholung, falls sie möglich ist, den Menschen glücklich, indessen die Erinnerung ihn unglücklich macht, unter der Voraussetzung nämlich, daß er sich Zeit nimmt zu leben und nicht schnurstracks in seiner Geburtsstunde einen Vorwand zu finden trachtet, III 174
sich aus dem Leben wieder davon zu stehlen, z. B. weil er etwas vergessen habe.

Die Liebe der Erinnerung ist die einzige glückliche, hat ein Schriftsteller[9] gesagt. Damit hat er auch vollkommen recht, wenn man sich nur daran erinnert, daß sie zunächst einmal den Menschen unglücklich macht. Die Liebe der Wiederholung ist in Wahrheit die einzige glückliche. Sie kennt ebenso wie die der Erinnerung nicht die Unruhe der Hoffnung, nicht die beängstigende Abenteuerlichkeit der Entdeckung, aber auch nicht die Wehmut der Erinnerung, sie hat des Augenblicks selige Sicherheit. Die Hoffnung ist ein neues Kleid, steif und stramm und glänzend, man hat es jedoch niemals angehabt, und weiß darum nicht, wie es einen kleiden wird oder wie es sitzt. Die Erinnerung ist ein abgelegtes Kleid, welches, so schön es ist, nicht mehr paßt, da man aus ihm herausgewachsen ist. Die Wiederholung ist ein unverschleißbares Kleid, welches fest und zart sich anschmiegt, weder drückt noch schlottert. Die Hoffnung ist eine liebliche Maid, die den Händen entschlüpft; die Erinnerung ist eine schöne alte Frau, mit der man jedoch im Augenblick nichts anzufangen weiß; die Wiederholung ist ein geliebtes Eheweib, dessen man niemals leid wird; denn allein des Neuen wird man leid. Des Alten wird man niemals leid; und wenn man es vor sich hat, wird man glücklich; und so recht glücklich wird allein der, welcher sich selbst nicht mit der Einbildung betrügt, daß die Wiederholung etwas Neues sein werde. Denn alsdann wird man ihrer leid. Es gehört Jugend dazu, um zu hoffen, Jugend dazu, um sich zu erinnern, aber es gehört Mut dazu, die Wiederholung zu wollen. Wer nichts als hoffen will, ist feige; wer nichts als sich erinnern will, ist wollüstig; wer aber die Wiederholung will, der ist ein Mann, und je gründlicher er es verstanden hat, sie sich klar zu machen, ein um so tieferer Mensch ist er. Wer aber nicht begreift, daß das Leben eine Wiederholung ist, und daß dies des Lebens Schönheit ist, der hat sich selbst gerichtet und verdient nichts Besseres, als daß er umkommt, was ihm denn auch widerfahren wird; denn die Hoffnung ist eine lockende Frucht, die nicht satt macht, die Erinnerung ist ein kümmerlicher Zehrpfennig, der nicht satt macht; die Wiederholung aber ist das tägliche Brot, welches satt macht und dabei segnet. Wenn man das Dasein umschifft hat, so wird es sich zeigen, ob man Mut hat zu verstehen, daß das Leben eine Wiederholung ist, und Lust hat sich an ihr zu freuen. Wer das Leben nicht um-

schifft hat, ehe denn er anhob zu leben, der gelangt niemals dahin,
zu leben; wer es umschifft hat, aber satt geworden ist, der hätte
eine kümmerliche Leibesverfassung; wer die Wiederholung ge-
wählt, er lebt. Er läuft nicht einem Knaben gleich den Schmetter-
lingen nach, oder steht auf den Zehenspitzen, um nach den Herr- III 175
lichkeiten der Welt zu spähen; denn er kennt sie; er sitzt auch
nicht da wie ein altes Weib und spinnt den Rocken der Erinnerung
ab; sondern er geht geruhig seines Weges, der Wiederholung froh.
Ja, gäbe es keine Wiederholung, was wäre dann das Leben? Wer
möchte sich denn wünschen, eine Tafel zu sein, auf welche die Zeit
jeden Augenblick eine neue Schrift setzt oder eine Gedächtnis-
schrift zu sein auf das Vergangene? Wer möchte sich wünschen,
sich von all dem Flüchtigen, dem Neuen bewegen zu lassen, das
immer von neuem weichlich die Seele vergnügt? Hätte nicht Gott
selber die Wiederholung gewollt, die Welt wäre nie entstanden.
Er hätte entweder der Hoffnung leichte Pläne verfolgt, oder er
hätte alles zurückgenommen und es aufbewahrt in der Erinnerung.
So hat er nicht getan, darum hat die Welt Bestand und hat dadurch
Bestand, daß sie eine Wiederholung ist. Die Wiederholung, sie ist
die Wirklichkeit und des Daseins Ernst. Wer die Wiederholung
will, er ist im Ernst gereift. Dies ist mein Separat-Votum, welches
zugleich besagt, es sei keineswegs des Lebens Ernst, auf dem Sofa
zu sitzen und in den Zähnen zu stochern — und etwas zu sein,
z. B. Justizrat; oder gemessen durch die Straßen zu wandeln — und
etwas zu sein, z. B. Wohlehrwürden; ebensowenig wie es des Lebens
Ernst ist, königlicher Bereiter zu sein. Alles dergleichen ist in mei-
nen Augen bloß Scherz, und als solcher zuweilen dürftig genug.

Die Liebe der Erinnerung ist die einzige glückliche, sagt ein Schriftsteller[10], der, sofern ich ihn verstehe, unterweilen etwas arglistig ist, jedoch nicht dergestalt, daß er das eine sagte und das andre meinte, wohl aber dergestalt, daß er den Gedanken auf die Spitze stellt, so daß dieser, wo er nicht mit der gleichen Energie ergriffen wird, sich im nächsten Augenblick als etwas anderes zeigt. Jener Satz ist von ihm auf eine Art vorgetragen, daß man leicht versucht ist, ihm recht zu geben und also zu vergessen, daß der Satz selber Ausdruck der tiefsten Melancholie ist, daß somit eine tiefe Schwermut, zu einer einzigen Erwiderung verdichtet, sich nicht leicht besser ausdrücken könnte.

Es ist ungefähr ein Jahr her, daß ich so recht im Ernst auf einen jungen Menschen aufmerksam wurde, den ich schon vorher des öfteren berührt[11] hatte, weil sein schönes Äußere, der seelenvolle Ausdruck in seinem Auge mich beinahe verführte, ein gewisses Werfen des Kopfes, eine Keckheit in seinen Äußerungen mich dessen gewiß machte, daß er eine tiefere Natur sei, die mehr als einen Auszug habe, indessen eine gewisse Unsicherheit im Klang der Stimme andeutete, daß er in dem verführerischen Alter war, in dem die Reife des Geistes, ebenso wie in einer weit früheren Zeit die des Leibes, sich dadurch ankündigt, daß die Stimme öfters umschlägt. Vermöge dieser lässigen, eine Annäherung zuwege bringenden Conditorfreundschaften hatte ich ihn bereits an mich herangezogen, und ihn gelehrt in mir einen Vertrauten zu erblicken, dessen Rede das Melancholische in ihm vielfältig hervor-
III 176 lockte in gebrochener Gestalt, indem ich einem Farinelli[12] gleich den geistesschwachen König aus seinem finstern Versteck herauslockte, etwas, das sich, da er jung und geschmeidig war, bewerkstelligen ließ, ohne die Zange zu gebrauchen. So stand es mit unserm Verhältnis, da kommt er (wie gesagt, ungefähr vor einem Jahre) zu mir herauf, ganz und gar außer sich. Sein Auftreten war kräftiger als gewöhnlich, seine Züge schöner, seine großen, strahlenden Augen[13] hatten sich geweitet, kurz er war wie verklärt. Als er mir die Aufklärung gab, er sei verliebt, mußte ich unwillkürlich denken: glücklich muß doch das Mädchen sein, das derart geliebt wird. „Er sei schon seit einiger Zeit verliebt, habe es aber verborgen, sogar vor mir; nun sei er an seiner Wünsche Ziel, habe seine Liebe gestanden und Gegenliebe gefunden.“ Obwohl ich sonst geneigt bin, mich beobachtend zu den Menschen zu verhalten, war es mir doch eine Unmöglichkeit, es gegen ihn zu sein. Man sage, was man wolle, ein tief verliebter junger Mensch ist etwas so Schönes, daß man, wenn man ihn zu sehen bekommt, das Beobachten vergißt aus Freude über den Anblick. Überhaupt entwaffnen alle tiefen menschlichen Regungen in einem Menschen den Beobachter. Allein da, wo statt ihrer eine Leere sich findet, oder wo sie kokett verhüllt werden, will man beobachten. Wofern man Zeuge wäre, wie ein Mensch so recht von ganzer Seele betete, wer könnte da ein solcher Unmensch sein, daß er beobachten wollte, wer würde sich nicht weit eher durchströmt fühlen von einer Aus-

strahlung der Andacht des Betenden. Hört man dagegen einen Pastor eine wohleinstudierte Predigt herunterdeklamieren, in welcher er zu mehreren Malen in einem künstlich geschraubten und verschraubten Passus, ohne jede Aufforderung seitens der Gemeinde, bezeugt, was er sage, sei der einfältige Glaube, der sich nicht auf zierliche Redensarten verstehe, aber im Gebete vermöge er zu erreichen, was er in Poesie, Kunst und Wissenschaft, nach seinem Wort und vermutlich aus guten Gründen, vergeblich gesucht, so setzt man seelenruhig das Mikroskop vors Auge, so läßt man das Ohr das Gesagte nicht einfach verschlucken, sondern zieht die Jalousie vor, das Gitter der Kritik, das jeden Laut und jedes Wort prüft. Der junge Mensch, von dem ich rede, war tief und innerlich und schön und demütig verliebt; ich war seit langer Zeit nicht so froh gewesen wie bei seinem Anblick; denn es ist oft traurig[14] genug ein Beobachter zu sein; es macht einen melancholisch ebenso wie ein Polizeibeamter sein; und wenn ein Beobachter seines Berufes gut wartet, so ist er zu betrachten als ein Polizeispion in höherem Dienst; denn des Beobachters Kunst ist es, das Versteckte an den Tag zu ziehn. Der junge Mensch sprach
von dem Mädchen, in das er verliebt war, er machte nicht viele III 177
Worte; seine Rede war keine fade Kritik, wie der Liebenden Lobreden oft genug es sind; es war keinerlei Wichtigtuerei an ihm, als wäre er ein schlauer Kerl, der solch ein Mädchen eingefangen habe, keinerlei Selbstvertrauen — seine Liebe war gesund, rein, unverdorben. Mit liebenswerter Offenherzigkeit[15+] vertraute er mir an, der Grund für seinen Besuch bei mir sei, daß er eines Vertrauten bedürfe, in dessen Gegenwart er laut mit sich selber reden könne, und der allernächstliegende Grund sei, daß er fürchte, den ganzen Tag bei dem Mädchen sitzen zu bleiben und ihr dadurch lästig zu fallen. Er sei bereits mehrere Male auf dem Wege zu ihrer Wohnung gewesen, habe sich aber überwunden, umzukehren. Er bat mich nun, mit ihm eine Wagenfahrt ins Freie zu machen, um ihn zu zerstreuen und ihm die Zeit zu vertreiben. Dazu war ich auch bereit; denn von dem Augenblick an, da er sich mir anvertraut hatte, konnte er dessen sicher sein, daß ich ihm unbedingt zu Diensten war. Ich benutzte die halbe Stunde, ehe der Wagen kam, um ein paar Geschäftsbriefe zu schreiben und bat ihn, unterdessen sich eine Pfeife zu stopfen oder ein wenig in

einem Album zu blättern, das ausgelegt war. Jedoch, einer solchen Beschäftigung bedurfte er nicht, er war mit sich selbst hinlänglich beschäftigt, hatte auch nicht die Ruhe, sich zu setzen, sondern ging hastig die Dielen auf und nieder; sein Gang, seine Bewegung, sein Gestus — alles war Beredsamkeit, er selber glühte in Liebe. Gleich wie eine Traube, wenn sie ihr Höchstes erreicht, durchsichtig und klar wird, derweilen der Saft durch die feinen Poren perlt, gleich wie die Schale einer Frucht birst, wenn die Frucht in ihrer ganzen Fülle reift, ebenso brach die Liebe beinahe sichtbar hervor an seiner Gestalt. Ich konnte es nicht unterlassen, ab und an beinahe verliebt zu ihm hin zu lugen; denn solch ein Jüngling ist mindestens so verführerisch anzusehen wie ein junges Mädchen.

Gleich wie es denn oft geschieht, daß die Liebenden ihre Zuflucht zu des Dichters Worten nehmen, um der Liebe süße Beängstigung hervorbrechen zu lassen in seliger Freude, so war es auch bei ihm. Während er die Dielen auf und nieder ging, wiederholte er immer wieder einen Vers von Poul Møller[16]:

Naht ein Traum sich meinem Lehnstuhl sacht
Aus der Jugend Maienwonne,
Süß nach dir ein Sehnen mir erwacht,
O du der Frauen Sonne.

In seinem Auge stand eine Träne, er warf sich auf einen Stuhl, er wiederholte immer wieder den Vers. Auf mich machte diese Szene einen erschütternden Eindruck. Großer Gott! dachte ich,
III 178 solch eine Melancholie ist mir in meiner Praxis noch nicht vorgekommen. Daß er melancholisch war, wußte ich wohl, aber daß eine Liebschaft derart auf ihn wirken konnte! Indes, wie folgerichtig ist nicht sogar jeder abnorme Seelenzustand, wenn er normal zur Stelle ist. Die Menschen dringen oft genug darauf, daß ein Melancholischer zusehen solle, sich zu verlieben, so gibt sich alles. Wofern er wirklich melancholisch ist, wie sollte es da möglich sein, daß seine Seele nicht darauf käme, sich melancholisch mit dem zu beschäftigen, was ihm das Allerwichtigste wird. Er war tief und innerlich verliebt, das war klar, dennoch war er imstande, gleich an einem der ersten Tage sich seiner Liebe zu erinnern. Er war im Grunde mit dem ganzen Verhältnis fertig. Indem er anhebt, hat er einen so entsetzlichen Schritt getan, daß er das Leben

übersprungen hat. Mag das Mädchen morgen sterben, das wird keine wesentliche Veränderung bewirken, er wird sich abermals hinwerfen, sein Auge wird sich abermals mit einer Träne füllen, er wird abermals die Worte des Dichters wiederholen. Welch eine sonderbare Dialektik! Er sehnt sich nach dem Mädchen, er muß sich Gewalt antun, um nicht den ganzen Tag bei ihr zu hängen, und doch ist er im ersten Augenblick ein alter Mann geworden hinsichtlich des ganzen Verhältnisses. Ein Mißverständnis mußte zugrunde liegen. Seit langem hat nichts so stark mich bewegt wie dieser Auftritt. Daß er unglücklich werden würde, war klar genug, daß auch das Mädchen es würde, war nicht minder klar, wiewohl nicht alsogleich vorauszusehen war, auf welche Weise dies geschehen werde. Soviel ist indes gewiß: wenn einer mitreden kann über die Liebe der Erinnerung, dann er. Die Erinnerung hat den großen Vorteil, daß sie mit dem Verlieren anfängt, daher ist sie sicher, denn sie hat nichts zu verlieren.

Der Wagen war gekommen. Wir fuhren den Strandweg[17] hinaus, um später in die eigentlichen Waldungen einzubiegen. Da ich wider Willen dazu gekommen war, mich gegen ihn beobachtend zu verhalten, konnte ich es nicht unterlassen mit allerlei Experimenten die Fahrt seiner Melancholie, wie der Seemann sagt, zu loggen. Ich ließ alle möglichen erotischen Stimmungen anklingen — nein. Ich spürte der Wirkung nach, welche die Veränderung der Umgebung brächte, vergeblich: nicht des Meeres weite Kühnheit, nicht des Waldes einlullende Stille, nicht des Abends lockende Einsamkeit vermochte ihn aus der schwermütigen Sehnsucht zu reißen, in welcher er der Geliebten nicht so sehr sich näherte als vielmehr sie verließ. Sein Irrtum war unheilbar, und sein Irrtum war der, daß er am Ende stand statt am Anfang; solch ein Irrtum aber ist und wird des Menschen Untergang[18].

Dennoch halte ich fest an der Richtigkeit seiner Stimmung als III 179
einer erotischen Stimmung, und wer in seiner Liebe sie nicht gerade zu Anfang erlebt hat, der hat nie geliebt. Nur muß er neben ihr noch eine andre Stimmung haben. Jene potenzierte Erinnerung ist der Liebe ewiger Ausdruck am Anfang, ist Zeichen wirklicher Liebe. Auf der andern Seite aber gehört eine ironische Geschmeidigkeit dazu, um sie anwenden zu können. Diese fehlte ihm, dazu war seine Seele zu zart. Es muß Wahrheit sein, daß im ersten

Augenblick das Leben in einem vorüber ist, es muß aber auch Lebenskraft da sein, diesen Tod zu töten und in Leben zu verwandeln. In der Liebe erstem Morgengrauen streiten das Gegenwärtige und das Zukünftige miteinander, um einen ewigen Ausdruck zu empfangen, und dies Erinnern ist eben der Ewigkeit Zurückfluten in das Gegenwärtige, das will heißen, wenn dies Erinnern gesund ist.

Wir kehrten heim, ich nahm Abschied von ihm; indes meine Sympathie war fast allzu stark in Bewegung gesetzt worden, ich vermochte nicht den Gedanken los zu werden, daß es in sehr kurzer Zeit zu einer furchtbaren Explosion kommen müsse.

Im Lauf von etwa vierzehn Tagen sah ich ihn hin und wieder bei mir. Er fing selber an, das Mißverständnis zu begreifen, das angebetete junge Mädchen war ihm allbereits beinahe lästig. Dennoch war sie die Geliebte, die Einzige, die er je geliebt, die Einzige, die er jemals zu lieben imstande sein würde. Anderseits jedoch liebte er sie nicht; denn er sehnte sich bloß nach ihr. Mit ihm selber ging unter alledem eine merkwürdige Veränderung vor sich. Es erwachte in ihm eine dichterische Schaffenskraft nach einem Maßstabe, den ich niemals für möglich gehalten hätte. Nun verstand ich alles mit Leichtigkeit. Das junge Mädchen war nicht seine Geliebte, sie war der Anlaß, der in ihm das Poetische aufweckte und ihn zum Dichter machte[19]. Darum konnte er allein sie lieben, niemals sie vergessen, niemals eine andre lieben wollen, und dennoch fort und fort lediglich sich nach ihr sehnen. Sie war in sein ganzes Wesen eingedrungen, das Gedächtnis ihrer war ewig frisch. Sie war viel für ihn gewesen, sie hatte ihn zum Dichter gemacht, und eben damit hatte sie ihr eignes Todesurteil unterschrieben.

Wie die Zeit hinging, wurde seine Lage immer qualvoller. Seine Schwermut gewann mehr und mehr die Oberhand, seine leibliche Kraft verzehrte sich in seelischen Kämpfen. Er sah ein, daß er sie unglücklich gemacht hatte, und doch war er sich keiner Verfehlung bewußt; eben dies aber, daß er ganz und gar unschuldig an ihrem Unglück schuldig wurde, war ihm ein Ärgernis und versetzte seine Leidenschaft in die wildeste Bewegung. Ihr gestehen, wie dies zusammenhänge, das hieß, wollte es ihn bedünken, sie aufs tiefste kränken. Es hieß ja, ihr sagen, daß sie ein mehr unvollkommenes Wesen geworden sei, daß er ihr entwachsen sei, III 180 daß er der Leiter nicht mehr bedürfe, die er emporgestiegen sei. Was würde denn auch die Folge sein? Da sie doch wußte, er werde keine andre lieben, würde sie seine trauernde Witwe werden, die allein im Andenken an ihn und ihrer beider Verhältnis noch lebte. Er konnte kein Geständnis machen, dazu war er zu stolz um ihretwillen. Seine Schwermut schlug ihn mehr und mehr in Fesseln, und er entschloß sich, das falsche Spiel fortzusetzen. Die ganze poetische Ursprünglichkeit, die in ihm war, wurde nun gebraucht, um sie zu erfreuen und zu unterhalten; womit er viele hätte versorgen können, das wurde nun alles an sie gewandt; sie war und blieb die Geliebte, die eine Angebetete, ob er gleich nahe daran war, den Verstand zu verlieren über der ungeheuerlichen Unwahrheit, die sie nur immer innerlicher bestrickte. Ob sie auf der Welt war oder nicht auf der Welt war, das war in gewissem Sinne in der Wirklichkeit für ihn ohne Bedeutung, nur daß seine Schwermut Freude daran fand, ihr das Leben zu verzaubern. Daß sie selig war, versteht sich; denn sie ahnte nichts, und die Speise war nur allzu wohlschmeckend. Produktiv in strengerem Sinne wollte er nicht sein, denn alsdann hätte er sie verlassen müssen; deshalb hielt er, wie er sagte, sein Schaffen unter der Schere und schnitt alles zu einem Bukett für sie. Sie ahnte nichts. So glaube ich, und es wäre auch empörend, wenn ein junges Mädchen so selbstsüchtig sein könnte, eines Mannes Schwermut eitel zu nehmen. Immerhin kann dergleichen vorkommen, und ich bin einmal sehr nahe daran gewesen, ein solches Verhältnis zu entdecken. Es gibt für ein junges Mädchen auch nichts, das so verführerisch wäre wie geliebt werden von einer poetisch-schwermütigen Natur. Und wenn sie nur genug Selbstsucht hat, um sich selber einzubilden, es sei treue Liebe, wenn sie sich an ihn klammere, anstatt ihn aufzugeben, so hat sie eine sehr bequeme Lebensaufgabe, welche ihr den Genuß der Ehre und des guten Bewußtseins treu zu sein gewährt, und zugleich damit den einer aufs allerfeinste destillierten Liebe. Gott bewahre jeden Mann vor solch einer Treue!

Eines Tages kam er zu mir herauf; seine düsteren Leidenschaften hatten ganz und gar die Übermacht gewonnen. In den wildesten Ausbrüchen verfluchte er das Dasein, seine Liebe, das geliebte Mädchen. Von diesem Augenblick an kam er nie mehr zu mir. Daß

er einem andern Menschen gestanden hatte, das Mädchen sei ihm eine Plage, konnte er vermutlich sich nicht verzeihen, nun hatte er sich alles verdorben, sogar die Freude, ihren Stolz hoch zu halten, und sie zu einer Göttin zu machen. Wenn er mir begegnete, wich er mir aus, trafen wir uns in Gesellschaft, so redete er mich niemals an, bestrebte sich dagegen sichtlich, vergnügt und zuversichtlich zu tun. Ich war darauf bedacht, ihm ein bißchen näher nachzustellen und hatte zu dem Ende begonnen, seiner untergeordneten Umgebung nachzuspüren. Wenn man mit einem Schwer-
III 181 mütigen zu tun hat, bekommt man öfters am meisten zu erfahren mittels der Dienstboten. Einem Diener, einem Dienstmädchen, einem alten übersehenen Inventarstück in der Familie öffnet ein Schwermütiger oft sich mehr als seiner ihm durch Bildung und äußere Lebensverhältnisse am nächsten stehenden Umgebung. Ich habe einen Schwermütigen gekannt, der einem Tänzer gleich durchs Leben ging, und jeden täuschte, auch mich, bis daß ich durch einen Barbier auf eine andre Spur kam. Dieser Barbier war ein älterer Mann, der in bedrängten Umständen lebte, und seine Kunden persönlich bediente. Mitgefühl mit der Bedrängnis des Barbiers brachte ihn dahin, seine Schwermut zum Ausbruch kommen zu lassen, und dieser Barbier wußte, was keiner sonst ahnte. Der junge Mensch enthob mich mittlerweile der Mühe, denn er wandte sich noch einmal an mich, jedoch fest entschlossen, nie mehr seinen Fuß über meine Schwelle zu setzen. Er machte mir den Vorschlag, sich mit mir zu bestimmten Zeiten an entlegenen Orten zu treffen. Ich war bereit und kaufte zu dem Ende zwei Marken zum Angeln im Stadtgraben. Hier trafen wir uns am frühen Morgen. Zu der Stunde, da der Tag mit der Nacht kämpft, da selbst um die Mittsommerzeit ein kühler Schauer durch die Natur geht, trafen wir uns dort unten im klammen Morgennebel und im tauigen Grase, und die Vögel flogen erschreckt auf bei seinem Geschrei. Zu der Stunde, da der Tag gesiegt hat, da alles Lebendige sich des Daseins freut, zu der Stunde, da das geliebte junge Mädchen, das er mit seinem Schmerze säugte, das Haupt vom Kissen hob, und das Auge aufschlug, weil des Schlafes Gott, der an ihrem Lager gesessen, aufbrach, zu der Stunde, da der Träume Gott den Finger auf ihr Augenlid legte, so daß sie wieder in kurzen Schlummer sank, derweilen er ihr erzählte, was sie nie geahnt, und es so leise

und hauchend erzählte, daß sie alles vergessen hatte beim Erwachen – zu der Stunde schieden wir wieder voneinander. Und was der Träume Gott ihr auch anvertraut haben mochte, sie träumte sich doch nichts von dem, was zwischen uns vorging. Was Wunder, daß der Mensch bleich ward! Was Wunder, daß ich es bin, ich, der sein und mehrerer seinesgleichen Vertrauter war!

Es ging abermals einige Zeit hin. Ich litt wirklich recht mit dem jungen Menschen, der hinschwand von Tag zu Tag. Dennoch verdroß es mich keinerwege, an seinem Leiden teilzuhaben; denn in seiner Liebe war doch die Idee in Bewegung. (Und solch eine Liebe sieht man doch, Gottlob! zuweilen im Leben; im Roman und in der Novelle sucht man sie vergeblich.) Nur da, wo dies der Fall ist, hat die Liebe Bedeutung, und wer nicht begeistert dessen gewiß ist, daß die Idee das Lebensprinzip in der Liebe ist, und daß man um der Idee willen, wenn es gefordert wird, das Leben, ja was mehr ist, die Liebe selber, opfern muß, mag die Wirklichkeit diese auch noch so sehr begünstigen, er ist ausgeschlossen aus dem Reich der Poesie. Wo hingegen die Liebe in der Idee ist, da ist jegliche Bewegung, ja sogar jegliche flüchtige Regung nicht ohne III 182
Bedeutung, sintemal die Hauptsache fort und fort zur Stelle ist, der poetische Widerstreit, welcher, soviel ich weiß, weit entsetzlicher sein kann als der hier von mir beschriebene. Indes der Idee dienen wollen, welches also hinsichtlich der Liebe nicht heißt zweien Herren dienen, das ist auch ein anstrengender Dienst; denn keine Schönheit kann so peinlich genau sein wie die Idee es ist, und keines Mädchens Mißbilligung kann so lastend sein wie das Zürnen der Idee, welches vor allem unmöglich sich vergessen läßt.

Wenn ich den Stimmungen in dem jungen Menschen, so wie ich sie kennen lernte, ausführlich nachginge, geschweige denn, wenn ich nach Dichterart eine Menge nicht dazugehöriger Dinge mitnähme, als da sind Wohnstuben, Kleider, schöne Gegenden, Bekannte und Freunde, so könnte diese Geschichte eine ellenlange Novelle werden. Dazu habe ich indes keine Lust. Ich esse freilich Salat, aber ich esse stets allein das Herz; die Blätter, denk ich, sind für die Schweine; ich ziehe mit Lessing[20] die Wollüste der Empfängnis den Beschwerlichkeiten der Geburt vor. Hat jemand etwas dagegen einzuwenden, bitteschön, das macht mir nichts.

Die Zeit ging hin. Wenn es mir möglich war, ging ich zu jener

nächtlichen Andacht, bei der er sich mit wildem Geschrei Motion verschaffte für den ganzen Tag; denn den Tag verwandte er, um das Mädchen zu bezaubern. Gleich wie Prometheus, an die Klippe geheftet, während der Geier ihm die Leber hackt, die Götter mit seiner Weissagung fesselt, ebenso fesselte er die Geliebte. Jeden Tag ward alles aufgeboten, denn jeder Tag war der letzte. Jedoch so konnte es nicht bleiben, er biß in die Fessel die ihn hielt; je mehr aber seine Leidenschaft schäumte, umso seliger war sein Gesang, umso zarter seine Rede, umso fester zog sich die Fessel. Aus diesem Mißverständnis ein wirkliches Verhältnis zu machen war ihm eine Unmöglichkeit, es hieß ja sie einer ewigen Täuschung preisgeben. Ihr die Verwechslung zu erklären, daß sie bloß die sichtbare Gestalt sei, indessen sein Denken, seine Seele etwas andres suche, das er auf sie übertrage, das hieß sie so tief kränken, daß sein Stolz sich darwider empörte. Es war ein Verfahren, das er auf das Allertiefste verachtete. Damit hatte er auch recht. Es ist verächtlich ein Mädchen zu betrügen und verführen, es ist aber noch verächtlicher, sie auf die Art zu verlassen, daß man noch nicht
III 183 einmal ein Schuft wird, sondern einen mehr glänzenden Rückzug nimmt, indem man sie mit der Erklärung abspeist, sie sei nicht das Ideal und sie damit tröstet, daß sie einem die Muse sei. Dergleichen läßt sich wohl bewerkstelligen, wenn man einige Übung darin hat, ein Mädchen zu beschwatzen; in der Stunde der Not nimmt sie den Vorschlag auch an, man kommt gut davon los, wird ein anständiger Mensch, sogar ein liebenswerter, und hinterdrein ist sie im Grunde tiefer gekränkt als die, welche *weiß*, daß sie betrogen ist. Darum ist in jedem Liebesverhältnis, das sich nicht verwirklichen läßt, obwohl es angefangen hat, Delikatesse das Allerbeleidigendste, und wer erotischen Blick hat und nicht feige ist, der sieht leicht, daß unzart sein das einzige Mittel ist, welches ihm übrig bleibt, um das Mädchen in Ehren zu halten.

Um diesem Leiden womöglich ein Ende zu bereiten, forderte ich ihn auf mit Kraft das Äußerste zu wagen. Was es galt, war allein, einen Einheitspunkt zu finden. Ich machte ihm also folgenden Vorschlag. Machen Sie alles zunichte, verwandeln Sie sich in einen verächtlichen Menschen, der bloß seine Freude daran hat zu foppen und zu täuschen. Vermögen Sie das, so ist Gleichheit hergestellt; es kann dann solchenfalls nicht mehr die Rede sein von

ästhetischen Unterschieden, die Ihnen ihr gegenüber ein höheres Recht gäben, etwas, das die Menschen nur allzu oft geneigt sind, einer sogenannten ungewöhnlichen Individualität zuzugestehn; sie ist die Siegerin, sie hat schlechthin recht und Sie haben schlechthin unrecht. Tun Sie es indes nicht allzu plötzlich; denn das würde lediglich ihre Liebe aufflammen lassen. Sehen Sie zuerst einmal zu, daß Sie ihr womöglich ein bißchen ungemütlich werden. Nekken Sie sie nicht, das hitzt. Nein! Seien Sie unstet, geschwätzig, tun Sie den einen Tag das eine, den andern etwas andres, doch ohne Leidenschaft, in vollkommenem Schlendrian, der jedoch nicht zu Unaufmerksamkeit ausarten darf, vielmehr muß die äußerliche Aufmerksamkeit ebenso groß sein wie je, aber umgewandelt in ein Amtsgeschäft, dem alle Innerlichkeit mangelt. Bekunden Sie statt aller Lust der Liebe in einem fort eine gewisse widerliche Quasi-Liebe, die weder Gleichgiltigkeit noch Begehren ist; lassen Sie Ihr ganzes Auftreten ebenso ungemütlich sein, wie wenn man einen Mann sabbern sieht; fangen Sie indessen nicht an, wenn Sie nicht Kraft haben es durchzuführen, sonst verlieren Sie das Spiel; denn niemand ist so klug wie ein Mädchen, das heißt, wenn es darum geht, ob sie geliebt ist oder nicht, und keine Operation ist so schwierig wie die, selber den Exstirpator zu gebrauchen, ein Instrument, mit dem im allgemeinen lediglich die Zeit recht zu hantieren versteht. Wenn dann alles im Gange ist, so brauchen Sie sich nur an mich zu wenden, ich werde dann das Übrige besorgen. III 184
Sie lassen das Gerücht aussprengen, Sie hätten einen neuen Liebeshandel, und zwar von einer ziemlich unpoetischen Sorte, denn sonst werden Sie sie bloß reizen. Daß Sie dergleichen sich nicht einfallen lassen würden, weiß ich recht wohl; denn es ist unter uns abgemacht, daß sie die einzige ist, die Sie lieben, wenn es Ihnen auch unmöglich ist, dies rein poetische Verhältnis in eine wirkliche Liebe zu überführen. Zugrunde liegen muß dem Gerücht etwas Wahres, dies werde ich beschaffen. Ich wähle hier in der Stadt ein Mädchen aus, mit dem ich die nötige Verabredung treffen werde.

Es war nicht allein Rücksicht auf den jungen Menschen, was mich bewegte, diesen Plan zu erdenken; ich kann vielmehr nicht leugnen, daß ich nach und nach ein scheeles Auge auf seine Geliebte geworfen hatte. Daß sie ganz und gar nichts merken sollte;

daß sie von seinem Leiden überhaupt nichts ahnen sollte, und was wohl der Grund davon sein möge; daß sie solchenfalls nichts tat, nichts versuchte, um ihn zu erlösen mittels dessen, das er nötig hatte und sie ihm geben konnte — mittels der Freiheit, die ihn ebendann erlösen würde, wenn sie es war, die sie ihm gab; denn dann hätte sie durch ihre Hochherzigkeit das Übergewicht über ihn bekommen, sie wäre nicht gekränkt gewesen! Ich kann einem Mädchen alles verzeihen; aber ich kann ihr nie verzeihen, wenn sie in ihrer Liebe die Aufgabe der Liebe verfehlt. Wenn eines Mädchens Liebe nicht aufopfernd ist, so ist sie kein Weib sondern ein Mannsbild, und alsdann werde ich mir stets ein Vergnügen daraus machen, sie der Rache oder dem Gelächter preiszugeben. Und welche Aufgabe wäre es doch für einen komischen Dichter, eine solche Liebhaberin, die zuerst mit ihrer Liebe den Geliebten ausgesaugt hat, bis daß er in Not und Verzweiflung mit ihr bricht, ja, eine solche Liebhaberin als eine Elvira auftreten zu lassen, die in dieser Rolle paradiert, beweint wird von teilnehmenden Verwandten und Freunden, eine Elvira, welche die erste Stimme hat im Gesangverein der Betrogenen, eine Elvira, die mit Gewicht und Nachdruck von der Männer Treulosigkeit reden kann, einer Treulosigkeit, die ihr offenbar das Leben kosten wird, eine Elvira, die dies alles mit solchem Aplomb, solcher Sicherheit tut, daß ihr auch nicht für eine halbe Sekunde der Gedanke kommt, ihre Treue sei immerhin noch mehr dazu angetan, dem Geliebten das Leben zu nehmen. Groß ist die weibliche Treue, sonderlich wenn man sie sich verbittet, unergründlich und unbegreiflich ist sie zu allen Zeiten. Die Situation würde unbezahlbar werden, wofern ihr Liebhaber trotz aller seiner Not sich hinreichend Humor bewahrt hätte, um nicht ein einziges Wort des Zorns an sie zu verschwenden, sondern sich auf die mehr tiefsinnige Rache zu beschränken,
III 185 daß er sie düpierte und in der Einbildung bestärkte, sie sei von ihm schändlich betrogen. Wäre dies bei ihr der Fall, so will ich ihr gut dafür stehen, daß die Rache sie, falls der junge Mensch imstande ist, meinen Plan auszuführen, fürchterlich treffen wird, indes nur mit poetischem Recht. Denn er ist überzeugt, daß er das Beste tut, was er vermag, und dennoch wird dies, wenn sie selbstsüchtig ist, die härteste Züchtigung sein. Er behandelt sie mit aller nur möglichen erotischen Fürsorge, und dennoch wird sein Ver-

fahren eben dann am allermeisten schmerzen, wenn sie selbstsüchtig ist.

Er war bereit und gab meinem Plan seinen ganzen Beifall. In einem Modeladen fand ich was ich suchte, ein recht hübsches junges Mädchen, dem ich versprach für ihre Zukunft zu sorgen unter der Bedingung, daß sie auf meinen Plan eingehe. Mit ihr sollte er sich an öffentlichen Orten zeigen, sie sollte er unter Zeiten besuchen, so daß kein Zweifel darüber wäre, daß er ein Verhältnis mit ihr habe. Zu dem Ende verschaffte ich ihr Wohnung in einem Hause, das einen Durchgang von einer Straße zur andern hatte, so daß er nichts nötig hatte als spät am Abend durch das Haus zu gehn und damit den Dienstmädchen usw. Gewißheit zu geben und den Klatsch in Bewegung zu setzen. Wenn alles in der Reihe war, wollte ich schon dafür sorgen, daß die Geliebte nicht in Unkenntnis bliebe über seine neue Verbindung. Das Nähmädchen war gar nicht so übel; im übrigen aber gerade so beschaffen, daß die Geliebte jenseits aller möglichen Eifersucht erstaunt sein konnte, was für ein Mädchen ihr da vorgezogen wurde. Insoweit ich die Geliebte aufs Korn nehmen wollte, hätte das Nähmädchen freilich anders sein müssen; da ich aber in der Hinsicht nichts Sicheres wissen konnte, und da ich überdies gegen den jungen Menschen nicht arglistig sein wollte, wählte ich ganz das für sein Verfahren Dienliche.

Das Nähmädchen war für ein Jahr engagiert, so lange mußte das Verhältnis mit ihr aufrechterhalten werden, um die Geliebte völlig zu düpieren. In dieser Zeit sollte er daran arbeiten, seine Dichterexistenz womöglich zu durchbrechen. Gelang dies ihm, so mußte eine Wiederherstellung des früheren Zustands (redintegratio in statum pristinum) zuwege gebracht werden. Im Laufe des Jahres hätte zugleich das junge Mädchen, was von großer Wichtigkeit war, Gelegenheit gehabt, sich selbst aus dem Verhältnis zu lösen, er hätte sie nicht mit einer unsicheren Anweisung auf das Ergebnis eines solchen Unternehmens honoriert. Sollte es geschehen, daß sie, wenn der Augenblick der Wiederholung kam, müde geworden wäre, nun wohl, so hatte er doch hochherzig gehandelt.

Auf die Art war alles zurechtgelegt. Ich hatte schon die Schnüre[21] gefaßt, und meine Seele war ungewöhnlich gespannt auf den Ausgang. Der junge Mensch blieb fort, ich habe ihn nie mehr gesehen.

III 186 Er hatte nicht die Kraft gehabt, den Plan[22+] durchzuführen. Seiner Seele mangelte die Federkraft der Ironie. Er hatte nicht die Kraft, das Schweigegelübde der Ironie abzulegen, nicht die Kraft, es zu halten, und nur wer schweigt, bringt es zu etwas. Nur wer wirklich lieben kann, nur er ist ein Mensch; nur wer seiner Liebe jeden beliebigen Ausdruck geben kann, nur er ist ein Künstler. In gewissem Sinne war es vielleicht richtig, daß er mit der Sache nicht erst anfing; denn er hätte schwerlich die Schrecknisse des Abenteuers ausgehalten, und schon von Anfang an war ich ein wenig bange, weil er eines Vertrauten bedurfte. Wer zu schweigen weiß, er entdeckt ein Alphabet, welches ebenso viele Buchstaben hat wie das im allgemeinen Brauch stehende, dergestalt, daß er alles in seiner Diebssprache auszudrücken vermag, so daß kein Seufzer so tief ist, er hat das Gelächter, das ihm in der Diebssprache entspricht, und daß keine Bitte so anzüglich ist, er hat den Witz, der dem Anspruch genugtut. Für ihn wird ein Augenblick kommen, da es ist, als sollte er den Verstand verlieren. Doch dies ist nur ein flüchtiger Moment, ob er gleich entsetzlich ist. Es ist gleich dem Fieber, das man nachts zwischen halbzwölf und zwölf bekommt; um ein Uhr arbeitet man befreiter denn je. Hält man jenen verrückten Augenblick aus, so siegt man schon.

Jedoch da sitze ich nun und erzähle des Breiten und Langen, was eigentlich nur angeführt worden ist, um zu zeigen, daß die Liebe der Erinnerung einen Menschen gerade unglücklich macht. Mein junger Freund verstand die Wiederholung nicht, er glaubte nicht an sie und wollte sie nicht mit Kraft. Das Schwere an seinem Schicksal war, daß er das Mädchen wirklich liebte, aber um sie wirklich zu lieben, hätte er erst einmal ausgeklärt werden müssen aus der dichterischen Verwirrung, in die er geraten war. Er hätte dem jungen Mädchen dies gestehen können; will man ein junges Mädchen abdanken, so ist dies ja eine recht anständige Bedingung. Dies wollte er indessen nicht. Daß es verkehrt war, darin war ich auch ganz einig mit ihm. Er hätte ihr dadurch die Möglichkeit abgeschnitten, mittlerweile auf eigne Verantwortung[23] zu existieren, und sich selber davon dispensiert, vielleicht ein Gegenstand ihrer Verachtung zu werden, und ebenso von der stachelnden Angst, ob es ihm je gelingen werde, das Versäumte einzuholen.

Hätte der junge Mensch an die Wiederholung geglaubt, was

hätte dann nicht alles aus ihm herauskommen können? welche Innerlichkeit hätte er nicht im Leben erreichen können?

Ich bin mittlerweile weiter in der Zeit vorausgeeilt, als ich eigentlich wollte. Meine Absicht war lediglich, den ersten Moment darzustellen, in dem es klar wurde, daß der junge Mensch in einem großen Sinne der betrübliche Ritter von der einzig glücklichen Liebe der Erinnerung war. Der Leser gestattet mir vielleicht, daß ich noch einmal jenes Augenblicks gedenke, da er, von der Erinne-
rung berauscht, in meine Stube trat, da sein Herz fort und fort III 187
„ihm überging“[24] in jenen Vers von Poul Møller, da er mir anvertraute, er müsse sich überwinden, um nicht den ganzen Tag bei der Geliebten zu sitzen. Den gleichen Vers wiederholte er an jenem Abend, an dem wir voneinander schieden. Es wird mir stets eine Unmöglichkeit sein, den Vers zu vergessen, ja ich werde die Erinnerung an sein Verschwinden[25+] leichter auslöschen können, als das Gedächtnis jenes Augenblicks, wie denn auch die Nachricht davon mich weit weniger geängstet hat als jene Situation. Derart bin ich nun einmal gebaut, im ersten Schauer der Ahnung hat meine Seele im gleichen Nu alle Folgen durchlaufen, die oft einer langen Zeit bedürfen, um sichtbar zu werden in der Wirklichkeit. Das gesammelte Erlebnis der Ahnung vergißt man nie. Derart muß indes, meine ich, ein Beobachter gebaut sein; ist er aber derart gebaut, so wird er auch viel leiden. Der erste Augenblick muß ihn so überwältigen, daß ihn nahezu schwindelt; indem er aber so vergeht, hat die Idee ihn geschwängert, und von nun an ist er im aufdeckenden Rapport zur Wirklichkeit. Wenn ein Mensch nicht diese weibliche Art hat, daß die Idee ins rechte Verhältnis zu ihm kommen kann, welches stets dies ist, daß sie ihn beschläft, so taugt er nicht zum Beobachten, denn wer nicht das Ganze entdeckt, der entdeckt eigentlich gar nichts.

Als wir an jenem Abend voneinander schieden, und er mir noch einmal dankte, weil ich ihm behilflich gewesen sei die Zeit zu vertreiben, die für seine Ungeduld nur allzu langsam schlich, dachte ich bei mir selbst, vermutlich ist er offenherzig genug, um dem jungen Mädchen alles zu erzählen, und dann liebt sie ihn nur noch mehr? Ob er es getan hatte? Hätte er mich um Rat gefragt, ich hätte es ihm widerraten. Ich hätte zu ihm gesagt: „Halten Sie sich am Anfang steif, rein erotisch gesprochen ist dies das Klügste; es sei denn, daß Ihre Seele so ernsthaft wäre, daß Sie den Gedanken auf etwas weit Höheres zu lenken vermögen." Hat er es ihr gesagt, so hat er nicht klug getan.

Wer einige Gelegenheit gehabt hat, junge Mädchen zu beobachten, ihre Gespräche zu belauschen, hat wohl öfters Redensarten gehört wie diese: „N. N. ist ein guter Mensch, aber er ist langweilig; F. F. hingegen, er ist so interessant und pikant." Jedesmal, wenn ich diese Worte aus dem Munde eines Jungfräuleins höre, denke ich: „Du solltest dich schämen; ist es nicht traurig, daß ein junges Mädchen so spricht." Falls ein Mann sich im Interessanten verlaufen hätte, wer sollte ihn denn da retten, wenn nicht eben ein Mädchen? Und tut sie nicht auch Unrecht mit solcher Rede? Entweder ist der Betreffende nicht imstande, es zu
III 188 leisten, und dann ist es unzart, es von ihm zu verlangen; oder er vermag es und dann ..., ein junges Mädchen sollte eben so vorsichtig sein, niemals das Interessante ans Licht zu locken; ein Mädchen, welches es tut, verliert immer, in der Idee betrachtet; denn das Interessante läßt sich niemals wiederholen; die, welche es nicht tut, siegt immer.

Vor etwa sechs Jahren[26] befand ich mich auf einer Reise, acht Meilen weit draußen auf dem Lande, und ließ bei einem Kruge halten, in dem ich zu Mittag aß. Ich hatte ein behagliches und wohlschmeckendes Mittagessen eingenommen, war ein bißchen aufgeräumt, stand eben mit einer Tasse Kaffee, deren Duft ich einsog, in der Hand da, als gerade ein junges hübsches Mädchen leicht und zierlich am Fenster vorübergeht und in den Hof einbiegt, der zum Krug gehörte, woraus ich den Schluß zog, daß sie hin in den Garten gehen wollte. Man ist jung — also, ich stürzte meinen Kaffee hinunter, zündete eine Zigarre und war eben dabei dem Wink des Schicksals und der Spur des Mädchens zu folgen, als es an meine Tür klopft und ein tritt das junge Mädchen. Sie neigt sich freundlich vor mir, fragt mich, ob es nicht mein Wagen sei, der im Hofe halte, ob ich nicht nach Kopenhagen wolle, ob ich ihr nicht gestatte mitzufahren. Die bescheidene und doch echt weibliche würdige Art, mit der sie dies tat, war hinreichend, um mich im gleichen Augenblick das Interessante und Pikante aus dem Gesicht verlieren zu lassen. Und doch ist es ja weit interessanter als einem jungen Mädchen in einem Garten zu begegnen, wenn man mit ihr

acht Meilen allein im eignen Wagen fährt, nur mit Kutscher und Diener, und sie ganz in der Gewalt hat. Gleichwohl bin ich überzeugt, daß auch jemand, der leichtsinniger ist als ich, sich nicht versucht gefühlt hätte. Das Zutrauen, mit dem sie sich meiner Gewalt vertraute, ist ein besserer Schutz als alle Klugheit und Gescheitheit eines Mädchens. Wir fuhren zusammen. Sie hätte nicht sicherer fahren können, wenn sie mit einem Bruder oder einem Vater gefahren wäre. Ich verhielt mich schweigend und zurückhaltend; allein wenn sie etwas bemerken zu wollen schien, war ich zuvorkommend. Mein Kutscher erhielt den Befehl, schnell zu fahren. Fünf Minuten wurde auf jeder Station gehalten. Ich stieg aus; mit dem Hut in der Hand fragte ich, ob sie eine Erfrischung befehle, mein Diener stand hinter mir mit dem Hut in der Hand. Als wir uns der Hauptstadt näherten, ließ ich den Kutscher in einen Seitenweg biegen; dort stieg ich aus, ging eine halbe Meile zu Fuß nach Kopenhagen, damit keine Begegnung oder dergleichen sie störe. Ich habe mich nie erkundigt, wer sie sei, wo sie wohne, was ihre plötzliche Reise etwa veranlaßt habe; aber sie ist mir stets eine angenehme Erinnerung gewesen, die ich mir nie erlaubt habe, durch irgend eine noch so unschuldige Neugierde zu kränken. – Ein Mädchen, welches das Interessante begehrt, sie wird selber die Schlinge, in der man sie fängt. Ein Mädchen, welches das Interessante nicht begehrt, sie glaubt an die Wiederholung. Ehre sei der, die von je so gewesen, Ehre sei der, die es III 189
ward mit der Zeit.

Indes, ich muß fort und fort wiederholen: es ist anläßlich der Wiederholung, daß ich dies alles sage. Die Wiederholung ist die neue Kategorie, welche entdeckt werden muß. Wenn man etwas weiß von der neueren Philosophie und der griechischen nicht ganz und gar unkundig ist, so wird man leicht sehen, daß eben diese Kategorie das Verhältnis zwischen den Eleaten und Heraklit erklärt, und daß die Wiederholung eigentlich das ist, was man irrtümlich die Vermittlung genannt hat. Es ist unglaublich, wieviel Wind man in der Hegelischen Philosophie der Vermittlung wegen gemacht hat, und wieviel törichtes Gewäsch unter diesem Schlagwort Ruhm und Ehre genossen hat. Man sollte lieber versuchen die Vermittlung zu durchdenken, und so den Griechen ein wenig Recht widerfahren lassen. Die griechische Erörterung der Lehre von Sein und Nichts, die Erörterung des „Augenblicks“, des „Nichtseienden“ usw. sagt „Trumpf zwei“ [27] zu Hegel. ‚Vermittlung‘ ist ein ausländisches Wort,[28] ‚Wiederholung‘ ist ein gut dänisches Wort, und ich beglückwünsche die dänische Sprache zu einem philosophischen Terminus. Es wird in unsrer Zeit nicht erklärt, woher die Vermittlung kommt, ob sie aus der Bewegung der zwei Momente sich ergibt, und in welchem Sinne sie alsdann in diesen bereits im voraus enthalten ist, oder ob sie etwas Neues ist, das hinzukommt, und alsdann wieso. In dieser Hinsicht ist die griechische Erwägung des Begriffs Bewegung (*κίνησις*), welcher der modernen Kategorie des ‚Übergangs‘ entspricht, höchst beachtenswert. Die Dialektik der Wiederholung ist leicht, denn was sich wiederholt, ist gewesen, sonst könnte es sich nicht wiederholen; aber eben dies, daß es gewesen ist, macht die Wiederholung zu dem Neuen. Wenn die Griechen sagten, daß alles Erkennen ein sich Erinnern ist, so sagten sie: das ganze Dasein, welches da ist, ist da gewesen; wenn man sagt, daß das Leben eine Wiederholung ist, so sagt man: das Dasein, welches da gewesen ist, tritt jetzt ins Dasein. Wenn man die Kategorie der Erinnerung oder der Wiederholung nicht besitzt, so löst das ganze Leben sich auf in leeren und inhaltlosen Lärm. Die Erinnerung ist die heidnische Lebensbetrachtung, die Wiederholung die moderne; die Wiederholung ist das I n t e r e s s e der Metaphysik; und zugleich dasjenige Interesse, an dem die Metaphysik scheitert; die Wiederholung ist die Losung[29] in jeder ethischen Anschauung, die Wiederholung ist die unerläßliche Voraussetzung (conditio sine qua non) für jedes dogmatische Problem.

III 190 Urteile jeder wie er will über das hier betreffs der Wiederholung Gesagte, er urteile auch wie er will darüber, daß ich es hier sage und auf diese Weise, indem ich nach Hamanns[30] Beispiel „mit mancherlei Zungen mich ausdrücke, und die Sprache der Sophisten, der Wortspiele, der Creter und Araber, Weißen und Mohren und Creolen rede, Critik, Mythologie, Rebus und Grundsätze durcheinanderschwatze, und bald *κατ᾽ ἄνθρωπον* bald *κατ᾽ ἐξοχὴν* argumentiere“. Vorausgesetzt, daß es nicht blanke Lüge ist, was ich sage, täte ich vielleicht am besten, wenn ich meinen Gedankenstrohhalm einem systematischen Gutachter einsendete, vielleicht könnte dann etwas aus ihm werden, eine Anmerkung im System – großartiger Gedanke! so hätte ich nicht umsonst gelebt!

Was die Bedeutung anlangt, welche die Wiederholung für ein Ding hat, so ließe sich vieles darüber sagen, ohne daß man sich einer Wiederholung schuldig machte. Als Professor Ussing[31] seinerzeit in der Gesellschaft des 28. Mai eine Rede hielt, und eine Äußerung in dieser mißfiel, was tat da der Herr Professor, welcher dazumal stets entschlossen und ‚gewaltig' war, er schlug auf den Tisch und sprach: ich wiederhole. Er meinte also damals, daß das, was er gesagt, durch die Wiederholung gewinne. Vor einigen Jahren hörte ich einen Prediger bei zwei festlichen Gelegenheiten ganz und gar die gleiche Rede halten. Wäre er der Meinung des Herrn Professors gewesen, so hätte er das zweite Mal, als er die Kanzel bestieg, auf das Kanzelbrett geschlagen und gesprochen: ich wiederhole, was ich bereits vorigen Sonntag gesagt habe. Dies tat er nicht, und ließ sich ganz und gar nichts merken. Er war nicht der Meinung von Herrn Professor Ussing, und wer weiß, vielleicht ist der Herr Professor selber nicht mehr der Meinung,[32] es wäre gut für seine Rede, wenn sie abermals wiederholt würde. Als bei einem Hoffest die Königin eine Geschichte erzählt hatte, und alle Hofleute darüber lachten, einschließlich eines tauben Ministers, erhob letzterer sich und bat sich die Gnade aus, ebenfalls eine Geschichte erzählen zu dürfen, und erzählte die gleiche. Frage: welche Anschauung hatte er von der Bedeutung der Wiederholung. Wenn ein Lehrer in der Schule sagt: ich wiederhole es nun schon das zweite Mal, daß Jespersen stille sitzen soll; und besagter Jespersen einen Tadel wegen wiederholter Unruhe bekommt, so ist die Be- III 191
deutung der Wiederholung ganz und gar die entgegengesetzte.

Jedoch ich will mich nicht länger bei derartigen Beispielen aufhalten, sondern dazu übergehen, daß ich ein bißchen von der Entdeckungsreise[33] erzähle, die ich unternahm, um Möglichkeit und Bedeutung der Wiederholung zu erproben. Ohne Vorwissen irgend eines Menschen (damit mich nämlich nicht alles mögliche Gerede untauglich machte für das Experiment und auf andere Weise der Wiederholung überdrüssig) fuhr ich mit Dampfschiff nach Stralsund und nahm einen Platz für die Schnellpost nach Berlin. Es gibt unter den Gelehrten verschiedene Meinungen darüber, welcher Platz in einer Eilkutsche der bequemste ist; meine Ansicht ist folgende: es ist samt und sonders ein Elend. Das vorige Mal hatte ich einen Eckplatz vorne innen im Wagen (dieser wird von einigen für einen großen Vorzug gehalten) und wurde nun sechsunddreißig Stunden lang mit meinen Nachbarn derart durcheinandergeschüttelt, daß ich bei meiner Ankunft in Hamburg nicht nur den Verstand verloren hatte, sondern die Beine dazu. Wir sechs Personen, die innen im Wagen saßen, wurden in den sechsunddreißig Stunden dermaßen zu einem einzigen Leibe zusammengeschlagen, daß ich eine Vorstellung davon bekam, was den Schildbürgern widerfuhr, die nach längerem Zusammensitzen ihre eignen Beine nicht auseinanderkennen konnten. Um womöglich wenigstens Glied an einem kleineren Leibe zu werden, wählte ich einen Platz auf dem offenen Vordersitz. Es war eine Veränderung. Mittlerweile wiederholte sich alles. Der Postillion blies, ich schloß meine Augen, gab mich der Verzweiflung hin, und dachte wie ich bei solchen Gelegenheiten pflege: Gott weiß, ob du es aushalten wirst, ob du wirklich nach Berlin kommen wirst und falls das geschieht, ob du je wieder ein Mensch wirst, der imstande ist sich frei zu machen in der Einzelnheit der Isolierung, oder ob du ein Gedächtnis daran behältst, daß du Glied an einem größeren Leibe bist.

In Berlin kam ich denn an. Unverzüglich eilte ich zu meinem alten Logis, um mich zu vergewissern, wie weit eine Wiederholung möglich sei. Ich darf jeden teilnehmenden Leser versichern, daß es mir das vorige Mal gelungen war, eine der behaglichsten Gelegenheiten in Berlin in Besitz zu nehmen, dies darf ich jetzt noch bestimmter versichern, da ich ihrer mehr gesehen habe. Der Gendarmenmarkt ist wohl der schönste Platz in Berlin; das Schauspielhaus, die zwei Kirchen nehmen sich vortrefflich aus, besonders bei Mondenschein, von einem Fenster her gesehen. Die Erinnerung hieran trug viel dazu bei, daß ich von der Stelle kam. Man steigt zum ersten Stock empor in einem mit Gas erleuchteten Hause, man öffnet eine kleine Tür, man steht im Entrée. Zur Linken hat man eine Glastür, die in ein Kabinett führt. Man geht geradeaus,
III 192 man ist in einem Vorzimmer. Innenwärts von diesem aus sind zwei Zimmer, ganz von der gleichen Form, ganz und gar gleich möbliert, dergestalt, daß man im Spiegel das Zimmer doppelt sieht. Das innerste Zimmer ist geschmackvoll erleuchtet. Ein Armleuchter steht auf einem Arbeitstisch, ein zierlicher Lehnstuhl, mit rotem

Samt bezogen, steht am Tische. Das vordere Zimmer ist nicht erleuchtet. Hier mischt sich des Mondes bleiches Licht mit dem helleren Lichtschein aus dem inneren Zimmer. Man setzt sich auf einen Stuhl am Fenster, man betrachtet den großen Platz, man sieht die Schatten der Vorübergehenden über die Mauern huschen, alles wandelt sich zu einer Bühnendekoration. Eine traumhafte Wirklichkeit dämmert im Hintergrund der Seele auf. Man spürt ein Verlangen, den Mantel überzuwerfen, sich leise an der Mauer hin zu schleichen mit spähenden Blicken, auf jeden Laut merkend. Man tut es nicht, man sieht lediglich sich es tun in verjüngter Gestalt. Man hat seine Zigarre geraucht; man zieht sich zurück in das innere Zimmer, man beginnt zu arbeiten. Mitternacht ist vorüber. Man löscht die Lichte, man entzündet einen kleinen Nachtleuchter. Der Mondenschein hat ungestört die Herrschaft. Ein einzelner Schatten zeichnet sich noch dunkler ab, ein einzelner Tritt braucht lange Zeit sich zu verlieren. Des Himmels wolkenlose Wölbung sieht so wehmutsvoll, so traumverloren aus, als sei der Untergang der Welt vorüber und der Himmel ungestört allein mit sich beschäftigt. Man geht wieder hinaus ins Vorzimmer, ins Entrée, tritt ein in jenes kleine Kabinett, man schläft — falls man zu den Glücklichen gehört, die schlafen können. — Aber ach, hier war keine Wiederholung möglich. Mein Wirt, der Materialwarenhändler, „er hatte sich verändert", in dem zugespitzten Sinne, in dem der Deutsche dies Wort gebraucht, und soviel ich weiß, wird die Wendung ‚sich verändern' in gleichem Sinne auch in einigen Straßen Kopenhagens gebraucht — d. h. er hatte sich verheiratet. Ich wollte ihm Glück wünschen; da ich aber der deutschen Sprache nicht so mächtig bin, daß ich in ihr mich in aller Eile zu drehen und wenden wüßte, auch nicht die bei solchen Gelegenheiten üblichen Redensarten bereit hatte, so beschränkte ich mich auf eine pantomimische Bewegung. Ich legte die Hand aufs Herz und blickte ihn an, wobei zarte Teilnahme in meinem Angesicht zu lesen stand. Er drückte mir die Hand. Nachdem wir solchermaßen einander verstanden hatten, ging er dazu über, die ästhetische Giltigkeit der Ehe[34] darzutun. Dies gelang ihm ausnehmend, gerade ebenso gut, wie es ihm das vorige Mal gelungen war, die Vollkommenheit der Junggesellen zu beweisen. Wenn ich Deutsch rede, bin ich der gefügigste Mensch von der Welt.

Mein ehemaliger Wirt wollte mir doch gerne zu Diensten sein, und ich wollte gerne bei ihm wohnen; ich nahm also eins der Zimmer und das Entrée. Als ich den ersten Abend nach Hause kam, als ich die Lichter angezündet hatte, dachte ich: O, o, o! ist das die Wiederholung! Ich wurde ganz verstimmt, oder, wenn man so will, gerade so gestimmt wie der Tag es verlangte; es hatte dem Schicksal absonderlicherweise beliebt, mich am allgemeinen Buß- und Bettag in Berlin ankommen zu lassen. Berlin lag in Zerknirschung. Freilich warf man einander nicht Asche in die Augen mit den Worten: ‚gedenke, o Mensch! Staub bist du und zu Staube sollst du wieder werden' (memento o homo! quod cinis es et in cinerem revertaris)[35]; gleichwohl aber stand die ganze Stadt in einer einzigen Staubwolke. Zuerst meinte ich, dies sei eine Regierungsmaßnahme; später aber überzeugte ich mich, daß vielmehr der Wind sich dieser Mühe unterzogen hatte, und ohne Ansehen der Person seiner Laune oder seiner üblen Gewohnheit nachgab; denn in Berlin ist mindestens jeden zweiten Tag Aschermittwoch. Doch dies hat mit meinem Vorhaben recht wenig zu tun. Diese Entdeckung betraf nicht die „Wiederholung"; denn als ich das vorige Mal in Berlin war, hatte ich diese Erscheinung nicht bemerkt, vermutlich, weil es Winter war.

III 193

Wenn man sich in seiner Wohnung bequem und gemütlich eingerichtet hat, wenn man somit einen festen Punkt hat, von dem aus man vorbrechen kann, ein sicheres Versteck, in das man sich zurückziehn kann, um in Einsamkeit seine Beute zu verzehren, etwas, darauf ich besonderen Wert lege, da ich gleich gewissen Raubtieren nicht essen kann, wenn jemand zusieht — so macht man sich bekannt mit dem, was die Stadt etwa an Sehenswürdigkeiten hat. Ist man ein Reisender von Profession, ein Kurier, welcher reist, um an allem zu riechen, was andre berochen haben, oder um Namen von Merkwürdigkeiten in sein Tagebuch zu schreiben und zum Entgelt seinen eignen Namen in das große Gästebuch, dann mietet man einen Lohndiener und kauft „das ganze Berlin"[36] für vier Groschen. Bei diesem Verfahren wird man ein unparteiischer Beobachter, dessen Aussagen als glaubwürdig gelten müssen in jedem Polizeiprotokoll. Hat man dagegen auf seiner Reise kein notwendiges Geschäft, so läßt man es darauf ankommen; bekommt bisweilen zu sehen, was andre nicht sehen,

übersieht das Wichtigste; erhält einen zufälligen Eindruck, der Bedeutung lediglich hat für einen selbst. So ein sorgloser Bummler hat im allgemeinen den andern nichts Großes mitzuteilen; und tut er es, so läuft er leicht Gefahr, die gute Meinung zu schwächen, welche gute Menschen von seiner Moralität und Sittlichkeit etwa haben. Wäre ein Mensch auf Reisen im Ausland gewesen, aber nie „auf der Eisenbahn“[37] gefahren, sollte er da nicht aus jeder besseren III 194
Gesellschaft verstoßen werden! Wie, wenn ein Mensch in London gewesen wäre und wäre kein einziges Mal durch den Themsetunnel gefahren! Wie, wenn ein Mensch nach Rom käme, sich in ein kleines Eckchen der Stadt verliebte, das ihm ein unerschöpflicher Gegenstand der Freude wäre, und Rom verließe, ohne eine einzige Sehenswürdigkeit geschaut zu haben! Berlin hat drei Theater. Was im Opernhaus für Oper und Ballett geleistet wird, soll „großartig“[38] sein; was im Schauspielhaus geleistet wird, soll belehrend sein, bildend, nicht bloß zum Vergnügen. Ich weiß davon nichts. Hingegen weiß ich, daß in Berlin ein Theater ist, welches das Königstädter Theater[39] heißt. Dies Theater besuchen offizielle Reisende ziemlich selten, immerhin jedoch ein wenig öfter als (was auch nicht ohne Bedeutung ist) die gemütlichen Vergnügungsorte, die mehr abgelegen sind, und an denen ein Däne Gelegenheit hat, das Gedächtnis an Lars Mathiesen und Kehlet[40] aufzufrischen. Als ich nach Stralsund kam und in der Zeitung las, daß auf jenem Theater Nestroys Talisman[41] aufgeführt werden solle, wurde mir gleich wohl zumute. Die Erinnerung an das Königstädter Theater erwachte in meiner Seele, und als ich das erste Mal dort war, war das diesen ersten Eindruck Hervorrufende lediglich eine Erinnerung in meiner Seele, welche weit zurückführte in der Zeit.

Es gibt wohl keinen jungen Menschen mit einiger Phantasie, der sich nicht einmal vom Zauber des Theaters bestrickt gefühlt und gewünscht hätte, er wäre selber mit hineingerissen in jene künstliche Wirklichkeit, um als ein Doppelgänger sich selber zu sehen und zu hören, sich selbst zu zerteilen in aller seiner möglichen Verschiedenheit von sich selbst, jedoch dergestalt, daß jede Verschiedenheit wiederum man selbst ist. Natürlich ist es ein sehr frühes Alter, in dem solch ein Gelüste sich äußert. Einzig die Phantasie ist erwacht zu ihrem Traum von Persönlichkeit, alles andre liegt noch in sicherem Schlummer. In solch einer phanta-

stischen Selbstanschauung ist das Individuum keine wirkliche Gestalt, sondern bloß ein Schatten, oder richtiger, die wirkliche Gestalt ist unsichtbar zugegen und begnügt sich daher nicht damit, nur einen Schatten zu werfen, sondern das Individuum hat eine Vielfalt von Schatten, die sämtlich ihm gleichen, und für Augenblicke gleiches Recht haben es selber zu sein. Die Persönlichkeit ist noch nicht entdeckt, ihre Energie kündet sich allein in der Leidenschaft der Möglichkeit an; denn es geht im geistigen Leben zu wie bei vielen Pflanzen — der Herzsproß kommt zuletzt. Jedoch diese Schattenexistenz verlangt ebenfalls nach Befriedigung, und es ist einem Menschen niemals gut, wenn sie nicht Zeit bekäme sich
III 195 auszuleben, wiewohl es anderseits traurig oder komisch ist, wenn das Individuum etwa fehlgriffe und sich darin auslebte. Die Ansprüche solch eines Menschen, ein wirklicher Mensch zu sein, bleiben also ebenso zweifelhaft wie die Forderung derer, unsterblich zu sein, welche noch nicht einmal imstande sind, persönlich am Tage des Gerichts zu erscheinen, sondern statt ihrer eine Abordnung erscheinen lassen von guten Vorsätzen, Eintagsentschlüssen, Halbstundenplänen usw. Die Hauptsache ist, daß jedes Ding zur rechten Zeit geschehe. Alles hat seine Zeit in der Jugend, und was allda seine Zeit gehabt, bekommt sie später wieder; und es ist dem Älteren ebenso gesund, in seinem Leben etwas Vergangenes zu haben, dadurch er in Schuld beim Gelächter ist, wie etwas Vergangenes, welches Tränen heischt.

Wenn man in einer gebirgigen Gegend den Wind tagaus tagein dasselbe Lied singen hört, unerschüttert, unverändert, so ist man für einen Augenblick vielleicht versucht, von der Unvollkommenheit zu abstrahieren und alsdann sich zu freuen an diesem Bilde von der Folgerichtigkeit und Sicherheit der menschlichen Freiheit. Man denkt vielleicht nicht daran, daß einmal ein Augenblick war, da kam der Wind, der nun schon viele Jahre seine Wohnung hat in diesen Bergen, als Unbekannter in diese Gegenden, stürzte wild, sinnlos sich mitten in die Klüfte, hernieder in die Berghöhlen, brachte jetzt ein Heulen hervor, über das er selber beinah stutzte, jetzt ein hohles Brüllen, davor er selber floh, jetzt einen klagenden Ton, von dem er selbst nicht wußte, von wannen er kam, jetzt ein Seufzen aus des Abgrunds Angst, so tief, daß selbst dem Winde bange ward und ihm einen Augenblick der Zweifel

kam, ob er wohnen dürfe in diesen Gegenden, jetzt ein lyrisch ausgelassen Hopsassa, bis daß er sein Instrument ganz kennen lernte und alle diese Laute zusammenfügte zu der Melodie, die er nunmehr unverändert vorspielt, Tag um Tag. Dergestalt fährt des Individuums Möglichkeit irre um in ihrer eignen Möglichkeit, entdeckt jetzt die eine, jetzt die andere. Aber des Individuums Möglichkeit will nicht bloß hörbar werden, sie ist nicht wie die des Wetters bloß dahinfahrend, sie ist zugleich „gestaltend“[42], deshalb will sie zu gleicher Zeit sichtbar werden. Jede seiner Möglichkeiten ist darum ein tönender Schatten. Das verborgene Individuum glaubt ebenso wenig an die großen lärmenden Gefühle wie an der Bosheit listiges Raunen, ebenso wenig an der Freude seligen Jubel wie an das unendliche Seufzen des Leides; das Individuum will lediglich pathetisch sehen und hören, indes wohl zu merken sich selbst. Jedoch es will nicht wirklich sich selber hören, das geht nicht an. Im gleichen Nu kräht der Hahn, und des Zwielichts Gestalten flüchten, die nächtlichen Stimmen werden stumm. Verharren sie, so sind wir in einem ganz andern Bereiche, in dem dies alles unter dem ängstigenden Blick der Verantwortung vor sich geht, so sind wir beim Dämonischen. Um also nicht von seinem wirklichen Selbst einen Eindruck zu empfangen, verlangt das verborgene Individuum, die Umgebung solle leicht und flüchtig sein wie die Gestalten es sind, wie der Worte schäumendes Brausen es ist, das hallt ohne Widerhall. Solch eine Umgebung ist die bühnen- III 196
mäßige, die eben darum sich eignet für des verborgenen Individuums „Schattenspiel“[43]. Unter den Schatten, in denen es sich selber entdeckt, deren Stimme seine eigne Stimme ist, findet sich etwa ein Räuberhauptmann. Er muß sich in diesem Spiegelbild wiedererkennen; des Räubers männliche Gestalt, sein behender und dennoch durchbohrender Blick, die Schrift der Leidenschaft in seinem durchfurchten Antlitz, alles muß da sein. Er muß auf der Lauer liegen am Gebirgspaß, er muß nach den Bewegungen der Reisenden horchen, er muß die Pfeife blasen, die Bande muß vorstürzen; seine Stimme muß den Lärm übertäuben; er muß grausam sein, muß alles niederhauen lassen und sich gleichgiltig davon abwenden, er muß ritterlich sein gegen das geängstigte Mädchen usw. usw. Ein Räuber ist ja zu Hause in den dämmrigen Wäldern. Setzte man jenen Phantasiehelden in einem solchen nieder, gäbe ihm alles

Zubehör mit und bäte ihn nun lediglich, bis man sich einige Meilen von ihm entfernt habe, sich ruhig zu verhalten, um sich alsdann seinem leidenschaftlichen Rasen ganz zu überlassen — ich denke mir, er würde ganz und gar verstummen. Es erginge ihm vielleicht wie jenem Manne, der mich vor einigen Jahren mit seinem literarischen Vertrauen beehrte. Er kam zu mir, beklagte sich, er werde von der Ideenfülle dermaßen überwältigt, daß es ihm unmöglich sei, etwas aufs Papier zu bringen, weil er nicht geschwind genug schreiben könne; er bat mich, mir die Mühe zu machen, sein Sekretär zu sein und nach Diktat zu schreiben. Ich witterte sogleich Unrat und tröstete ihn deshalb damit, ich könne um die Wette schreiben mit einem durchgegangenen Pferd, weil ich von jedem Worte bloß einen Buchstaben schreibe und doch dafür einstehen könne, daß ich alles, was ich geschrieben, zu lesen vermöge. Meine Dienstwilligkeit kannte keine Grenze. Ich ließ einen großen Tisch hinstellen, numerierte mehrere Bogen Papier, damit ich nicht einmal Zeit damit vergeude, das Blatt zu wenden, legte ein Dutzend Stahlfedern mit Halter vor mich hin, tauchte die Feder ein — und der Mann begann seine Rede folgendermaßen: ja! sehen Sie Verehrtester, was ich eigentlich sagen wollte, war .... Als er mit dieser Rede fertig war, las ich sie ihm vor, und seitdem hat er mich nie mehr zum Sekretär verlangt. — Jener Räuber fände vermutlich den Maßstab zu groß, in einem andern Sinne jedoch zu klein. Nein, male ihm eine Kulisse mit einem Baum, häng eine Lampe davor, welche die Beleuchtung noch absonderlicher macht, und dieser Wald ist dennoch größer als jener wirkliche, größer als Nordamerikas Urwälder, und gleichwohl kann er ihn mit seiner Stimme durchdringen, ohne heiser zu werden. Dies ist der Phantasie sophistische Lust, dergestalt die ganze Welt in einer Nußschale zu haben, die größer ist als die ganze Welt, und doch nicht größer, als daß das Individuum sie füllen könnte.

Solch eine Lust zu theatralischem Auftreten und Sichaussprechen verrät in keiner Weise irgend eine Berufung zur Bühnenkunst. Wo
III 197 letztere vorhanden ist, zeigt sich das Talent alsogleich als Veranlagung für das bestimmte Einzelne, und selbst das reichste erwachende Talent hat nicht einen derartigen Umfang. Diese Lust ist lediglich Unreife der Phantasie; denn ein ander Ding ist es, wenn sie ihren Grund in Eitelkeit und Neigung, glänzen zu wollen,

hat. So hat das Ganze keinen tieferen Grund als Eitelkeit: ein Grund, der dann leider tief genug stecken kann.

Obwohl nun dieser Moment des individuellen Lebens wieder vergeht, so wird er doch in einem reiferen Alter reproduziert, dann, wenn die Seele sich gesammelt hat im Ernst. Ja, während alsdann die Kunst dem Individuum vielleicht noch nicht einmal ernst genug ist, kann es Lust haben, gelegentlich zu jenem ersten Zustande zurückzukehren und ihn in einer Stimmung aufzunehmen. Der Mensch wünscht dann, einen komischen Eindruck zu erfahren und sich selber komisch produktiv zu verhalten zu der theatralischen Leistung. Während ihm daher weder Tragödie, noch Komödie, noch Lustspiel gefallen wollen, eben deshalb, weil sie vollkommen sind, wendet er sich der Posse zu. Die gleiche Erscheinung wiederholt sich auch auf andern Gebieten. Man sieht mitunter, daß einer reiferen Individualität, die sich an der starken Speise der Wirklichkeit sättigt, ein gut ausgeführtes Gemälde eigentlich keinen Eindruck macht. Dahingegen kann sie von dem Anblick eines Nürnberger Bilderbogens bewegt werden, eines jener Bilder, die man vor gar nicht langer Zeit auf der Börse fand. Da sieht man eine Landschaft, die eine ländliche Gegend überhaupt vorstellt. Diese Abstraktion läßt künstlerisch sich nicht ausführen. Das Ganze ist daher erreicht durch das Gegenteil, nämlich durch eine zufällige Konkretion. Dennoch möchte ich jedermann fragen, ob er von solch einer Landschaft etwa nicht den Eindruck einer ländlichen Gegend überhaupt empfange, und ob er nicht von seiner Kindheit her diese Kategorie sich bewahrt habe. Von seiner Kindheit her, als man noch solche ungeheuerlichen Kategorien hatte, daß einem jetzt darüber beinahe schwindelt, als man aus einem Stück Papier einen Mann und eine Frau ausschnitt, die in einem noch strengeren Sinne Mann und Frau überhaupt waren, als Adam und Eva es gewesen sind. Ein Landschaftsmaler, mag er nun durch naturtreue Wiedergabe wirken wollen oder durch ideale Darstellung, läßt vielleicht das Individuum kalt, solch ein Bild aber bringt eine unbeschreibliche Wirkung hervor, indessen man nicht weiß, ob man lachen oder weinen soll, und die ganze Wirkung beruht auf der Stimmung des Betrachters. Es gibt wohl keinen Menschen, der nicht eine Zeit gehabt hätte, da kein Reichtum der Sprache, keine Interjektion der Leidenschaft ihm Genüge tat, da

kein Ausdruck, keine Gestikulation ihn zufriedenstellen, da nichts
III 198 hinreichend scheinen konnte, es sei denn daß es sich in den absonderlichsten Sprüngen und Purzelbäumen ergangen hätte. Vielleicht lernte selbiges Individuum tanzen, vielleicht sah er öfters Ballette und bewunderte des Tänzers Kunst, vielleicht kam dann eine Zeit, da das Ballett ihn nicht mehr hinnahm, und dennoch hatte er Augenblicke, da er sich auf sein Zimmer zurückziehen konnte, um sich ganz sich selber hinzugeben und eine unbeschreibliche humoristische Linderung darin zu finden, daß er in einer poetisch-malerischen Stellung auf einem Bein stand, oder die ganze Welt dem Tode und dem Teufel zu überlassen und alles mit einem Kreuzsprung zu erledigen.

Im Königstädter Theater kommt die Posse zur Aufführung und sammelt naturgemäß ein höchst verschiedenartiges Publikum um sich; ja, wer das Gelächter in seiner Unterschiedlichkeit je nach Temperament und Stand pathologisch studieren möchte, sollte nicht die Gelegenheit versäumen, welche die Aufführung einer Posse bietet. Das Jubeln, das schallende Gelächter der Galerie und des zweiten Rangs ist ganz etwas anderes als der Beifall eines gebildeten und kritischen Publikums, es ist eine stetige Begleitmusik, ohne die eine Posse gar nicht aufgeführt werden könnte. Die Posse bewegt sich für gewöhnlich in den niederen Lebenssphären, und daher erkennen die Galerie und der zweite Rang sich selbst unverzüglich wieder, und ihr Lärmen und Bravorufen ist keine ästhetische Würdigung des einzelnen Künstlers, sondern ein rein lyrischer Ausbruch ihres Wohlbefindens, sie werden sich überhaupt nicht ihrer selbst als Publikum bewußt, sondern sie wollen mit dabei sein unten auf der Straße oder wo die Szene sonst ist. Da dies sich mittlerweile der Entfernung wegen nicht machen läßt, so gebärden sie sich wie Kinder, die bloß die Erlaubnis haben, einen Auflauf auf der Straße sich vom Fenster aus anzusehn. Auch den ersten Rang und das Parkett bringt die Posse zum Lachen, wenn dies Lachen auch wesentlich verschieden ist von jenem cimbrisch-teutonischen Volksgeschrei, und selbst innerhalb dieser Sphäre wieder unendlich verschieden abgetönt ist in einem ganz andern Sinne als bei der Aufführung des vortrefflichsten Lustspiels. Sehe man es für eine Vollkommenheit oder eine Unvollkommenheit an, es ist nun einmal so. Jede allgemeinere ästhetische

Bestimmung scheitert an der Posse, und diese vermag auf keinerlei Weise eine Gleichförmigkeit der Stimmung bei dem mehr gebildeten Publikum zu erzeugen; denn da die Wirkung zum großen Teil auf der Selbsttätigkeit, der Produktivität des Zuschauers beruht, kommt die einzelne Individualität in einem ganz andern Sinne dazu, sich geltend zu machen, und ist in ihrem Genusse enthoben aller ästhetischen Verpflichtungen dazu, traditionell zu bewundern, zu lachen, gerührt zu werden usw. Eine Posse sehen heißt für den Gebildeten gleichsam Lotterie spielen, nur daß man nicht die Unannehmlichkeit hat, Geld zu gewinnen. Mit solch einer Unsicherheit aber ist dem gewöhnlichen theaterbesuchenden Publikum nicht gedient, es übersieht darum gerne die Posse, oder blickt vornehm auf sie herab, etwas, das für es selber am schlimmsten ist.
Dem eigentlichen Theaterpublikum ist im allgemeinen ein gewisser III 199
bornierter Ernst eigen, es will im Theater veredelt und gebildet werden oder will sich wenigstens einbilden, daß es das wird, es möchte einen seltenen Kunstgenuß gehabt haben oder sich wenigstens einbilden, daß es ihn gehabt hat, es will, sobald es den Anschlag gelesen hat, im voraus wissen können, wie es diesen Abend davonkommen wird. Eine Übereinkunft dieser Art läßt sich mit der Posse nicht treffen; denn die gleiche Posse kann einen höchst unterschiedlichen Eindruck machen, und es kann sich so sonderbar treffen, daß sie gerade jenes Mal, da sie am wenigsten wirkte, am besten aufgeführt worden ist. Man kann sich also nicht verlassen auf Nachbar und Gegenüber und auf die Aussage der Zeitungen, ob man sich unterhalten hat oder nicht. Diese Sache muß der Einzelne mit sich selber abmachen; und es ist einem Rezensenten bisher noch kaum gelungen, einem gebildeten Theaterpublikum, das eine Posse sieht, das Zeremoniell vorzuschreiben; in dieser Hinsicht vermag kein guter Ton (bon ton) sich geltend zu machen. Die sonst so verläßliche gegenseitige Achtung zwischen Theater und Publikum ist aufgehoben, man kann durch das Sehen einer Posse in eine völlig unberechenbare Stimmung geraten und kann daher nie wissen, ob man sich im Theater als würdiges Mitglied der Gesellschaft aufgeführt und an der richtigen Stelle gelacht und geweint hat. Man kann nicht als gewissenhafter Zuschauer die feine Charakterzeichnung bewundern, die im Drama sich finden soll; denn die Personen der Posse sind sämtlich gezeichnet nach dem

abstrakten Maßstab „überhaupt". Man kann daher ebensogut wehmütig gestimmt werden wie außer sich sein vor Gelächter. Keine Wirkung der Posse wird durch Ironie hervorgebracht, alles ist Naivität, der Zuschauer muß daher durchaus als Einzelner selbsttätig sein; denn die Naivität der Posse ist gleichwohl so illusorisch, daß es dem Gebildeten unmöglich ist, sich naiv zu ihr zu verhalten; in diesem seinem Sichverhalten zur Posse aber liegt zum großen Teil die Unterhaltung, die er also selber wagen muß, wohingegen er zur Rechten und zur Linken oder in den Zeitungen vergeblich eine Bürgschaft dafür suchen wird, daß er sich wirklich unterhalten hat. Für einen Gebildeten hingegen, der zugleich Ungeniertheit genug hat, um es sich zu getrauen, sich ganz solo zu unterhalten, Selbstvertrauen genug, um bei sich selber ohne Ratserholung bei andrer Menschen Urteil zu wissen, ob er sich unterhalten hat oder nicht, für ihn wird die Posse vielleicht eine ganz eigene Bedeutung haben, indem sie bald mit des Abstrakten Geräumigkeit, bald mit dem Anbringen einer handgreiflichen Wirklichkeit seine eigne Stimmung unterschiedlich berühren wird. Nur wird er natürlich keine Stimmung fix und fertig mitbringen, um alles nach seiner Beziehung auf sie wirken zu lassen, sondern er wird sich zu einem Meister in Stimmung ausgebildet haben und
III 200 sich selbst in dem Zustande halten, in dem nicht eine einzige bestimmte Stimmung gegenwärtig ist, sondern eine Möglichkeit zu allen.

Im Königstädter Theater wird die Posse gegeben und meines Dafürhaltens vortrefflich. Meine Meinung ist natürlich durchaus individuell, ich nötige die meine niemandem auf und verbitte mir alles Nötigen. Soll eine Posse mit vollem Erfolge aufgeführt werden, so muß das spielende Personal auf eigentümliche Weise zusammengesetzt sein. Es muß zwei, höchstens drei durchaus entschiedene Talente oder richtiger schöpferische Genies unter sich haben. Diese müssen Kinder der Laune sein, von Lachen trunken, Tänzer des Humors, welche, mögen sie auch zu andern Zeiten, ja sogar im Augenblick unmittelbar vorher, ganz und gar wie andre Menschen sein, in dem gleichen Augenblick, wo sie das Glockenzeichen des Regisseurs vernehmen, verwandelt werden, indem sie, einem edlen arabischen Hengste gleich, zu stöhnen und schnaufen anfangen, während ihre sich weitenden Nüstern von des Geistes

Schnauben zeugen, das in ihnen ist, weil sie vorwärts wollen, sich tummeln wollen in Wildheit. Sie sind nicht so sehr reflektierte Künstler, die das Lachen studiert haben, als vielmehr Lyriker, die sich selbst in des Gelächters Abgrund hinunterstürzen und nun durch dessen vulkanische Gewalt sich auf die Bühne schleudern lassen. Sie haben daher nicht eigentlich berechnet, was sie tun wollen, sondern sie lassen den Augenblick und des Gelächters Naturkraft für alles sorgen. Sie haben Mut, zu wagen, wessen der Einzelne sich nur erkühnt, wenn er mit sich selbst allein ist, was Wahnsinnige tun in aller Gegenwart, was das Genie zu tun weiß mit der Vollmacht des Genies, des Gelächters sicher. Sie wissen, daß ihre Ausgelassenheit ohne Grenzen ist, daß der Schatz des Komischen in ihnen unerschöpflich ist und nahezu jeden Augenblick sie selber überrascht; sie wissen, daß sie imstande sind, den ganzen Abend das Gelächter wach zu halten, ohne daß es sie mehr Anstrengung kostet als es mich kostet, dies hin aufs Papier zu schmieren. Wenn ein Theater, das Possen spielt, zwei derartige Genies besitzt, so ist es genug; drei ist die höchste Zahl, die vom Guten ist; denn sonst schwächt die Wirkung sich ab, ebenso wie wenn ein Mensch stirbt an Hypersthenie. Das übrige Personal braucht nicht Talent zu haben, es ist nicht einmal gut, wenn sie Talente sind. Das übrige Personal braucht auch nicht nach den Regeln der Schönheit rekrutiert zu sein, eher soll es zusammengebracht sein durch den Zufall. Das gesamte übrige Personal mag gut und gern ebenso zufällig sein wie jene Gesellschaft, die nach
einer Zeichnung Chodowieckis[44] Rom gegründet hat. Man braucht III 201
noch nicht einmal jemanden auszuschließen wegen eines Leibesfehlers; vielmehr würde eine solche Zufälligkeit gerade einen vortrefflichen Einschlag abgeben. Wäre jemand gleich krummbeinig oder schiefbeinig oder zu hoch aufgeschossen oder im Wachstum zurückgeblieben, kurz, ein auf die eine oder andere Weise defektes Exemplar, er ist in der Posse gut zu brauchen, und die Wirkung, die er hervorbringt, kann unberechenbar sein. Gleich hinter dem Idealen kommt nämlich als das Nächste das Zufällige. Ein witziger Kopf hat gesagt, man könne die Menschheit einteilen in Offiziere, Dienstmädchen und Schornsteinfeger. Diese Bemerkung ist meines Dafürhaltens nicht bloß witzig, sondern zugleich tiefsinnig, und es gehört ein großes spekulatives Talent dazu, eine

bessere Einteilung zu geben. Wenn eine Einteilung ihren Gegenstand nicht ideell erschöpft, so ist die zufällige in jeder Weise vorzuziehn, weil sie die Phantasie in Bewegung bringt. Eine etlichermaßen wahre Einteilung vermag den Verstand nicht zu befriedigen, bedeutet für die Phantasie schlechterdings nichts, weswegen sie gänzlich zu verwerfen ist, mag sie auch zu alltäglichem Gebrauch recht viel Ehre genießen, sintemal die Menschen teils sehr dumm sind, teils sehr wenig Phantasie besitzen. Wenn man in einem Theater von einem Menschen eine Vorstellung empfangen will, so muß man entweder eine schlechthin durchgeführte in der Idealität konkrete Schöpfung verlangen, oder das Zufällige. Diejenigen Theater, die nicht lediglich der Unterhaltung dienen, sollten das Erstere darbieten. Mittlerweile begnügt man sich hier damit, daß ein Schauspieler ein hübscher Kerl mit einem vorteilhaften Äußeren und mit einem guten Theatergesicht, einer guten Stimme ist. Mich befriedigt dies selten, denn seine Leistung ruft von selbst[45] die Kritik hervor, und sobald diese erwacht ist, wird es nicht leicht zu entscheiden, was dazu gehört, ein Mensch zu sein und auch nicht leicht, die Ansprüche, die man hat, zu erfüllen, etwas, darin man mir wohl recht geben wird, wenn man bedenkt, daß Sokrates, welcher doch in Menschenkenntnis und Selbsterkenntnis sonderlich stark gewesen ist, „nicht mit Bestimmtheit wußte, ob er ein Mensch sei oder ein noch mehr veränderliches Tier als Typhon“[46]. In der Posse hingegen wirkt das untergeordnete Personal durch jene abstrakte Kategorie: „überhaupt“, und erreicht dies durch eine zufällige Konkretion. Insofern ist man denn also nicht weiter gekommen als bis zur Wirklichkeit. Dies soll man auch nicht; aber der Zuschauer versöhnt sich komisch damit, diese Zufälligkeit Anspruch darauf erheben zu sehn, daß sie die Idealität sei, etwas, das sie tut, indem sie in die Kunstwelt der Bühne eintritt. Wollte man mit jemand aus dem untergeordneten Personal eine Ausnahme machen, so müßte es die Liebhaberin sein. Sie darf natürlich in
III 202 keiner Weise Künstlerin sein, man könnte jedoch bei ihrer Auswahl darauf sehen, daß sie anziehend wäre, daß ihr ganzes Auftreten, ihr Benehmen auf der Bühne freundlich und wohltuend wäre, daß sie angenehm anzusehen wäre, sozusagen eine angenehme Gesellschaft.

Das Personal am Königstädter Theater ist einigermaßen nach

meinem Wunsche zusammengesetzt; sollte ich einen Einwand erheben, so beträfe dieser das untergeordnete Personal; denn gegen *Beckmann* und *Grobecker* habe ich nicht das Geringste einzuwenden. Beckmann ist ein ausgemachtes komisches Genie, das rein lyrisch im Komischen durchgeht, sich nicht durch Charakterzeichnung hervortut sondern durch Übersprudeln der Stimmung. Er ist nicht groß in dem nach künstlerischem Maßstab Beurteilbaren, wohl aber bewunderungswürdig in dem Individuellen, das sich jedem Maßstabe entzieht. Er bedarf keiner Unterstützung durch das Zusammenspiel, durch Szenerie und Bühnenbild; eben weil er in Stimmung ist, bringt er alles selber mit; in dem gleichen Augenblick, wo er in Übermut sich überschlägt, malt er sich seine Szene selbst trotz einem Theatermaler. Was Baggesen[47] von Sara Nickels sagt, daß sie auf die Bühne gestürzt komme mit einer ländlichen Gegend hinter sich, das gilt in gutem Sinne auch von Beckmann, nur daß er gegangen kommt. An einem eigentlichen Kunst-Theater sieht man ziemlich selten einen Schauspieler, der wirklich gehen und stehen kann. Wohl habe ich ganz vereinzelt einen solchen gesehen; aber was Beckmann vermag, das hab ich nie zuvor gesehn. Er kann nicht allein gehen, er kann auch *gegangen kommen*. Dies Gegangenkommen ist etwas ganz anderes, und vermöge dieser Genialität improvisiert er zugleich die gesamte szenische Umgebung. Er kann einen wandernden Handwerksburschen nicht bloß darstellen, er kann gegangen kommen als solch ein Bursch, und dies dergestalt, daß man alles erlebt, aus dem Staube der Landstraße das freundliche Dorf erblickt, dessen sanfte Geräusche vernimmt, den Fußsteig sieht, der dort um den Tümpel läuft, wenn man beim Schmiede abbiegt — wo man Beckmann gegangen kommen sieht mit seinem kleinen Bündel über der Schulter, den Stock in der Hand, sorglos und unverdrossen. Er kann auf die Bühne gegangen kommen mit Straßenjungen hinter sich, die man nicht sieht. Selbst Dr. Ryge in „König Salomo und Jürgen Hutmacher“[48] vermochte diese Wirkung nicht hervorzubringen. Ja, Herr Beckmann ist für ein Theater eine blanke Ersparnis; denn wenn man ihn hat, braucht man weder Straßenjungen
noch Kulissen. Indes eine Charakterzeichnung ist dieser Hand- III 203
werksbursche nicht, dafür ist er zu lose hingeworfen in seinen in Wahrheit meisterlichen Umrissen, er ist ein Incognito, in welchem

der Dämon der wahnwitzigen Komik wohnt, der sich alsbald entfaltet, und alles hinreißt in Zügellosigkeit. In dieser Hinsicht ist es unvergleichlich, wie Beckmann tanzt. Er hat sein Couplet gesungen, nun hebt der Tanz an. Was Beckmann hier wagt, ist halsbrecherisch; denn er verläßt sich vermutlich nicht darauf, daß er in strengerem Sinne mit seinen Tanzstellungen eine Wirkung tut. Er ist nunmehr ganz und gar außer sich. Des Gelächters Wahnwitz in ihm kann nicht mehr gebändigt werden, weder in der Gestalt noch im Wort; nur daß er wie Münchhausen sich selbst beim Schopfe packt, sich selbst in unsinnigen Bocksprüngen hinjubelt, ist im Gefolge der Stimmung. Der Einzelne kann, wie gesagt, recht gut wissen, welche Linderung darinnen liegt, aber um es auf der Bühne zu tun, dazu gehört ein ausgemachtes Genie, dazu gehört die Vollmacht des Genies, sonst wird es das Widerlichste von allem.

Jeder burleske Komiker muß eine Stimme haben, die man sogleich in der Kulisse erkennt, damit er sich so selber den Weg bereiten könne. Beckmann hat eine hervorragende Stimme, was hier natürlich nicht das gleiche bedeutet wie ein gutes Organ. G r o b e c k e r s Stimme ist mehr kratzend, aber ein einziges Wort von ihm in der Kulisse tut die gleiche Wirkung wie drei Trompetenstöße auf dem Wildparkhügel[49], man ist empfänglich für das Lächerliche. In dieser Hinsicht gebe ich Grobecker vor Beckmann sogar den Vorzug. Was bei Beckmann zugrunde liegt, ist eine gewisse keine Schranken des Mutwillens kennende Verständigkeit, und durch diese hindurch erreicht er den Wahnwitz. Grobecker hingegen steigt mitunter durch das Sentimentale und Schmachtende hindurch zum Wahnwitz an. Ich erinnere mich z. B. ihn in einer Posse in der Rolle eines Gutsverwalters gesehen zu haben, welcher vermöge seiner Ergebenheit für die Herrschaft und kraft seines Glaubens an die Bedeutung, welche festliche Arrangements für die Herrschaft hinsichtlich der Verschönerung des Lebens haben, an nichts denkt als daran, den ländlichen Frohsinn in Bereitschaft zu haben für der Herrschaft allerhöchste Ankunft. Alles ist fertig, Grobecker hat sich dafür entschieden, den Merkur darzustellen. Er hat seine Tracht als Verwalter nicht geändert, nur daß er Flügel an die Füße gebunden und einen Helm aufgesetzt hat, er stellt sich in malerischer Stellung auf ein Bein und will mit

seiner Rede auf die Herrschaft beginnen. Ein so großer Lyriker wie Beckmann ist Grobecker freilich nicht, mittlerweile ist doch auch er in lyrischem Einverständnis mit dem Lachen. Er hat eine gewisse Neigung zu Korrektheit, und leistet in dieser Hinsicht oft Meisterliches, besonders im trocken Komischen, aber er ist nicht eine derartige prickelnde Würze der ganzen Posse, wie Beckmann es ist. III 204
Ein Genie ist er jedoch, ein Genie für die Posse.

Man tritt ins Königstädter Theater. Man nimmt seinen Platz ein im ersten Rang; denn dahin kommen verhältnismäßig wenige; und wenn man eine Posse sehen will, muß man bequem sitzen und nicht im entferntesten sich geniert fühlen durch jenes Wichtigtun mit der Kunst, vermöge dessen viele sich in ein Theater hineinstopfen lassen, um ein Stück zu sehen als ginge es dabei um die ewige Seligkeit. Die Luft im Theater ist auch ziemlich rein, nicht infiziert durch den Schweiß eines künstlerisch empfindsamen Publikums, oder durch die Ausdünstungen eines kunstbegeisterten Publikums. Im ersten Rang darf man ziemlich sicher sein, eine Loge allein für sich persönlich zu erhalten. Ist dies nicht der Fall, so darf ich dem Leser, damit er doch aus meinem Geschreibe etwas Nützliches zu wissen bekommt, Loge Nr. 5 und 6 „links“ [50] empfehlen. Dort findet sich zuhinterst in einem Winkel ein allein für eine Person berechneter Platz, auf dem man unvergleichlich gut sitzt. Man sitzt also allein in seiner Loge, das Theater ist leer; das Orchester spielt eine Ouvertüre, die Musik erdröhnt in der Halle, ein bißchen „unheimlich“ [51], eben weil es so öde ist. Man ist nicht als Reisender ins Theater gegangen, nicht als Ästhetiker und Kritiker, sondern, womöglich, schlechthin als ein Nichts, und ist zufrieden damit, daß man gut und bequem sitzt, beinahe ebenso gut wie in der eignen Stube. Das Orchester ist zu Ende, der Vorhang hebt sich bereits ein wenig, da beginnt jenes andre Orchester, das nicht dem Taktstock des Dirigenten gehorcht, sondern einem inneren Triebe folgt, jenes andre Orchester, die Stimme der Natur auf der Galerie, die allbereits Beckmann in den Kulissen gewittert hat. Ich saß für gewöhnlich weit zurück in der Loge, vermochte daher den zweiten Rang und die Galerie überhaupt nicht zu sehen, die einem Mützenschatten gleich sich vorstreckten über meinem Kopf. Um so abenteuerlicher wirkt dieser Lärm. Überall, wohin mein Blick dringen konnte, war großenteils eine Leere; des Theaters großer Raum wandelte sich mir zu dem Bauch des Meerungetüms, darinnen Jonas saß; der Lärm auf der Galerie war wie eine Bewegung in des Ungeheuers Eingeweiden (viscera). Von dem Augenblick an, da die Galerie angefangen hat zu musizieren, bedarf es keiner Begleitung mehr; denn Beckmann animiert die Galerie und die Galerie Beckmann.

Du mein unvergeßliches Kindermädchen, du flüchtige Nymphe, die du in dem Bache wohntest, der an meines Vaters Hof vorüberfloß, die du jederzeit hilfreich teilnahmst an des Kindes Spiel, obwohl du dich allein um dich selbst kümmertest! Du meine treue Trösterin, die du im Laufe der Jahre deine unschuldige Reinheit bewahrt hast; die du nicht älter geworden bist, derweilen ich alt ward; du stille Nymphe, zu der ich abermals meine Zuflucht nahm,
III 205 müde der Menschen, müde meiner selbst, so daß ich eine Ewigkeit brauchte um auszuruhn, traurigen Sinns, so daß ich eine Ewigkeit brauchte um zu vergessen. Du weigertest mir nicht, was die Menschen mir weigern wollen, indem sie die Ewigkeit ebenso geschäftig und noch entsetzlicher machen als die Zeit[52]. Da lag ich an deiner Seite und entschwand mir selbst in des Himmels ungeheurem Raum über meinem Haupte, und vergaß meiner selbst in deinem einlullenden Murmeln! Du mein glücklicheres Selbst, du flüchtiges Leben, welches in dem Bache wohnt, der an meines Vaters Hof vorüberrinnt, allwo ich liege hingestreckt, als wäre meine Gestalt ein abgelegter Wanderstab, aber ich bin erlöst und befreit in dem wehmütigen Plätschern! Ebenso lag ich in meiner Loge, abgeworfen wie eines Badenden Kleider, hingestreckt an des Lachens und des Mutwillens und des Jubelns Strom, der unaufhaltsam vorüberrauschte an mir; ich vermochte nichts zu sehen als des Theaters Raum, nichts zu hören außer dem Lärm, in dem ich wohnte. Nur einmal zwischendurch richtete ich mich auf, blickte auf Beckmann und lachte mich so müde, daß ich ermattet wieder hinsank an des rauschenden Flusses Seite. Schon dies war Seligkeit, doch fehlte mir etwas. Da entdeckte ich in der Öde, die ich allenthalben um mich sah, eine Gestalt, die mich mehr erfreute als Freitag den Robinson. In einer Loge mir gerade gegenüber saß in der dritten Reihe ein junges Mädchen, halbverdeckt von einem älteren Paar, das in der ersten Reihe saß. Das junge Mädchen war schwerlich im Theater um gesehen zu werden, wie man denn aufs Ganze

gesehen in diesem Theater von diesen widerlichen weiblichen Schaustellungen verschont ist. Sie saß in der dritten Reihe, ihre Kleidung war einfach und bescheiden, beinahe häuslich. Sie war nicht in Zobel oder Marder gehüllt, sondern gehüllt in ein großes Tuch, und aus dieser Umhüllung neigte sich demütig ihr Haupt, ebenso wie die oberste Blüte eines Maiglöckchenstengels sich aus der Hülle des großen Blattes herausneigt. Wenn ich also auf Beckmann geblickt, wenn ich meinen ganzen Leib vom Lachen hatte durchschütteln lassen, wenn ich ermattet hinsank und nun mich forttragen ließ auf dem Strom des Jubels und der Fröhlichkeit und ich dann aus dem Bade stieg und zu mir selbst zurückkehrte, so suchte mein Auge sie, und ihr Anblick erquickte mein ganzes Wesen mit seiner freundlichen Milde. Oder wenn in der Posse selber ein mehr pathetisches Gefühl durchbrach, so blickte ich auf sie, und ihr Wesen gewährte mir die Hingabe daran, denn sie saß bei dem allen ganz in sich versunken mit ihrem stillen Lächeln in kindlicher Verwunderung. Sie kam, ebenso wie ich, jeden Abend dahin. Bisweilen geriet ich ins Sinnen, was sie wohl dazu veranlassen könne, doch auch diese Gedanken wurden zu bloßen Stimmungen, die zu ihr hinüberglitten, so daß mir einen Augenblick lang schien, sie müsse ein Mädchen sein, das viel gelitten habe, sich nun ganz dicht in seinen Schal hülle und mit der Welt nichts mehr zu tun haben wolle, bis daß der Ausdruck in ihren Mienen mich gewiß machte, sie sei ein glückliches Kind, welches das Tuch III 206
so fest zusammenziehe, um es sich recht wohl sein zu lassen. Sie ahnte nicht, daß sie gesehen wurde, geschweige denn, daß mein Auge über ihr wachte; es wäre auch ein Unrecht gegen sie gewesen und am schlimmsten für mich selber; denn es gibt eine Unschuld, eine Unbewußtheit, die selbst der reinste Gedanke stören kann. Von selbst entdeckt man dergleichen nicht; vertraut einem aber sein guter Genius an, wo solch eine ursprüngliche Heimlichkeit sich verbirgt, so kränke man diese doch nicht, und betrübe seinen Genius nicht. Hätte sie meine stumme halbverliebte Freude auch nur geahnt, so wäre alles verdorben und nicht wieder gut zu machen gewesen, auch nicht mit ihrer ganzen Liebe. Ich weiß den Ort einige Meilen von Kopenhagen, an dem ein junges Mädchen wohnt; ich kenne den großen schattigen Garten mit den vielen Bäumen und Sträuchern. Ich weiß den Hang, der ein kleines Stück-

chen davon liegt, mit Büschen bewachsen, von dem her man in den Garten herniederschauen kann, selber von dem Buschwerk gedeckt. Ich habe es niemand verraten, nicht einmal mein Kutscher weiß davon; denn ihn täusche ich, indem ich ein Stück weiter ab aussteige, und nach rechts gehe statt nach links. Wenn dann meine Seele den Schlaf nicht findet und der Anblick meines Betts mich mehr ängstigt als ein Folterwerkzeug, mehr als der Kranke das Streckbett fürchtet, so fahre ich die ganze Nacht. Früh am Morgen liege ich hinter den Büschen versteckt. Wenn dann das Leben zu erwachen beginnt, wenn die Sonne ihr Auge aufschlägt, wenn der Vogel seine Flügel regt, wenn der Fuchs aus seinem Loche schleicht, wenn der Bauer in seiner Tür steht und hinschaut über das Feld, wenn die Melkdirne mit ihrem Eimer hinabgeht zur Wiese, wenn der Schnitter die Sense dengelt und sich dieses Vorklangs erfreut, welcher des Tages und der Arbeit Kehrreim sein wird, — so kommt auch das junge Mädchen zum Vorschein. Wer da schlafen könnte! Wer da leicht schlafen könnte, so daß der Schlaf selber keine schwerere Bürde wäre als der Tag! Wer da von seinem Lager aufstehn könnte, als hätte niemand darauf sich geruht, so daß das Lager selber kühl wäre und lieblich und erquickend zu sehen, als hätte der Schlafende sich nicht darauf geruht, sondern sich nur darüber gebeugt, um alles zu richten! Wer da so sterben könnte, daß sogar sein Sterbelager im gleichen Augenblick, da man ihn davon fortnimmt, einladender anzusehn wäre, als wenn eine sorgliche Mutter das Bett aufgeschüttelt und darüber hingehaucht hätte, damit das Kind ruhiger schlafe. So kommt denn das junge Mädchen zum Vorschein, so geht sie staunend umher, (wer staunt am meisten, das Mädchen oder die Bäume!) so kauert sie sich nieder und pflückt von den Sträuchern, so springt sie leicht umher, so steht sie gedankenvoll still. Welch eine wundersame Überredung liegt nicht in alledem! So findet meine Seele denn zuletzt Ruhe. Glückliches Mädchen! Wo jemals ein Mann deine Liebe ge-
III 207 winnen sollte, mögest du ihn dann ebenso glücklich machen, indem du für ihn alles bist, wie du mich machst, indem du nichts für mich tust.

Im Königstädter Theater sollte der Talisman aufgeführt werden; die Erinnerung daran erwachte in meiner Seele, alles stand so lebendig vor mir, wie es das vorige Mal gewesen. Ich eilte hinaus zum Theater. Es war keine Loge für sich allein zu bekommen, nicht einmal der Platz in Nr. 5 und 6 links. Ich mußte die rechte Seite nehmen. Dort traf ich einen Kreis an, der nicht mit Bestimmtheit wußte, ob er sich belustigen oder langweilen solle, so eine Gesellschaft kann man mit Bestimmtheit für langweilig ansehn. Es gab beinahe keine einzige leere Loge. Das junge Mädchen war nicht zu entdecken, oder wenn sie da war, so habe ich sie nicht wiedererkennen können, weil sie in Gesellschaft war. Beckmann vermochte nicht, mich zum Lachen zu bringen. Eine halbe Stunde hielt ich aus; dann verließ ich das Theater und dachte: es ist schlechterdings keine Wiederholung da. Dies machte auf mich einen tiefen Eindruck. Ich bin nicht mehr so ganz jung, nicht ganz und gar unbekannt mit dem Leben, hatte mir bereits lange, bevor ich das vorige Mal nach Berlin gekommen war, abgewöhnt, auf das Ungewisse zu rechnen. Mittlerweile hätte ich doch geglaubt, der Genuß, den ich in jenem Theater gehabt habe, sei von dauerhafterer Art, eben weil man gelernt haben müsse, sich auf mancherlei Weise vom Dasein reduzieren zu lassen und sich dennoch zu behelfen, ehe daß man eigentlich Sinn für ihn habe, desto sicherer aber müsse er auch sein. Sollte das Dasein noch betrüglicher sein als ein Bankrotteur! Der gibt doch 50 Prozent oder immerhin 30, etwas gibt er doch. Das Komische ist doch das Wenigste, das man verlangen kann, sollte es sich ebenfalls nicht wiederholen lassen!

Mit diesen Gedanken ging ich nach Hause. Mein Arbeitstisch war hingestellt worden. Der samtene Lehnstuhl war noch vorhanden. Als ich ihn aber erblickte, ward ich so erbittert, daß ich ihn fast entzweigeschlagen hätte, umso mehr als alle im Haus zu Bett gegangen waren, und niemand ihn entfernen konnte. Was kann ein samtener Lehnstuhl nützen, wenn die übrige Umgebung nicht zu ihm paßt, es ist ja wie wenn ein Mann nackt gehen wollte mit einem Dreispitz auf dem Kopf. Als ich ins Bett gegangen war, ohne einen einzigen vernünftigen Gedanken gehabt zu haben, war es so hell im Zimmer, daß ich in einem fort den samtenen Lehnstuhl sah, teils im Wachen, teils im Traum, bis daß ich am Morgen aufstand und Ernst mit meinem Entschlusse machte, ihn in irgend einen Winkel schaffen zu lassen.

Mein Quartier war mir unbehaglich geworden, eben weil es eine

verkehrte Wiederholung war, mein Denken war unfruchtbar, meine betrübte Phantasie zauberte fort und fort zu meiner tantalischen Lust Erinnerungen daran hervor, wie das vorige Mal die Gedanken sich mir dargeboten hatten, und dies Unkraut der Erinnerung erstickte jeden Gedanken im Keime[53]. Ich ging aus, hin zu dem Kon-
III 208 ditor, bei dem ich das vorige Mal tagtäglich gewesen war, um den Trank zu genießen, welcher, wenn er nach des Dichters[54] Vorschrift „rein und heiß und stark und unverfälscht" ist, jederzeit dem ebenbürtig ist, womit der Dichter ihn vergleicht, — der Freundschaft; ich wenigstens schätze den Kaffee. Vielleicht war der Kaffee ebenso gut wie das vorige Mal, man sollte es beinahe glauben; mir schmeckte er nicht. Die Sonne brannte glühend auf die Fensterscheiben, das Lokal war stickig, ungefähr wie die Luft in einer Kasserolle, ganz dazu angetan, einen zu verkochen; ein Zugwind, der gleich einem schmalen Passat alles durchbohrte, verbot mir, an irgend eine Wiederholung zu denken, selbst wenn sich sonst Gelegenheit geboten hätte.

Gegen Abend ging ich in die Restauration, die ich das vorige Mal zu besuchen pflegte, und in der ich mich, vermutlich dank der Gewohnheit, sogar wohlbefunden hatte. Da ich jeden Abend dahin kam, kannte ich alles auf das Genaueste, ich wußte, wann die damaligen Gäste wieder gingen, wie sie die Genossen grüßten, die sie verließen, ob sie den Hut im inneren oder im äußeren Zimmer aufsetzten, oder erst wenn sie die Tür öffneten, oder erst draußen vor der Tür. Keiner entging meiner Aufmerksamkeit, ich zog wie Proserpina[55] aus eines jeden Haupte ein Haar, sogar aus dem des Kahlen. — Es war ganz und gar das Gleiche, die gleichen Witze, die gleichen Höflichkeiten, die gleiche Teilnahme, das Lokal war ganz und gar das gleiche — kurz das Gleiche im Gleichen. Salomo[56] sagt, eines Weibes Zanken sei wie eine Dachtraufe, was er wohl sagen würde von diesem Stilleben? Entsetzlicher Gedanke, hier war eine Wiederholung möglich.

Den nächsten Abend war ich im Königstädter Theater. Das einzige, das sich wiederholte, war die Unmöglichkeit einer Wiederholung. „Unter den Linden" war der Staub unerträglich, jeder Versuch, sich unter die Menschen zu mischen, und dergestalt ein Menschenbad zu nehmen, wirkte höchst abschreckend. Wohin ich mich auch wendete und drehte, es war alles vergeblich. Die kleine

Tänzerin, welche mich das vorige Mal entzückt hatte durch eine Anmut, die sozusagen auf dem Sprunge stand, sie hatte den Sprung getan; der blinde Mann draußen vor dem Brandenburger Tor, mein Harfenspieler — denn ich war wohl der einzige, der sich um ihn kümmerte — hatte einen graumelierten Rock an statt des lichtgrünen, der meiner Wehmut Sehnsucht war, und in dem er aussah wie eine Trauerweide, er war für mich verloren und dem All- III 209
gemein-Menschlichen zurückgewonnen; die bewunderte Nase des Pedellen war gebleicht; Professor A. A. hatte ein Paar neue Hosen bekommen, die einen nahezu militärischen Sitz hatten. — —

Als dies sich ein paar Tage wiederholt hatte, ward ich so erbittert, so der Wiederholung leid, daß ich beschloß, wieder nach Hause zu fahren. Meine Entdeckung war nicht bedeutend, indes sie war sonderbar; denn ich hatte entdeckt, daß die Wiederholung gar nicht vorhanden war, und dessen hatte ich mich vergewissert, indem ich dies auf alle nur mögliche Weise wiederholt bekam.

Meine Hoffnung richtete sich auf mein Zuhause. Justinus Kerner[57] erzählt irgendwo von einem Mann, der seiner Heimat leid geworden war, daß er sein Pferd satteln ließ, um hinaus zu reiten in die weite Welt. Als er ein kleines Stück geritten war, warf das Pferd ihn ab. Diese Wendung ward für ihn entscheidend; denn wie er sich umwandte, um sein Pferd zu besteigen, fiel sein Auge noch einmal auf die Heimat, die er verlassen wollte, und er sah sie und siehe! sie war so schön, daß er auf der Stelle umkehrte. Bei mir zu Hause durfte ich ziemlich sicher damit rechnen, alles zur Wiederholung gerüstet zu finden. Ich habe stets großes Mißtrauen wider alle Umwälzungen gehabt, ja, das geht so weit, daß ich deshalb sogar jedes mögliche Reinmachen hasse, und vor allem den häuslichen Seifennapf. Ich hatte also die strengsten Instruktionen hinterlassen, um meine konservativen Grundsätze auch in meiner Abwesenheit aufrecht erhalten zu sehen. Doch was geschieht! Mein treuer Diener war andrer Meinung. Er rechnete so: wenn er unmittelbar nach meiner Abreise mit diesem Erdbeben beginne, so werde es bis zu meiner Heimkunft wohl aufgehört haben, und er sei schon der Mann dazu, alles auf das pünktlichste in Ordnung zu bringen. Ich komme, ich schelle an meiner Tür, mein Diener öffnet. Es war ein bedeutungsvoller Augenblick. Mein Diener wurde leichenblaß, durch die halboffene Tür zu den Gemächern sah ich das Entsetzliche: alles war drunter und drüber gekehrt. Ich ward zu Stein. In seiner Benommenheit wußte er nicht, was er tun solle, sein böses Gewissen schlug ihn und – er schlug die Tür wieder zu vor mir. Dies war zuviel, meine Not hatte ihren Gipfel erreicht, meine Grundsätze versanken, ich mußte das Schlimmste befürchten: daß ich gleich jenem Kommerzienrat Grönmeyer[58] behandelt werde wie ein Wiedergänger. Ich sah ein, daß keine Wiederholung vorhanden ist, und meine frühere Lebensbetrachtung hatte den Sieg.

III 210 Wie beschämt fühlte ich mich, daß ich, der ich dem jungen Menschen gegenüber deswegen so zuversichtlich gewesen war, nun ebenso weit gebracht worden war wie er, ja, es schien mir, als wäre ich selber der junge Mensch, als wären meine großen Worte, die ich nun um keinen Preis hätte wiederholen mögen, nur ein Traum gewesen, aus dem ich jetzt erwachte, um das Leben unaufhaltsam und treulos alles was es gegeben wieder holen[59] zu lassen, ohne eine Wiederholung zu gewähren. Und ist es nicht an dem: je älter man wird, desto trüglicher zeigt sich das Leben; je klüger man wird, je mehr Künste man lernt sich zu behelfen, umso verkehrter kommt man davon, umso mehr leidet man! Ein kleines Kind kann sich überhaupt nicht selber helfen und kommt immer gut davon. Ich erinnere mich, einmal auf der Straße ein Kindermädchen gesehen zu haben, welches einen Wagen schob, in dem zwei Kinder saßen. Das eine von ihnen war wohl kaum ein Jahr alt, war in Schlaf gefallen und lag im Wagen einem lebenden Wesen unähnlich. Das andre war ein kleines Mädchen von etwa zwei Jahren, dick, gedrungen, mit kurzen Ärmeln, ganz wie eine kleine Madam. Sie hatte sich im Wagen breitgemacht, nahm gut gemessen zwei Drittel des Platzes ein, und das jüngere Kind lag an ihrer Seite, als wäre es ein kleiner Sack, den Madam mitgenommen hatte in den Wagen. Mit bewunderungswürdigem Egoismus schien sie sich um keinen Menschen als sich selbst zu kümmern, auch nicht um irgend etwas, was Menschen sonst taten, wenn sie bloß einen guten Platz bekommen konnte. Eine Kutsche kam gefahren, der Kinderwagen war sichtlich in Gefahr, Leute liefen herzu, mit einer raschen Biegung lenkte die Amme ihn in einen Torweg, alle Anwesenden hatten Angst; ich auch. Unter alledem saß Madam durchaus ruhig; ohne eine Miene zu verändern, fuhr sie fort in der Nase zu bohren. Sie dachte vermutlich, was geht mich das Ganze an, das ist Sache der Amme. Einen solchen Heldenmut sucht man bei einem Älteren vergeblich.

Je älter man wird, je mehr man sich auf das Leben verstehen lernt, je mehr Sinn man bekommt für das Angenehme und Fähigkeit zu schmecken, kurz, je sachverständiger man wird, desto weniger ist man zufrieden. Zufrieden, ganz und gar, schlechthin und in jeder Weise zufrieden wird man nie, und einigermaßen zufrieden sein ist der Mühe nicht wert, dann ist es schon besser ganz und gar unzufrieden zu sein. Jedermann, der die Sache gründlich überlegt hat, wird mir sicherlich darin recht geben, daß es einem Menschen nie vergönnt wird, noch nicht einmal für eine bloße halbe Stunde in seinem ganzen Leben, schlechthin zufrieden zu sein in jeder nur denkbaren Weise. Daß nämlich dazu etwas mehr gehört als bloß Nahrung und Kleidung, brauche ich wohl nicht erst zu sagen. Ich bin der Sache einmal nahe gewesen. Ich stand eines Morgens auf und befand mich ungewöhnlich wohl; dies Wohlbefinden nahm wider alle Analogie den Vormittag über noch
zu, genau um ein Uhr war ich auf dem Gipfel und ahnte das III 211
schwindelnde Maximum, welches auf keinem Gradmesser des Wohlseins sich angezeichnet findet, nicht einmal auf einem poetischen Thermometer. Der Leib hatte seine irdische Schwere verloren, es war, als hätte ich keinen Leib, eben weil jegliche Funktion sich ihrer vollen Befriedigung erfreute, jeder Nerv seinet- und des Ganzen wegen sich labte, indessen jeder Pulsschlag als die Unruhe des Organismus allein die Wollust des Augenblicks in Erinnerung brachte und kundtat. Mein Gang war schwebend, nicht wie des Vogels Flug, der die Luft durchschneidet und die Erde unter sich läßt, sondern wie des Windes Wogen über der Saat, wie des Meeres sehnsuchtsseliges Wiegen, wie der Wolke träumerisches Gleiten. Mein Wesen war Durchsichtigkeit wie des Meeres abgrundtiefes Sinnen, wie der Nacht in sich zufriednes Schweigen, wie des Mittags stiller Monolog. Jede Stimmung verweilte in meiner Seele mit melodischem Nachhall. Jeglicher Gedanke bot sich an, und jeglicher Gedanke bot sich an mit sel'ger Festlichkeit, des Einfalls Törlichkeit nicht minder als die reicheste Idee. Jeder Eindruck war geahnt bevor er kam, und erwachte darum in mir selbst. Das ganze Dasein war wie verliebt in mich, und alles zitterte in schicksalsschwangerem Rapport zu meinem Sein, alles

ward in mir zum Omen, und alles rätselhaft verklärt in meiner mikrokosmischen Seligkeit, die alles in sich verklärte, selbst das Unangenehmste, die langweiligste Bemerkung, den Anblick des Widerwärtigsten, den peinlichsten Zusammenstoß. Wie gesagt, genau um ein Uhr war ich auf dem Gipfel, auf dem ich den Gipfel aller Gipfel ahnte, da fängt plötzlich in meinem einen Auge etwas zu scheuern an, ob es eine Wimper, ein Flöckchen, ein Staubkorn war, ich weiß es nicht, aber das weiß ich, daß ich gleichen Augenblicks hinunterstürzte nahezu in den Abgrund der Verzweiflung, etwas, das ein jeder leicht verstehen wird, der so hoch oben gewesen ist wie ich, und während er auf diesem Punkte war, zugleich beschäftigt gewesen ist mit der grundsätzlichen Frage, wieweit überhaupt die unbedingte Befriedigung zu erreichen sei. Seit der Zeit habe ich alle Hoffnung aufgegeben, mich jemals schlechthin und in jeder Weise zufrieden zu befinden, die Hoffnung aufgegeben, die ich einstmals genährt hatte, freilich nicht zu allen Zeiten schlechthin zufrieden zu sein, aber doch in einzelnen Augenblicken, wenn auch diese Augenblicke dann der Anzahl nach nicht mehr wären als daß, wie Shakespeare[60] sagt, „eines Bierzapfers Rechenkunst ausreichte sie in eine Summe zu ziehn".

Soweit war ich allbereits gekommen, ehe denn ich jenen jungen Menschen kennen lernte. Sobald ich mich selber fragte, oder sonst
III 212 die Frage auftauchte nach vollkommener Zufriedenheit, wenn auch bloß für eine halbe Stunde, meldete ich stets mein „ich passe" an. Dann geschah es, daß ich klein bei klein die Idee der Wiederholung begriff und mich für sie begeisterte; womit ich abermals ein Opfer meines Prinzipieneifers ward; denn ich bin durchaus davon überzeugt, daß ich mich, falls ich meine Reise nicht gemacht hätte, um über die Wiederholung Gewißheit zu bekommen, unter genau den gleichen Umständen köstlich unterhalten hätte. O daß ich mich nicht innerhalb des Gewöhnlichen halten kann, daß ich Grundsätze haben muß, daß ich mich nicht wie andre Leute kleiden kann, daß ich immer in steifen Stiefeln gehen will! Sind sie nicht allesamt, geistliche wie weltliche Redner, Dichter wie Prosaiker, Schiffer wie Leichenbitter, Helden wie Memmen darin einig, daß das Leben ein Strom ist. Wie kann man da auf so eine törichte Idee verfallen, und was noch törichter ist, sie zum Prinzip machen wollen. Mein junger Freund, er dachte: laß laufen[61], und damit stand er sich

besser, als wenn er angefangen hätte mit der Wiederholung. Denn alsdann hätte er die Geliebte wohl auf die gleiche Art wiederbekommen müssen wie jener Liebhaber im Volksliede, der ja die Wiederholung wollte, nämlich als Nonne mit abgeschnittenem Haar und bleichen Lippen. Er wollte ja die Wiederholung, darum bekam er sie, und die Wiederholung schlug ihn zu Tode.

Das Nönnlein kam gegangen
In einem schneeweißen Kleid;
Ihr Häärl war abgeschnitten,
Ihr roter Mund war bleich.

Der Knab, er setzt sich nieder,
Er saß auf einem Stein:
Er weint die hellen Tränen,
Brach ihm sein Herz entzwei.*

Es lebe das Posthorn! es ist mein Instrument, aus vielen Gründen und vornehmlich deshalb, weil man diesem Instrument niemals mit Sicherheit den gleichen Ton entlocken kann; denn es liegt in einem Posthorn eine unendliche Möglichkeit, und wer es an seinen Mund setzt und in ihm seine Weisheit kund macht, er wird sich nie einer Wiederholung schuldig machen, und wer seinem Freunde anstatt einer Erwiderung ein Posthorn reicht zur gefälligen Benutzung, der sagt nichts und erklärt alles. Gepriesen sei das Posthorn! Es ist mein Wahrzeichen. Gleich wie die alten Asketen einen III 213
Totenkopf auf den Tisch stellten, dessen Beschauung ihre Lebensbetrachtung war, ebenso soll das Posthorn auf meinem Tische mich allezeit daran erinnern, was des Lebens Bedeutung ist. Es lebe das Posthorn! Die Reise aber lohnt die Mühe nicht; denn man braucht sich nicht von der Stelle zu bewegen, um überzeugt zu werden, daß es keine Wiederholung gibt. Nein, man sitzt ruhig in seiner Stube; wenn alles eitel ist und dahinfährt, so reist man ja geschwinder als auf der Eisenbahn, obschon man selber stille sitzt. Daran soll alles mich erinnern; mein Diener soll Postuniform tragen, und ich selber werde zu keiner Mittagsgesellschaft fahren außer mit Extra-

* Vgl. Herders Volkslieder, herausgegeben von Falk. Leipzig 1825. Erster Band p. 57.

post. Fahr hin, fahr hin! Du reiches Jugendhoffen, was hastest du so eilig; wonach du jagst, das ist ja gar nicht da, und du selber ebenso wenig. Fahr hin, du Manneskraft! was stampfest du so stark den Boden; worauf du trittst, das ist eine Einbildung. Fahr hin, du sieghafter Vorsatz; du erreichst genugsam das Ziel; denn du kannst die Tat nicht mit dir nehmen, ohne dich umzuwenden, und das kannst du nicht. Fahr hin! Du Waldesschönheit; als ich dich sehen wollte, warst du verwelkt. Fahr hin! Du eilender Fluß! Der Einzige, der da weiß, was er will; denn du willst nichts als rinnen, im Meer dich verlieren, das niemals voll wird. Fahre fort, du Schauspiel des Lebens, das keiner eine Komödie, keiner eine Tragödie nenne, denn keiner sah das Ende! Fahre fort, du Schauspiel des Daseins, in dem das Leben nicht zurückgegeben wird, so wenig wie das Geld! Warum ist nie jemand zurückgekehrt von den Toten? Weil das Leben nicht zu fesseln weiß, wie der Tod es weiß, weil das Leben nicht die Überredungskunst besitzt, die der Tod hat. Ja, der Tod überredet meisterhaft; wenn man ihm nur nicht widerspricht, sondern ihn das Wort haben läßt, so überzeugt er im gleichen Nu, so daß nie jemand ein Wort einzuwenden hatte oder Sehnsucht verspürt hat nach der Wohlredenheit des Lebens. O Tod! groß ist deine Überredung, und nächst dir ist niemand, der so schön zu reden vermöchte als der Mann[62], dessen Wohlredenheit ihm den Namen *πεισιθάνατος* (der zum Tod Überredende) eingetragen hat, weil er mit der Überredung Gewalt gesprochen von dir[63+]!

Die Wiederholung

Es ging einige Zeit hin; mein Diener hatte als eine häusliche III 214
Eva wieder gut gemacht, was er zuvor verschuldet. Eine monotone und einförmige Ordnung war hergestellt in meiner ganzen Haushaltung. Alles, was nicht gehen konnte, — es stand an seinem bestimmten Platz, und was da gehen konnte, das ging seinen vorgeschriebnen Gang: meine Stubenuhr, mein Diener und ich selber, der mit abgemessenen Schritten die Dielen auf und niederging. Obwohl ich mich nämlich vergewissert hatte, daß keine Wiederholung vorhanden ist, bleibt es doch jederzeit gewiß und wahr, daß man durch Unerschütterlichkeit und dadurch, daß man seine Beobachtungsgabe abstumpft, eine Einförmigkeit erzielen kann, welche weit mehr die Macht hat zu betäuben als die launischsten Zerstreuungen und zugleich im Laufe der Zeit mächtiger und mächtiger wird gleich einer Beschwörungsformel. Bei der Ausgrabung von Herkulaneum und Pompeji fand man alles an seinem Platze, so wie die betreffenden Eigentümer es verlassen hatten; hätte ich zu jener Zeit gelebt, so wären die Altertumsforscher vielleicht mit Erstaunen auf einen Menschen gestoßen, der mit abgemeßnen Schritten die Dielen auf und nieder ging. Um diese bestehende und beständige Ordnung aufrecht zu erhalten, wandte ich jedes Mittel an, ging sogar zu gewissen Zeiten wie Kaiser Domitian im Zimmer umher, mit einer Fliegenklatsche bewaffnet, jede revolutionäre Fliege verfolgend. Umfriedet jedoch waren drei Fliegen, die zu bestimmten Zeiten summend durch die Stube flogen. Dergestalt lebte ich dahin, die Welt vergessend, wie ich meinte, und von ihr vergessen, da empfange ich eines Tages einen Brief von meinem jungen III 215
Freunde. Diesem folgten mehrere andere, stets mit dem Abstande etwa eines Monats, ohne daß ich jedoch daraus einen Schluß zu ziehen wage hinsichtlich der Entfernung von seinem Aufenthalts-

ort. Er selber hat keine Aufklärung geben wollen, und es könnte sich sehr wohl um eine Irreführung handeln, die in soweit vorsichtig durchgeführt war, als er die Zwischenzeit schwanken ließ zwischen beinahe fünf Wochen und einem Tag über drei Wochen. Er wünscht nicht, mir mit einem Briefwechsel beschwerlich zu fallen, und selbst, wenn ich bereit wäre, seine Briefe zu beantworten oder doch auf sie zu antworten, wünscht er nicht dergleichen zu empfangen — er will lediglich sich ergießen.

Aus seinem Brief ersehe ich, was ich denn im voraus gewußt habe, daß er, gleich jeder melancholischen Natur, ziemlich empfindlich ist, und dieser Reizbarkeit zum Trotz und zugleich ihretwegen in ständigem Widerspruch ist mit sich selbst. Er wünscht, ich solle sein Vertrauter sein, und doch wünscht er es nicht, ja, es ängstigt ihn, daß ich es bin; er fühlt sich sicher dank meiner sogenannten Überlegenheit, und doch ist sie ihm unbehaglich; er vertraut sich mir an, und doch wünscht er keine Antwort, ja, will mich nicht sehen; er heischt von mir Schweigen, unverbrüchliches Schweigen, „bei allem, was heilig ist", und doch wird er wie rasend bei dem Gedanken, daß ich diese Kraft zum Schweigen habe; daß ich sein Vertrauter bin, darf niemand wissen, nicht eine Seele, er selber will es daher nicht wissen und ich darf es nicht wissen. Um diese Konfusion zu gegenseitiger Zufriedenheit und Befriedigung zu erklären, ist er so gut, auf höfliche Weise anzudeuten, daß er mich eigentlich für geistesschwach hält. Wie sollte ich Mut haben, irgend eine Meinung zu äußern betreffs der Richtigkeit dieser Deutung! Dies hieße ja obendrein die Richtigkeit der Bezichtigung beweisen — nach meinem Dafürhalten —, indessen mein Verzicht in seinen Augen gerade ein Anzeichen sein wird für die Unbewegtheit und Geistesschwachheit, welche sich persönlich nicht aus dem Gleichgewicht bringen, nicht einmal beleidigen läßt. Das ist nun der Dank, den man dafür hat, daß man sich Jahr und Tag dazu erzogen hat, lediglich ein objektives ideelles Interesse an den Menschen zu haben, dies aber womöglich auch für jeden zu haben, in welchem die Idee in Bewegung ist. Ich suchte seinerzeit, der Idee in ihm zu Hilfe zu kommen, jetzt ernte ich den Lohn, daß ich das Sein und das Nichts sowohl sein als auch nicht sein soll, alles so, wie es ihm beliebt, und daß man nicht die geringste Erkenntlichkeit finden soll, weil man imstande ist, so zu sein und

ihm dergestalt wieder herauszuhelfen aus dem Widerspruch. Wofern er selber daran dächte, wieviel mittelbare Anerkennung in einer solchen „Zumutung“[64] liegt, würde er vermutlich abermals rasend werden. Sein Vertrauter zu sein ist das Schwierigste vom Schwierigen, und er vergißt reinweg, daß ich mit einem einzigen Wort, z. B. indem ich mir seine Briefstellerei verbitte, ihn aufs Tiefste kränken könnte. Nicht allein der, welcher die eleusini- III 216
schen Mysterien ausplauderte, wurde gestraft, sondern auch der, welcher diese Einrichtung dadurch kränkte, daß er sich weigerte, sich einweihen zu lassen. Das letztere war, wie ein griechischer Schriftsteller erzählt, der Fall mit einem Manne namens Demonax[65], der jedoch mit heiler Haut davonkam durch seine sinnreiche Verteidigung. Meine Stellung als Vertrauter ist noch kritischer; denn er ist mit seinen Mysterien noch jüngferlicher; er wird sogar böse, wenn ich tue, worum er inständig bittet — wenn ich schweige.

Wenn er indes glaubt, ich hätte ihn ganz und gar vergessen, so tut er mir wieder unrecht. Bei seinem plötzlichen Verschwinden fürchtete ich wirklich, daß er in Verzweiflung sich ein Leides angetan habe. Ein solches Ereignis pflegt selten lange im Verborgenen zu bleiben; als ich daher nichts dergleichen vernahm oder las, schloß ich, er müsse wohl am Leben sein, wo er denn auch stecken mochte. Das Mädchen, das er im Stiche ließ, wußte schlechterdings nichts. Eines Tages blieb er fort und ließ überhaupt nichts mehr von sich hören. Ihr Übergang zu Schmerz war nicht plötzlich; denn erst allmählich wurde die bange Ahnung wach, und erst allmählich besann sich der Schmerz auf sich selber, und das bewirkte, daß sie sanft hindämmerte in einer träumenden Unklarheit, was vorgegangen sei und was es zu bedeuten haben möge. Das Mädchen war für mich ein neuer Stoff zur Beobachtung[66+]. Mein Freund gehörte nicht zu denen, die aus der Geliebten alles herauszufoltern verstehen und sie dann fortwerfen; im Gegenteil, sie befand sich mit seinem Verschwinden in dem wünschenswertesten Zustande, gesund, aufblühend, bereichert mit seiner ganzen poetischen Ausbeute, kräftig genährt durch die kostbare Herzstärkung der dichterischen Illusion. Es geschieht ziemlich selten, daß man ein verlassenes Mädchen in diesem Zustande antrifft. Als ich sie einige Tage danach sah, war sie noch quick wie ein frisch gefangener Fisch; sonst ist solch ein Mädchen gerne ausgehungert

wie ein Fisch, der in einem Behälter gelebt hat. Ich war also in meinem Gewissen davon überzeugt, daß er am Leben sein müsse, und war nunmehr recht froh darüber, daß er nicht zu dem verzweifelten Mittel gegriffen hatte, sich für tot auszugeben. Es ist unglaublich, wie viel Verwirrung in das Erotische kommen kann, wenn es dem einen Teil gefällt, tot sein zu wollen vor Kummer oder tot sein zu wollen, um der ganzen Sache quitt zu sein. Ein Mädchen wollte laut ihrer eignen feierlichen Erklärung sterben
III 217 aus Kummer darüber, daß ihr Liebhaber ein Betrüger war. Sieh! er war gar kein Betrüger, und meinte es vielleicht viel besser als sie begriff. Was er aber sonst vielleicht getan hätte, wenn die Zeit erfüllt war, dazu konnte er sich nunmehr nicht entschließen, bloß weil sie sich einmal erlaubt hatte, ihn mit jener Versicherung zu ängstigen, bloß weil sie, wie er sagte, einen rednerischen Kniff gegen ihn angewandt hatte, oder doch auf jeden Fall gesagt hatte, was ein Mädchen niemals sagen darf, möge sie nun entweder glauben, er sei wirklich ein Betrüger; denn alsdann sollte sie zu stolz dazu sein, oder möge sie noch Vertrauen zu ihm haben; denn alsdann müßte sie einsehen, daß sie ihm vielleicht himmelschreiendes Unrecht tut. Tot sein wollen, um der ganzen Sache quitt zu werden, ist das erbärmlichste Mittel, das sich denken läßt, und beschließt in sich die kränkendste Beleidigung gegen ein Mädchen. Sie glaubt, er sei tot, sie legt Trauer an, sie weint und beweint den Verstorbenen redlich und aufrichtig. Sie muß ja beinahe Abscheu wider ihre eignen Empfindungen fühlen, wenn sie später einmal entdeckt, daß er lebt und an nichts so wenig gedacht hat als an den Tod. Oder, falls sie erst in einem andern Leben einen Verdacht gegen ihn faßt, nicht, ob er wirklich tot sei; denn dies wird ja unbezweifelbar, sondern ob er damals gestorben sei, als er es erklärte und sie trauerte! Eine solche Lage wäre eine Aufgabe für einen Apokalyptiker, der seinen Aristophanes verstanden hat (ich meine den griechischen, nicht jene einzelnen Männer, die im Mittelalter zu wächsernen Doktoren, doctores cerei, ernannt wurden)[67]+ und seinen Lukian[68]. Man könnte eine Zeitlang die Verwechslung bestehen lassen; denn tot wäre er ja nun und gestorben ist er. Das trauernde Mädchen würde also aufwachen, um da wieder anzufangen, wo sie beide aufhörten, bis daß sie entdeckte, daß es da einen kleinen Zwischensatz gegeben habe.

Beim Empfang seines Briefs erwachte in meiner Seele lebendig die Erinnerung, und ich zog seine Historie keineswegs mit kaltem Blute hervor. Als ich in seinem Briefe zu der nicht unglücklichen Erklärung gelangte, ich sei geistesschwach, kam es mir sofort bei: jetzt hat er sicherlich eine Heimlichkeit, die innerlicher ist als die III 218 allerinnerlichste, und diese Heimlichkeit ist gehütet von einer Eifersucht, die mehr als hundert Augen hat. Als ich noch mit ihm persönlich umging, entging es mir nicht, daß er, bevor er mit der Sprache herausrückte, mit großer Vorsicht die Bemerkung einfließen ließ, ich sei „ein Sonderling". Na ja! darauf muß ein Beobachter gefaßt sein. Er muß es verstehen, dem Beichtenden eine kleine Bürgschaft anzubieten. Ein beichtendes Mädchen verlangt stets eine positive Garantie, einer vom Mannsvolk eine negative; dies hat seinen Grund in der weiblichen Hingabe und Demut, und in dem männlichen Stolz und Eigenwillen. Welch ein Trost ist es da nicht, daß der, bei dem man Rat und Erklärung sucht — daß er geistesschwach ist! So braucht man sich nicht zu schämen. Mit so einem Menschen reden, das heißt ja gleichsam mit einem Stück Holz reden, „etwas, das man allein um der Merkwürdigkeit willen tut", falls der eine oder andre danach fragen sollte. Ein Beobachter muß sich leicht zu machen wissen, sonst eröffnet sich ihm niemand; vor allem hüte er sich, ethisch streng zu sein oder sich als einen Menschen hinzustellen, der moralisch in Ordnung ist. Das ist ein grundverdorbner Mensch, sagt man, er hat's in sich, hat krumme Geschichten gehabt — mithin kann ich mich ihm gut und gern vertrauen, ich, der ich so viel besser bin! Nun, das ist eben so; ich begehre nichts von den Menschen außer ihrem Bewußtseinsinhalt. Auf den lege ich Gewicht, und ganz gemäß dem Gewicht, das er hat, ist kein Preis mir zu hoch.

Schon beim flüchtigen Durchlaufen des Briefs wurde mir klar, daß seine Liebesgeschichte einen weit tieferen Eindruck in ihm hinterlassen hatte als ich gemeint. Er mußte einige Stimmungen vor mir verhehlt haben; versteht sich, damals war ich auch bloß „ein Sonderling", jetzt bin ich geistesschwach, das ist „was Andres"[69]. Hängt es auf die Art zusammen, so bleibt für ihn nichts übrig, als eine religiöse Bewegung zu vollziehn. Dergestalt führt die Liebe einen Menschen weiter und weiter. Was ich so oft gespürt, das mußte ich hier abermals spüren: „Das Dasein ist doch

unendlich tiefsinnig, und seine lenkende Gewalt versteht es, die Fäden der Intrige ganz anders zu knüpfen als alle Dichter in einem (in uno)." Der junge Mensch war derart gebaut und derart veranlagt von der Natur, daß ich darauf gewettet hätte, er würde nie sich haben fangen lassen im Garn der Frauenliebe. Es gibt in der Hinsicht nämlich Ausnahmen, die sich nicht nach den allgemeinen Regeln deklinieren lassen. Er hatte ungewöhnlich viel Geist, insbesondere Phantasie. Sobald seine Schaffenskraft erwacht
III 219 war, hatte er genug fürs ganze Leben, vor allem, falls er sich recht verstand, und sich beschränkte auf die trauliche häusliche Vergnügung mit der Emsigkeit des Geistes und dem Zeitvertreib der Einbildungskraft, welches der vollkommenste Ersatz für alle Frauenliebe ist, und schlechterdings nichts von den Unbequemlichkeiten und Peinlichkeiten dieser Liebe mit sich bringt, und eine ausgesprochene Ähnlichkeit hat mit dem Schönsten in der Minne Seligkeit. Eine jede solche Natur bedarf der Frauenliebe nicht, etwas, das ich mir daraus zu erklären pflege, daß solch ein Mensch in einem früheren Dasein selber Weib gewesen ist und die Erinnerung daran behalten hat, jetzt, wo er Mann geworden. In ein Mädchen sich zu verlieben, das stört ihn lediglich, und seine Aufgabe wird dadurch stets verpfuscht; denn er kann ihre Partie beinahe mit übernehmen. Dies ist unbehaglich, für sie wie für ihn selbst. Anderseits war er eine tief melancholische Natur. Wie Ersteres ihn abhalten würde, sich fernerhin irgendeinem Mädchen zu nähern, so würde Letzteres ihn schützen, falls es irgend einer schlauen Schönheit belieben sollte, ihm nachzustellen. Eine tiefe Melancholie im Stile der Sympathetik ist und bleibt eine vollendete Demütigung für alle weibliche Kunst. Falls es einem Mädchen gelänge, ihn an sich zu ziehn; in dem Augenblick, da sie über den Sieg bereits jubelte, würde es ihm einfallen: ‚tust du auch nicht Sünde und Unrecht gegen sie, wenn du dich diesen Gefühlen hingibst, wirst du ihr auch nicht im Wege sein?', und dann gute Nacht, all ihr weiblichen Intrigen. Nun ist die Stellung auf eine absonderliche Weise verändert, er ist auf ihre Seite übergegangen, er will besonders bereit sein alles Vortreffliche an ihr zu sehen, will es besser darzustellen wissen als vielleicht gar sie selber, es mehr bewundern als sie es vielleicht begehrt; aber weiter bringt sie ihn niemals.

Daß er in einer Liebesgeschichte hängen bleiben würde, hätte
ich also nie erwartet. Indes das Dasein ist schlau. Was ihn einfängt,
ist gar nicht das Liebenswerte am Mädchen, sondern Gram dar-
über, daß er gegen sie Unrecht getan, indem er ihr Leben störte.
Er hat sich unüberlegt genähert, er vergewissert sich, daß die Liebe
sich nicht verwirklichen läßt, er kann ohne sie glücklich werden,
soweit er es werden kann, besonders mit dieser neuen Mitgift, er
bricht ab; aber nun kann er nicht vergessen, daß er Unrecht getan
hat, gerade so, als ob es Unrecht wäre abzubrechen, wenn eine
Sache undurchführbar ist. Wofern er nicht gebunden wäre, wofern
es hieße: „hier ist das Mädchen, willst du dich ihr nähern, willst
du dich verlieben", würde er ziemlich sicher erwidern: nicht um
die ganze Welt, ich habe ein für allemal gelernt, was dabei heraus- III 220
kommt, dergleichen vergißt man nicht. Und auf die Art müßte
doch die Sache klargestellt werden, wenn er sich selbst nicht be-
trügen will. Es steht noch immer fest für ihn, daß menschlich ge-
sprochen seine Liebe sich nicht verwirklichen läßt. Er ist also an
die Grenze des Wunderbaren gelangt, und sofern es daher ge-
schehen soll, muß es geschehen in Kraft des Absurden. An die
Schwierigkeit denkt er ganz und gar nicht, oder ist etwa mein ge-
scheiter Kopf zu erfinderisch! Liebt er das Mädchen wirklich, oder
ist sie hier nicht wiederum bloß der Anlaß, der ihn in Bewegung
bringt? Es ist unzweifelhaft wiederum nicht der Besitz in strenge-
rem Sinne, und der beim Besitz sich entfaltende Gehalt, der ihn
beschäftigt, es ist lediglich die Rückkehr rein formell gedacht. Und
ob sie des Tages danach stürbe, es würde ihn nicht weiter stören,
er würde nicht eigentlich einen Verlust spüren, denn sein Wesen
wäre in der Ruhe. Der Zwiespalt, der durch die Berührung mit ihr
in ihm gesetzt worden war, wäre dadurch versöhnt, daß er wirk-
lich zu ihr zurückgekehrt wäre. Das Mädchen ist also wiederum
keine Wirklichkeit, sondern ein Widerschein der in ihm geschehen-
den Bewegungen und ein Reizmittel für diese. Das Mädchen hat
eine ungeheure Bedeutung, er wird sie nie vergessen können; das-
jenige aber, dadurch sie Bedeutung hat, ist nicht sie selbst, son-
dern ihr Verhältnis zu ihm. Sie ist gleichsam die Grenze für sein
Wesen, ein solches Verhältnis aber ist nicht erotisch. Religiös ge-
sprochen könnte man sagen, es ist, als ob Gott selber dies Mäd-
chen brauche, um ihn damit zu fangen, dennoch ist das Mädchen

selber keine Wirklichkeit, sondern so etwas wie die Florfliegen, die man auf den Angelhaken steckt[70+]. Ich bin schlechthin überzeugt, daß er von dem Mädchen auch nicht das Geringste weiß, obwohl er mit ihr verbunden gewesen und sie seitdem wohl niemals ihm aus dem Sinn gekommen ist. Sie ist das Mädchen und damit gut; ob sie, konkreter gesprochen, die oder die ist, die Lieblichkeit, die Liebenswürdigkeit, die Treue, die aufopfernde Liebe, um derentwillen man alles wagt und Himmel und Erde in Bewegung setzt, daran denkt er gar nicht. Falls er sich Rechenschaft geben wollte, welche Freude, welche Seligkeit er sich eigentlich verspreche von einem wirklichen erotischen Verhältnis, so hätte er vermutlich auch nicht ein Wort zu sagen. Was ihn beschäftigt, ist in einem und dem gleichen Nu erreicht – daß es ihm möglich ist, seine Ehre und seinen Stolz einzulösen! So als ob es nicht auch eine Sache der Ehre und des Stolzes wäre, solchen kindischen Beängstigungen Trotz zu bieten! Er erwartet vielleicht sogar, daß seine eigene Persönlichkeit verpfuscht wird, aber das gilt für nichts, wenn er sich nur am Dasein gleichsam rächen kann, welches seiner gehöhnt hat, indem es ihn schuldig werden ließ, wo er unschuldig war, indem es ihm in diesem Punkte sein Verhältnis zur Wirklichkeit sinnlos machte, so daß er sich darein finden muß, daß jeder wirklich Liebende in ihm einen Betrüger sieht. Sollte es
III 221 nicht eine Aufgabe sein, dies zu tragen! Jedoch vielleicht verstehe ich ihn nicht ganz, vielleicht verhehlt er etwas, vielleicht liebt er dennoch in Wahrheit. So wird das Ende der Geschichte wohl sein, daß er eines Tages mich totschlägt, um mir das Allerheiligste anzuvertrauen. Man sieht, daß es ein gefährlicher Posten ist, Beobachter zu sein. Mittlerweile möchte ich doch wünschen, ich könnte rein um meines psychologischen Interesses willen das Mädchen für einen Augenblick aus dem Weg schaffen, könnte ihm einbilden, daß sie verheiratet sei, ich wette, daß ich eine andre Erklärung bekäme; denn seine Sympathie ist so melancholisch, daß ich glaube, er bildet sich dem Mädchen zuliebe ein, daß er sie liebt.

Das Problem, vor welches er gestellt ist, ist nicht mehr und nicht weniger als die Wiederholung. Daß er Aufklärung darüber nicht in der griechischen Philosophie sucht, und auch nicht in der neueren, darin hat er recht; denn die Griechen machen die entgegengesetzte Bewegung, und ein Grieche würde hier die Erinnerung wählen, ohne daß sein Gewissen ihn ängstigte; die neuere Philosophie macht gar keine Bewegung, sie macht im allgemeinen nur viel Aufhebens[71], und soweit sie eine Bewegung macht, liegt sie stets in der Immanenz, die Wiederholung hingegen ist und bleibt eine Transzendenz. Ein Glück ist es, daß er von mir keine Erklärung begehrt; denn ich habe meine Theorie aufgegeben, ich treibe. Die Wiederholung ist auch mir zu transzendent. Ich kann mich selbst umsegeln; aber ich kann nicht über mich hinauskommen, den archimedischen Punkt vermag ich nicht zu entdecken. Mein Freund sucht also glücklicherweise keine Aufklärung bei einem weltberühmten Philosophen oder bei einem ordentlichen Professor, er wendet sich an einen privatisierenden Denker, welcher voreinst der Welt Herrlichkeit besessen hatte, sich aber später vom Leben zurückzog – mit andern Worten, er nimmt seine Zuflucht zu H i o b, der nicht auf einem Katheder Figur macht und mit beteuernden Gestikulationen für die Wahrheit seiner Sätze einsteht, sondern in der Asche sitzt und sich mit einem Tonscherben kratzt[72], und ohne diese Handarbeit zu unterbrechen, flüchtige Winke und Bemerkungen hinwirft. Hier meint er gefunden zu haben, was er gesucht; in diesem kleinen Kreis von Hiob und Frau samt drei Freunden klingt, seiner Meinung nach, die Wahrheit herrlicher und froher und wahrer als auf einem griechischen Symposion.

Selbst wenn er jetzt noch meine Anleitung begehren wollte, es ist vergebens. Eine religiöse Bewegung kann ich nicht machen, es ist gegen meine Natur. Darum leugne ich doch nicht die Wirklichkeit davon, oder daß man gar viel lernen kann von einem jungen III 222
Menschen. Gelingt die Bewegung ihm, so ist er alles des Empfindlichen in seinem Verhältnis zu mir ledig. Nur daß ich nicht leugnen kann: je länger ich die Sache betrachte, desto mehr schöpfe ich neu Verdacht gegen das Mädchen, daß sie sich auf die eine oder andre Weise erlaubt hat, ihn in seiner Melancholie fangen zu wollen. In diesem Falle möchte ich nicht an ihrer Stelle sein. Das geht schief. Das Dasein rächt solch ein Verhalten allezeit aufs Strengste[73+].

III 223 d. 15. August.

Mein verschwiegener Mitwisser!

Vielleicht wird es Sie doch wundern, jetzt plötzlich einen Brief von jemand zu empfangen, der für Sie wohl lange schon tot und so gut wie vergessen gewesen ist oder vergessen und so gut wie tot. Auf weitergehende Verwunderung wage ich nicht zu rechnen. Ich stelle mir vor, daß Sie gleichsam in einem und demselben Augenblick meine Historie aus dem Umschlag nehmen und sagen: richtig, das wäre der mit der unglücklichen Liebschaft; wo haben wir eigentlich aufgehört? na ja, na ja! so werden die Symptome wohl folgende sein. In Wahrheit, es ist schrecklich mit Ihrer Ruhe! Wenn ich daran denke, kocht in mir das Blut, und dennoch vermag ich mich nicht loszureißen; Sie fesseln mich an Sie selbst mit einer sonderbaren Gewalt. Mit Ihnen reden hat etwas unbeschreiblich Linderndes und Wohltuendes; denn es ist, als spräche man mit sich selber oder mit einer Idee. Wenn man sich dann ausgesprochen hat und in dieser Ergießung Erquickung gefunden, und dann plötzlich Ihre unveränderte Miene sieht und bedenkt, daß da ein Mensch vor einem steht, ein ungeheuerlich kluger Mensch, und man mit ihm geredet hat, so wird einem ganz bange. Herrgott, der Bekümmerte ist allezeit ein wenig ehrempfindlich betreffs seines Kummers. Er will sich nicht jedermann anvertrauen, er fordert Verschwiegenheit. Deren kann man nun bei Ihnen sicher genug sein. Und doch, wenn man sich dessen so recht getröstet hat, wird einem wieder angst; denn diese Ihre Verschwiegenheit, die stummer ist als das Grab, sie hat vermutlich viele ähnliche Deposita in Besitz. Über alles wissen Sie Bescheid, tappen nicht herum, können in der nächsten Sekunde eine andre Heimlichkeit hervorziehn, und anfangen, wo Sie aufgehört haben. Da bereut man es, Ihnen sich anvertraut zu haben. Herrgott! Der Bekümmerte ist ein wenig ehrempfindlich betreffs seines Kummers. Er möchte, daß der, den er darin einweiht, dessen ganzes Gewicht und Bedeutung empfinde. Sie enttäuschen die Erwartung, die man hat, nicht; denn Sie erfassen die feinste Abschattung besser als man selbst. Im nächsten Augenblick verzweifle ich über diese
III 224 Überlegenheit, die dazu gehört, über alles derart Bescheid zu wissen, daß nichts neu ist oder unbekannt. Wäre ich Selbstherrscher

über alle Menschen, so gnade Ihnen Gott! Ich führte Sie eingesperrt in einem Bauer mit mir, auf daß Sie allein mir gehören. Und damit würde ich mir vermutlich selber die peinigendste Angst bereiten, weil ich Sie täglich sähe. Sie haben eine dämonische Gewalt, die einen Menschen versuchen kann, alles zu wagen, Kräfte haben zu wollen, die er sonst nicht hat, die er sonst nicht begehrt, bloß solange Sie ihn ansehen, versuchen kann, scheinen zu wollen, was er nicht ist, bloß um sich dies wohlbekannte Lächeln zu erkaufen, welches so unbeschreiblich belohnt. Ich hätte es gerne, Sie den ganzen Tag zu sehen, Ihnen zu lauschen auch noch die Nacht, dennoch, wenn ich handeln müßte, möchte ich es um keinen Preis tun in Ihrer Gegenwart. Mit e i n e m Worte könnten Sie alles verwirren. Ich habe nicht den Mut, Ihnen meine Schwachheit ins Angesicht zu gestehen; hätte ich einmal es getan, so würde ich zum allergrößten Feigling, weil es mich bedünken würde, ich hätte alles verloren. Dergestalt fesseln Sie mich mit unbeschreiblicher Gewalt, und die gleiche Gewalt ängstigt mich, dergestalt bewundre ich Sie; und dennoch kommt es mir unterweilen so vor, als wären Sie geistesschwach. Oder ist es etwa nicht eine Art von Geistesschwachheit, wenn man in solchem Maße jegliche Leidenschaft, jegliche Herzensregung, jegliche Stimmung untergeben hat dem kalten Regiment der Reflexion! Ist es etwa nicht Geistesschwachheit, derart normal zu sein, reine Idee, kein Mensch mehr, nicht biegsam und nachgiebig, verloren und sich verlierend gleich uns andern. Ist es etwa nicht Geistesschwachheit, allezeit derart wach zu sein, allezeit seiner sich bewußt, niemals dunkel und träumend! — In diesem Augenblick getraute ich mich nicht, Sie zu sehen, und doch kann ich Sie nicht entbehren. Daher schreibe ich und bitte endlich sich nicht Ungelegenheiten zu machen mit einer Antwort. Der Sicherheit halben enthält mein Brief keine Adresse. So also wünsche ich es, so tut es wohl, Ihnen zu schreiben, so bin ich geborgen und Ihrer froh[74+].

Ja, Ihr Plan war vortrefflich, war unvergleichlich. Noch immer kann ich in einzelnen Augenblicken wie ein Kind nach der heroischen Gestalt greifen, die Sie einmal vor meinem bewundernden Blick hochgehalten haben mit der Erklärung, dies sei meine Zukunft, die heroische Gestalt, die mich selbst zu einem Heros gemacht haben müßte, falls ich Kraft gehabt hätte, sie mir anzu-

ziehn. Seinerzeit hat sie mich mit der ganzen Gewalt der Illusion hingerissen in einer vollkommenen Trunkenheit der Phantasie. Dergestalt sein ganzes Leben beenden um eines einzigen Mädchens willen! Sich zu einem Schurken, einem Betrüger machen, allein um zu zeigen, wie hoch man sie gehalten, denn für etwas Unbedeutendes opfert man seine Ehre nicht. Sich selbst brandmarken, sein Leben vergeuden! Das Werk der Rache übernehmen und es ganz anders vollbringen als der Menschen hohle Geschwätzigkeit es vermag. Dergestalt ein Heros sein, nicht in der Welt Augen, son-
III 225 dern in sich selber, auf nichts sich berufen können den Menschen gegenüber, sondern lebendig in seiner eignen Persönlichkeit eingemauert, in sich selber seinen eignen Zeugen haben, seinen eignen Richter, seinen eignen Ankläger, in sich selber den einzigen! Sein künftiges Leben dem Kreuz und Quer der Gedanken preisgeben, welches wohl die Folge solch eines Schritts sein müßte, mit dem man, menschlich gesprochen, dem Verstande gewissermaßen Valet gegeben hätte! Dies alles tun um eines Mädchens willen! Und falls es sich wenden ließe, dann, gemäß Ihrer Bemerkung, einem Mädchen das ritterlichste und erotischste Kompliment gemacht haben, welches jede, selbst die abenteuerlichste Heldentat überträfe, eben weil man allein sich selber dabei gebraucht hätte. Diese Äußerung hat einen tiefen Eindruck auf mich gemacht. Sie war natürlich nicht mit Schwärmerei gesprochen — Sie und Schwärmerei! —, sie war gesprochen mit ruhiger und kalter Verständigkeit, mit einem Wissen von Amts wegen, so als ob Sie allein um dieser Sache willen alle Rittergeschichten überlaufen hätten. Was es für einen Denker bedeuten muß, eine neue Kategorie zu entdecken, das hat es für mich bedeutet, eine Entdeckung zu machen im Bereich des Erotischen.

Unglücklicherweise bin ich indes nicht der Künstler gewesen, der zu solch einer Leistung die Kraft gehabt hätte, oder die Ausdauer; glücklicherweise sah ich Sie nur an entlegenen Orten und selten. Hätte ich Sie an meiner Seite haben müssen, hätten Sie in meiner Stube sitzen können, wenn es sich so traf in einem Winkel, lesend, schreibend, mit etwas Gleichgiltigem sich beschäftigend, jedoch, ich weiß es nur zu gut, jedoch auf alles aufmerkend — ich glaube, ich hätte die Sache angefangen. Wäre es geschehen, es wäre entsetzlich gewesen. Oder ist es etwa nicht entsetzlich, dergestalt mit kalter Ruhe Tag um Tag die Geliebte in eine Unwahrheit hineinzuhexen! Und gesetzt, sie hätte zu jenen Mitteln gegriffen, die ihr zur Verfügung standen — den weiblichen Beschwörungen; gesetzt, sie hätte mit Tränen mich gebeten, mich beschworen bei meiner Ehre, meinem Gewissen, meiner Seligkeit, meinem Frieden im Leben und im Tode, meinem Frieden hier und drüben! Es graut mir schon allein beim Gedanken daran.

Ich habe die einzelnen Winke nicht vergessen, die Sie hingeworfen, wie ich es denn überhaupt nicht wagte, zu widersprechen und nur allzu sehr in Ihrem Banne war. „Wofern ein Mädchen in ihrem Rechte ist, wenn sie solche Mittel braucht, so soll man diese auf sich wirken lassen, ja, was mehr ist, man sei ihr bei der Anwendung behilflich. In dem Verhältnis zu einem Mädchen ist man so ritterlich, nicht bloß man selber zu sein, sondern zugleich Ankläger in ihrem Dienste. Ist sie nicht in ihrem Rechte, so hat es nichts zu bedeuten, man läßt jene Mittel an sich abgleiten.“ Dies ist wahr, unbedingt, vollkommen wahr, aber diese Verständigkeit III 226
besitze ich nicht. „Welch ein erbärmlicher Widerspruch ist es doch, dem man so oft begegnet in dem Verhältnis der Menschen zu Feigheit und Mut. Man fürchtet sich, das Entsetzliche zu sehen, aber man hat Mut, es zu tun. Sie verlassen das Mädchen, dies ist das Entsetzliche. Dazu haben Sie Mut; aber sie erbleichen sehen, ihre Tränen zählen, Zeuge sein ihrer Not, dazu haben Sie keinen Mut. Und doch ist dies ja ein Nichts gegen das andre. Wissen Sie, was Sie wollen, warum und wieso, so sollen Sie hinsehen, sollen Sie jegliches Argument respektieren und sich von nichts drücken in der Hoffnung, daß Ihre Phantasie stumpfer sei als die Wirklichkeit. Hiermit betrügen Sie sich denn auch selbst; denn Ihre lebendige Phantasie wird, wenn dermaleinst die Zeit kommt, da Sie sich ihre Not vorstellen müssen, sich mit ganz andrer Gewalt erheben, als wenn Sie ihre Not gesehen, dem Mädchen geholfen haben, alles für Sie so angstvoll zu machen und grauenvoll wie nur möglich ist.“ Dies ist wahr, jedes Wort ist wahr, aber es ist eine Wahrheit, als wäre die Welt tot, so kalt und so folgerichtig ist sie. Sie überzeugt mich nicht, und sie bewegt mich nicht. Ich gestehe es, ich bin schwach, ich bin schwach gewesen, ich werde nie auf die Art stark und unerschrocken werden. Bedenken Sie doch alles, denken Sie sich an meine Stelle, aber vergessen Sie nicht, daß Sie

wirklich so tief lieben müssen, wie ich sie geliebt. Ich bin überzeugt, Sie würden siegen, Sie drängen hindurch, Sie überwänden alle Schrecknisse, Sie betörten das Mädchen wirklich mit Ihrem falschen Spiel. Was würde geschehen? Wo nicht etwa das Beste geschähe, daß nämlich in dem gleichen Augenblick, da die Anstrengung vorüber wäre, Ihr Haar grau würde, und Ihre Seele eine Stunde danach ausgehaucht hätte, so müßte ja (und davon ist Ihr Plan denn auch ausgegangen) dies falsche Spiel fortgesetzt werden. Es würde Ihnen gelingen, ich bin davon überzeugt. Fürchten Sie nicht den Verstand zu verlieren? Fürchten Sie nicht, sich in einer entsetzlichen Leidenschaft zu verirren, die man Menschenverachtung nennt? Dergestalt recht haben, treu sein und dennoch sich preisgeben als ein Schurke, und alsdann in seiner Betrügerei all der Jämmerlichkeit Hohn sprechen, die gar so oft sich brüstet, aber auch des Bessern in der Welt spotten. Daß ein Kopf dergleichen soll aushalten können! Meinen Sie nicht, es würde nötig werden, öfters in der Nacht aufzustehn und ein Glas kalt Wasser zu trinken, oder neben seinem Bette zu sitzen und nachzurechnen! Gesetzt, ich hätte die Sache angefangen, die Fortsetzung wäre unmöglich auszuhalten. Ich wählte einen andern Weg, verließ in aller Stille Kopenhagen und ging nach Stockholm. Nach Ihrem Plane wäre dies unrichtig gewesen. Ich hätte in aller Öffentlichkeit reisen müssen. Stellen Sie sich vor, sie hätte am Zollhaus gestanden: mir graut. Stellen Sie sich vor, ich hätte sie erst erblickt in der Sekunde, da die Maschine anhob zu arbeiten. Ich glaube, ich hätte den Verstand verloren. Ich zweifle nicht, Sie hätten die
III 227 Kraft gehabt, ruhig zu bleiben. Wäre es nötig gewesen, hätten Sie erwartet, daß sie beim Zollhaus erscheinen werde, so hätten Sie das Nähmädchen mitgenommen und wären mit dieser abgefahren. Wäre es nötig gewesen, so hätten Sie ein Mädchen nicht bloß vorgeschoben, sondern, rein um der Geliebten zu dienen, ein Mädchen verführt, wirklich verführt, geschändet und gebrandmarkt, falls es unvermeidlich war. Jedoch gesetzt, Sie wären einmal nachts aufgewacht, und hätten sich selbst nicht mehr wiedererkannt, hätten sich selber verwechselt mit der Gestalt, die Sie zu Ihrem frommen Betruge gebraucht hätten. Denn das muß ich zugeben, Sie meinten sicherlich nicht, daß man leichtsinnig dergleichen anfangen solle, ja, Sie ließen sogar ein Wort darüber fallen, dies Verfahren könne

niemals schlechthin notwendig werden außer durch des Mädchens eigne Schuld, möge sie nun gedankenlos genug gewesen sein, um die Mahnung der Sympathie nicht zu bemerken, oder selbstsüchtig genug, um sie vorüberrauschen zu lassen. Indes eben dies — würde denn da nicht ein Augenblick kommen, da sie begriffe, was sie hätte tun sollen, da sie verzweifelte der Folgen wegen, die ihre Unterlassung gehabt, und diese hätten ihren Grund doch nicht so sehr in ihrer Hartherzigkeit als vielmehr in der gesamten Persönlichkeit des andern. Wäre es ihr nicht ergangen, wie es mir ergangen ist? Sie hätte nicht geahnt, nicht sich träumen lassen, welche Kräfte sie in Bewegung setzte, auf der Harfe welcher Leidenschaften sie spielte, und so wäre sie denn an allem schuldig geworden, ihrer Unschuld zum Trotz. Hieße das nicht, allzu streng sein gegen sie! Müßte ich in dieser Hinsicht etwas tun, so würde ich lieber schelten, zornig werden, aber diese stumme objektive Verurteilung!

Nein! nein! nein! ich vermochte es nicht, ich vermag es nicht, ich will es nicht, nicht um die Welt will ich es tun. Nein! Nein! Nein! ich könnte verzweifeln über diese Schriftzeichen, die kalt da stehn gleich müßigen Tagedieben, eines neben dem andern, und das eine Nein sagt nicht mehr als das andre. Sie sollten hören, wie die Leidenschaft in mir sie moduliert. O daß ich neben Ihnen stünde, o daß ich mit meinem letzten Nein mich losreißen könnte von Ihnen so wie Don Juan vom Kommandanten, dessen Hand nicht kälter ist als die Verständigkeit, mit der Sie mich unwiderstehlich hinreißen. Dennoch, stünde ich vor Ihnen, so spräche ich wohl schwerlich mehr als ein einziges Nein; denn ehe daß ich weiter gekommen wäre, hätten Sie mich wohl unterbrochen mit der kühlen Erwiderung: ja! ja!

Was ich getan, war recht mäßig, eine Pfuscherei. Lächeln Sie nur über mich. Wenn ein Schwimmer, der es gewohnt ist, vom Mast eines Schiffs in die See zu springen und sich in der Luft zu überschlagen, ehe er das Wasser erreicht, einen andern auffordert, seinem Beispiel zu folgen, und dieser andre stattdessen zur Treppe geht, erst das eine Bein ausstreckt, dann das andre, und alsdann sich plumpsen läßt — so, ja, so braucht man mir nicht erst zu III 228
sagen, was der erste tut. Eines Tages blieb ich fort, ohne ihr ein Wort gesagt zu haben, ich ging an Bord eines Dampfschiffs nach

Stockholm, nahm Reißaus, mich vor allen verbergend. Gott im Himmel helfe ihr, selber eine Erklärung zu finden! Haben Sie sie nicht gesehen — das Mädchen, das ich nie mit Namen nenne, sie, deren Namen hinzuschreiben ich nicht Manns genug wäre; denn meine Hand würde beben vor Entsetzen. Haben Sie sie gesehen? Ist sie bleich, oder etwa tot, trauert sie, hat sie sich eine Erklärung zurechtgemacht, die sie tröstet, ist ihr Gang noch leicht, oder ist ihr Haupt gebeugt, und ihre Gestalt niedergedrückt! Großer Gott, meine Phantasie kann mir mit allem dienen. Sind ihre Lippen erbleicht, diese Lippen, die ich so bewundert, wiewohl ich mir allein gestattete, ihre Hand zu küssen[75+]. Ist sie müde und gedankenvoll, sie, die selig gewesen wie ein Kind! Schreiben Sie, ich bitte darum. Nein, schreiben Sie nicht, ich will keinen Brief von Ihnen haben, will nichts von ihr hören, ich glaube nichts, glaube keinem Menschen, auch ihr selber nicht. Stünde sie gleich leibhaftig vor mir, wäre sie gleich frohgemuter als je, ich würde nicht fröhlich werden, glaubte ihr nicht, ich glaubte, es wäre eine Täuschung, meiner zu spotten oder mich zu trösten. Nein! ich hoffe, Sie haben sich nicht erlaubt, nach ihr zu sehen, oder sich einzumischen in meine Liebesgeschichte. Wo ich das zu wissen bekäme! Wenn ein Mädchen unglücklich wird, so kommen sofort alle diese hungrigen Ungeheuer, die ihren psychologischen Hunger und Durst stillen oder Novellen schreiben wollen. Könnte ich nur hervorstürzen und wenigstens diese Schmeißfliegen fernhalten von der Frucht, die mir süßer denn alles gewesen, schöner, lieblicher anzusehn als ein Pfirsich, wenn er sich in seinem glücklichsten Augenblick herrlich schmückt mit seidigem Samt.

Was ich jetzt mache? Ich fange von vorne an und darauf fange ich von rückwärts an. Ich meide jegliche äußere Erinnerung an das Ganze, während doch meine Seele Tag und Nacht, im Wachen und im Träumen, unablässig damit beschäftigt ist. Den Namen des Mädchens nenne ich nie[76], und ich danke dem Geschick, daß ich durch ein Mißverständnis einen falschen Namen erhalten habe. Einen Namen; mein Name, der gehört ja recht eigentlich ihr. Ich wünschte, ich könnte ihn los werden. Mein eigner Name reicht hin, mich an alles zu erinnern, und das gesamte Dasein scheint mir nichts zu enthalten als Anspielungen auf dies Vergangene. Am Tag vor meiner Abreise las ich im Lokalanzeiger: „daß sechzehn

Ellen schweren schwarzen Seidenstoffes zu Verkauf stehn aus Anlaß anderweitiger Bestimmung." Was mochte die erste Bestimmung sein, vielleicht ein Brautkleid! Daß ich nicht ebenfalls meinen Namen in der Zeitung zum Verkauf stellen kann aus Anlaß anderweitiger Bestimmung. Und nähme gleich ein mächtiger Geist meinen Namen mir ab, und böte ihn mir wieder an im Strahlenkranz unsterblichen Ruhms, ich würde ihn fortwerfen, ganz weit III 229
fortwerfen, ich würde betteln um den unbedeutendsten, den nichtssagendsten, daß man mich Nummer 14 rufe wie einen der Burschen in der Zuchthausjacke. Was hülfe ein Name mir, der nicht der meine ist, was hülfe ein herrlicher Name mir, und wäre er gleich mein;

Denn was ist des Ruhmes süß lockender Laut
Wohl gegen den Seufzer der zärtlichen Braut[77].

Was ich jetzt mache? Ich schlafwandle des Tages und liege wach in der Nacht. Ich bin fleißig und strebsam, ein Muster von Bravheit und häuslichem Fleiß, ich netze den Finger, ich trete mit dem Fuß, ich halte das Rad an, ich setze den Rocken in Gang — ich spinne. Doch wenn ich des Abends den Rocken wegstellen will, so ist keiner da, und wo das Gesponnene geblieben ist, das weiß der Henker. Ich bin rastlos und eifrig, unverdrossen; aber wo bleibt nur alles; wer leeres Stroh drischt, richtet Wunder aus im Vergleich mit mir. Kurz, falls Sie meine fruchtlose Arbeit verstehen, sich eine Vorstellung von ihr machen wollen, so nehmen Sie des Dichters Worte und übertragen Sie sie auf meine Gedanken, das ist alles, was ich zu sagen vermag:

Die Wolken treiben hin und her,
Sie sind so matt, sie sind so schwer;
Da stürzen rauschend sie herab,
Der Schoß der Erde wird ihr Grab[78].

Mehr brauche ich Ihnen wohl nicht zu sagen, oder richtiger, ich brauche viel eher Sie, um mehr sagen zu können, um verständig und klar ausdrücken zu können, was mein tappender Gedanke nur auf unsinnige Weise anzudeuten vermag.

Wollte ich alles vollständig erzählen, so würde mein Brief unendlich lang werden, mindestens ebenso lang wie ein böses Jahr

und wie die Zeiten, von denen es heißt: sie gefallen mir nicht[79]. Diesen Vorteil habe ich doch, daß ich überall gleichgut abzubrechen vermag, ebenso wie ich jeden Augenblick den Faden zerschneiden kann, den ich selber spinne. Hiermit Gott befohlen! Wer dem
III 230 Dasein glaubt, er hat sich gut versichert, er erreicht alles, ebenso sicher wie ein Mann sein Gefühl verbirgt, der beim Beten einen Hut ohne Deckel vor sein Gesicht hält.

Mein Herr, ich habe die Ehre usw. — ja, ich mag wollen oder nicht, ich verbleibe doch

Ihr

ergebener namenloser Freund[80+].

III 231 d. 19. September.

Mein verschwiegener Mitwisser!

Hiob! Hiob! O Hiob! Hast du wirklich nichts andres gesprochen als diese schönen Worte: Der Herr hat's gegeben, der Herr hat's genommen, der Name des Herrn sei gelobet[81]? Hast du nicht mehr gesagt? Bist du in aller deiner Not dabei geblieben, nichts zu tun als sie zu wiederholen? Warum schwiegest du sieben Tage lang und sieben Nächte[82], was ging da in deiner Seele vor? Als das ganze Dasein über dir zusammenbrach und, Topfscherben gleich, rings um dich lag, hattest du da alsogleich die übermenschliche Fassung, hattest du alsogleich der Liebe Dolmetschung, des Vertrauens und des Glaubens Freimut? Ist deine Tür gleichfalls verschlossen vor dem Leidtragenden, darf er von dir keine andere Linderung erwarten als die, welche weltliche Weisheit kümmerlich bietet, indem sie einen Paragraphen über des Lebens Vollkommenheit vorträgt? Weißt du nicht mehr zu sagen, wagst du nicht mehr zu sagen als was die beamteten Tröster wortkarg dem Einzelnen zumessen, was die beamteten Tröster, steifen Zeremonienmeistern gleich, dem Einzelnen vorschreiben, daß es nämlich in Stunden der Not ziemlich sei zu sprechen: Der Herr hat's gegeben, der Herr hat's genommen, der Name des Herrn sei gelobet, nicht mehr und nicht weniger, ebenso wie man Prosit sagt zu dem Niesenden!

Nein, du, der du in deines Wohlstands Tagen des Unterdrückten Wehr gewesen bist, des Greises Schirm und des Gebeugten Stab, du hast die Menschen nicht getrogen, und als alles barst, da wardst du des Leidenden Mund und des Zerknirschten Stimme und des Geängstigten Schrei, und eine Linderung allen, die in Qualen verstummten, ein getreuer Zeuge von aller der Not und Zerrissenheit, die in einem Herzen wohnen kann, ein untrüglicher Fürsprech, der es wagte „in der Bitterkeit seiner Seele" Klage zu erheben und zu streiten wider Gott[83]. Warum deckt man dies zu? Wehe dem, der Witwen und Waisen frißt, und sie um ihr Erbe
betrügt, aber auch wehe dem, welcher den Leidtragenden arg- III 232
listig bringen will um des Leides einstweiligen Trost, sich Luft zu machen und „zu hadern mit Gott". Oder ist in unsrer Zeit etwa die Gottesfurcht so groß, daß der Leidtragende nicht mehr dessen bedarf, was in jenen alten Tagen Brauch gewesen? Traut man sich etwa nicht vor Gott Klage zu erheben? Ist also die Gottesfurcht größer geworden oder etwa die Furcht und die Feigheit? Heutzutage meint man, des Leides eigentlicher Ausdruck, der Leidenschaft verzweifelte Sprache müsse den Dichtern überlassen bleiben, welche also als Anwälte eines Verunrechteten die Sache des Leidenden vertreten vor dem Richtstuhl des menschlichen Mitleids. Weiter wagt niemand sich vor. Darum zähle du es alles her, unvergeßlicher Hiob! Wiederhole es alles, was du gesagt, du gewaltiger Fürsprech, welcher vor den Richtstuhl des Allerhöchsten unerschrocken hintritt gleich einem brüllenden Leu! In deiner Rede ist Sinn, in deinem Herzen ist Gottesfurcht, auch wenn du klagest, wenn du für deine Verzweiflung dich wehrst wider deine Freunde, welche Räubern gleich sich erheben, um dich mit ihren Reden zu überfallen, auch wenn du, von deinen Freunden aufgebracht, ihre Weisheit zertrittst, und ihre Verteidigung Gottes des Herrn verachtest, als wäre es eines abgelebten Hofmanns oder eines staatsklugen Regierungsmanns elende Klügelei. Deiner bedarf ich, du bist ein Mann, der laut zu klagen weiß, daß es im Himmel widerhallt, allwo Gott Rates pflegt mit dem Satan, um Pläne zu spinnen wider einen Menschen! Erheb Klage, der Herr hat keine Furcht, er vermag es sehr wohl sich zu verteidigen; aber wie sollte er sich denn verteidigen können, wenn niemand Klage zu erheben wagt, wie es einem Menschen ansteht. Zähle

alles her, erheb deine Stimme, zähle es laut her, Gott vermag sehr wohl noch lauter zu reden, er hat ja den Donner — aber auch der ist eine Antwort, eine Erklärung, zuverlässig, treu, aus erster Hand, eine Antwort von Gott selbst, welche, und wenn sie einen Menschen gleich zerschmetterte, herrlicher ist als Stadtklatsch und Gerüchte betreffs der Gerechtigkeit der Vorsehung, die erfunden sind von menschlicher Weisheit und verbreitet von alten Vetteln und weibischen Männern.

Mein unvergeßlicher Wohltäter, Hiob, du Vielgeplagter! wage ich's mich deiner Gesellschaft anzuschließen, darf ich auf dich hören? Stoß mich nicht fort, ich stehe nicht mit falscher List bei deinem Aschenplatz, meine Tränen sind nicht unecht, ob ich gleich nicht in der Lage bin, bloß deinetwegen zu weinen. Gleich wie der Frohe die Freude sucht, teilnimmt an ihr, wiewohl das, was zu allernächst ihn freut, die Freude ist, die in ihm selber wohnt, ebenso sucht, der da Leid trägt, das Leid. Ich habe nicht die Welt besessen, hab nicht sieben Söhne gehabt und drei Töchter, indes,
III 233 alles kann ja auch der verloren haben, der nur wenig besessen, Söhne und Töchter kann ja gleichsam auch der verloren haben, der die Liebste verloren, und mit bösen Schwären ward ja gleichsam auch der geschlagen, der die Ehre und den Stolz verloren, und mit ihnen die Lebenskraft und allen Sinn.

Ihr

namenloser Freund.

III 234 d. 11. Oktober.

Mein verschwiegener Mitwisser!

Mein Leben ist bis zum Äußersten gebracht; es ekelt mich des Daseins, welches unschmackhaft ist, ohne Salz und Sinn. Wäre ich gleich hungriger als Pierrot[84], ich möchte dennoch nicht die Erklärung fressen, welche die Menschen anbieten. Man steckt den Finger in die Erde, um zu riechen, in welch einem Lande man ist, ich stecke den Finger ins Dasein — es riecht nach nichts. Wo bin ich? Was heißt denn das: die Welt? Was bedeutet dies Wort?

Wer hat mich in das Ganze hinein betrogen, und läßt mich nun dastehen? Wer bin ich? Wie bin ich in die Welt hineingekommen; warum hat man mich nicht vorher gefragt, warum hat man mich nicht erst bekannt gemacht mit Sitten und Gewohnheiten, sondern mich hineingestukt in Reih und Glied als wäre ich gekauft von einem Menschenhändler? Wie bin ich Teilhaber geworden in dem großen Unternehmen, das man die Wirklichkeit nennt? Warum soll ich Teilhaber sein? Ist das nicht Sache freien Entschlusses? Und falls ich genötigt sein soll es zu sein, wer ist denn da der verantwortliche Leiter – ich habe eine Bemerkung zu machen –? Gibt es keinen verantwortlichen Leiter? An wen soll ich mich wenden mit meiner Klage? Das Dasein ist ja eine Diskussion, darf ich bitten, meine Betrachtung mit zur Verhandlung zu stellen? Wenn man das Dasein nehmen soll wie es ist, wäre es dann nicht das Beste, man erführe wie es ist? Was will das heißen: ‚ein Betrüger'? Sagt Cicero[85] nicht, man finde einen Betrüger heraus, wenn man frage: wer hat den Vorteil (cui bono)? Ich lasse jedermann fragen, und frage jedermann, ob ich irgend einen Vorteil davon gehabt habe, mich selbst und ein Mädchen unglücklich zu machen. „Schuld" – was will das heißen? Ist das Hexerei? Weiß man etwa nicht mit Bestimmtheit, wie es zugeht, daß ein Mensch III 235
schuldig wird? Will da niemand antworten? Ist dies denn nicht von äußerster Wichtigkeit für sämtliche Herren Teilnehmer?

Mein Verstand steht stille, oder richtiger, ich gehe seiner verlustig? In dem einen Augenblick bin ich müde und matt, ja wie tot vor Gleichgiltigkeit, in dem andern Augenblick tobe ich und fahre verzweifelt von einem Ende der Welt zum andern, um jemanden zu finden, an dem ich meinen Grimm auslassen könnte. Alles, was in meinem Wesen enthalten ist, schreit auf in Widerspruch zu sich selbst. Wie ist es zugegangen, daß ich schuldig ward? Oder bin ich etwa nicht schuldig? Warum werd ich dann so genannt in allen Zungen? Was ist doch die menschliche Sprache für eine jämmerliche Erfindung, die das eine sagt und das andere meint?

Ist mir nicht einfach etwas zugestoßen, ist das Ganze nicht eine Widerfahrnis? Hätte ich vorauswissen können, daß mein ganzes Wesen eine Veränderung erfahren würde, daß ich ein andrer Mensch werden würde? Ist vielleicht etwa hervorgebrochen, was dunkel schon in meiner Seele lag? Jedoch, lag es im Dunkel, wie hätte ich es dann voraussehen sollen? Konnte ich es aber nicht voraussehn, so bin ich ja unschuldig. Falls ich einen Schlaganfall erlitten hätte, wäre ich dann auch schuldig gewesen? Was ist das menschliche Laut geben, welches man Sprache nennt, für ein jämmerliches Kauderwelsch, das nur von einer Clique verstanden wird! Sind die der Sprache Entbehrenden nicht weiser, weil sie niemals dergleichen sagen? — Bin ich treulos? Falls sie fortführe, mich zu lieben, und niemals einen andern liebte, so wäre sie gegen mich ja treu. Falls ich fortfahre, allein sie lieben zu wollen, bin ich dann treulos? Wir tun ja beide das Gleiche, wieso werde ich also ein Betrüger, weil ich dadurch meine Treue zeige, daß ich betrüge? Warum soll sie recht haben, ich unrecht? Wenn wir beide treu sind, warum drückt man dies denn in der menschlichen Sprache dergestalt aus, daß sie treu ist, ich ein Betrüger?

Und stünde gleich die ganze Welt wider mich auf, und wollten gleich alle Scholastiker mit mir disputieren, und ginge es gleich um mein Leben, ich habe doch recht. Das soll mir keiner nehmen, ob es gleich keine Sprache gibt, in der ich es zu sagen vermag. Ich habe gehandelt wie recht ist. Meine Liebe läßt sich nicht ausdrücken in einer Ehe. Tue ich es, so ist das Mädchen zerbrochen. Vielleicht ist ihr die Möglichkeit verlockend erschienen. Dafür kann ich nichts, auch für mich ist es so gewesen. In dem gleichen Augenblick, in dem die Wirklichkeit eintritt, ist alles verloren, und dann ist es zu spät. Jene Wirklichkeit, in welcher die Geliebte ihre Bedeutung haben soll, wird für mich zu einem bloßen Schatten, der neben meiner eigentlichen geistigen Wirklichkeit herläuft, ein Schatten, der mich bald zum Lachen bringen, bald störend in mein Dasein eingreifen wird. Es wird damit enden, daß ich sie betaste, täppisch, als griffe ich nach einem Schatten oder als streckte ich meine Hand nach einem Schatten aus. Ist ihr
III 236 Leben dann nicht vergeudet? Sie wird ja für mich einer Toten gleich, ja, sie könnte in meiner Seele die Versuchung aufwecken, sie tot zu wünschen. Wofern ich sie also zerbreche, sie verflüchtige in eben dem Augenblick, in dem ich sie zur Wirklichkeit machen will, anstatt daß ich sie entgegengesetztenfalls in einer wahren, obwohl in anderm Sinne beängstigenden Wirklichkeit mir bewahre — was dann? Dann sagt die Sprache, daß ich schuldig bin;

denn ich hätte es voraussehn müssen. — Was ist das für eine Macht, die mir meine Ehre und meinen Stolz nehmen will, und dies auf so sinnlose Weise tut? Bin ich denn ausgeliefert? Soll ich also schuldig sein und ein Betrüger sein, ganz gleich, was ich denn tue, sogar wenn ich gar nichts tue? — Oder bin ich vielleicht verrückt? So wäre es wohl am besten, mich einzusperren, denn die menschliche Feigheit fürchtet nichts so sehr wie Erklärungen Geistesschwacher und Sterbender. Was soll das heißen: ‚wahnsinnig'? Was muß ich tun, um die bürgerliche Achtung zu genießen, daß man mich für klug hält? Warum antwortet man nicht? Ich lobe öffentlich eine angemessene Belohnung aus, falls einer ein neues Wort erfindet. Ich habe die Alternativen vorgelegt. Ist jemand so klug, daß er mehr kennt als ihrer zwei? Kennt er aber nicht mehr, so ist es ja Unsinn, daß ich wahnsinnig, treulos und ein Betrüger bin, wohingegen das Mädchen treu und vernünftig und von den Menschen geachtet ist. Oder soll es mir etwa zur Last gelegt werden, daß ich den Anfang so schön wie möglich gestaltet habe? Dankeschön! Als ich ihre Freude darüber sah, daß sie geliebt wurde, unterstellte ich mich selber und alles, worauf sie zeigte, der Zaubermacht der Liebe. Ist es eine Schuld, daß ich es vermochte, oder eine Schuld, daß ich es tat? Wer ist schuld daran außer sie selbst, und jenes dritte, von dem niemand weiß, woher es gekommen, jenes dritte, das mich mit seinem Schlage berührte und mich verwandelte? Was ich getan, das pflegt man an andern ja zu rühmen. — Oder ist mein Entgelt dies, daß ich Dichter geworden bin? Ich verbitte mir jeglichen Entgelt, ich fordere mein Recht, d. h.: meine Ehre. Ich habe nicht darum gebeten, Dichter zu werden, und will es auch nicht sein um diesen Preis. — Oder falls ich schuldig bin, muß ich meine Schuld doch bereuen können und sie wieder gut machen können. Man mache mir klar, wie. Soll ich etwa obendrein noch bereuen, daß die Welt sich erlaubt, mit mir zu spielen wie der Knabe mit einem Maikäfer? — Oder ist es vielleicht gar das Beste, das Ganze zu vergessen? Vergessen?, ich habe ja aufgehört zu leben, wo ich es vergesse, oder was ist denn das für ein Leben, wenn ich mit der Geliebten zugleich Ehre und Stolz verloren habe, und dies so, daß niemand weiß, wie es zugegangen ist, weshalb ich sie denn auch niemals wieder herstellen kann? Soll ich dergestalt mich ausstoßen lassen, warum bin ich dann hineingestoßen worden, ich habe es nicht begehrt?

Wer bei Wasser und Brot gefangen liegt, er hat es besser, als ich es habe. Meine Betrachtungen sind, menschlich gesprochen, die kärglichste Ration, die sich denken läßt, und doch finde ich
III 237 eine Befriedigung darin, derart in meinem Mikrokosmos mich so makrokosmisch wie möglich zu gebärden.

Mit den Menschen rede ich nicht; jedoch um nicht alle Gemeinschaft mit ihnen abzubrechen, sowie um ihnen nicht für ihr Geld Geschwätz zu bieten, hab ich einen Haufen Verse gesammelt, kernige Aussagen, Sprichwörter, kurze Sinnsprüche von jenen unsterblichen griechischen und römischen Schriftstellern, die durch alle Zeiten hin bewundert worden sind. Dieser Anthologie habe ich mehrere vortreffliche Zitate beigefügt aus Balles unter Privileg des Waisenhauses herausgegebenem Religionslehrbuch[86]. „Auch wenn wir alle nur wünschbare Ehre erlangt haben, sollen wir uns nicht zu Übermut oder Hoffart hinreißen lassen." Ich betrüge also niemanden. Wie viele sind wohl, die jederzeit eine Wahrheit oder eine gute Beobachtung aussprechen. „Unter dem Namen der Welt versteht man gewöhnlich sowohl Himmel wie Erde samt allem, was sich überhaupt darinnen befindet."

Was hülfe es auch, wenn ich etwas sagte, es gibt niemanden, der mich versteht; mein Schmerz und mein Leiden sind namenlos, ebenso wie ich selber es bin, der ich, obwohl ich keinen Namen habe, vielleicht doch für Sie stets etwas bleibe, und auf jeden Fall verbleibe

Ihr Ergebener.

III 238 den 15. November.

Mein verschwiegener Mitwisser!

Wo ich Hiob nicht hätte! Es ist unmöglich zu beschreiben und genau zu schattieren, welche Bedeutung und welche vielfältige Bedeutung er für mich hat. Ich lese ihn nicht, wie man sonst ein Buch liest, mit dem Auge, sondern ich lege das Buch gleichsam auf mein

Herz, und mit des Herzens Auge lese ich es, verstehe wie in Hellsichtigkeit das Einzelne auf die verschiedenste Weise. Gleich wie das Kind das Lehrbuch unter das Kopfkissen legt, um sicher zu sein, daß es seine Lektion nicht vergessen hat, wenn es am Morgen erwacht, ebenso nehme ich das Buch nachts mit ins Bett. Jedes Wort Hiobs ist Nahrung und Kleidung und Arznei für das Elend meiner Seele. Bald erweckt mich ein Wort von ihm aus meiner Lethargie, so daß ich zu neuer Unruhe wach werde, bald stillt es das fruchtlose Toben in meinem Innern, macht dem Grauenhaften im stummen Röcheln der Leidenschaft ein Ende. Sie haben Hiob doch gelesen? Lesen Sie ihn, lesen Sie ihn wieder und immer wieder. Ich mag in einem Briefe an Sie nicht einmal eine einzige Ergießung von ihm abschreiben, obwohl ich Freude daran habe, von allem, was er gesagt, immer von neuem Abschrift zu nehmen, bald mit deutschen[87], bald mit lateinischen Buchstaben, bald in dem einen Format, bald in einem andern. Jede derartige Abschrift wird wie ein Pflaster der Gotteshandwurz[88] auf mein krankes Herz gelegt. Und auf wem hat Gottes Hand wohl so gelegen wie auf Hiob! Ihn zitieren aber — das kann ich nicht. Es hieße meine Trumpf-Sieben in den Stich geben; es hieße in Gegenwart eines andern seine Worte zu meinen machen. Wenn ich allein bin, so tu ich es, eigne mir alles an; sobald aber jemand zugegen ist, weiß ich sehr wohl, was ein junger Mensch zu tun hat, wenn alte Leute reden.

Im ganzen Alten Testament ist keine Gestalt, der man sich mit III 239
solchem menschlichen Vertrauen, solcher Freimütigkeit und Getrostheit nähert wie Hiob, eben weil alles an ihm so menschlich ist, weil er an der Markscheide zur Poesie steht. Nirgends in der Welt hat des Schmerzes Leidenschaft einen solchen Ausdruck gefunden. Was ist denn Philoktet[89] mit seinen Klagen, die doch fort und fort auf der Erde bleiben, und die Götter nicht schrecken. Was bedeutet denn die Lage Philoktets, wenn man sie mit der Hiobs vergleicht, in welcher die Idee in ständiger Bewegung ist.

Verzeihen Sie, wenn ich alles erzähle, Sie sind ja mein Vertrauter, und Sie können nicht antworten. Falls irgend ein Mensch es zu wissen bekäme, würde es mich unbeschreiblich ängstigen. Zur Nacht kann ich die Lichter in meinem Zimmer anzünden, das ganze Haus hell erleuchten lassen. Dann stehe ich auf, lese mit lauter Stimme, fast schreiend, die eine oder andre Stelle aus ihm.

Oder ich riegle mein Fenster auf und schreie seine Worte hinaus in die Welt. Ist Hiob eine dichterische Gestalt, hat es nie einen Mann gegeben, der so gesprochen, so mache ich seine Worte zu den meinen und nehme die Verantwortung auf mich. Mehr vermag ich nicht; denn wer hätte solch eine Beredsamkeit wie Hiob oder wäre imstande, an dem Gesagten etwas zu verbessern.

Obwohl ich das Buch immer wieder gelesen, ist jedes Wort mir neu. Jedesmal, wenn ich zu einem Worte komme, wird es zum ersten Mal geboren oder entsteht es mit Ursprungsmacht in meiner Seele. Allen Rausch der Leidenschaft sauge ich, einem Trinker gleich, klein bei klein in mich ein, bis daß ich bei diesem langsamen Nippen nahezu bis zur Bewußtlosigkeit trunken werde. Auf der andern Seite haste ich den Worten entgegen mit einer unbeschreiblichen Ungeduld. Ein halbes Wort, so eilt meine Seele hinein in seinen Gedanken, in seine Ergießung; geschwinder als das ausgeworfene Lot des Meeres Grund sucht, geschwinder als der Blitz den Blitzableiter sucht, schlüpft meine Seele hinein und bleibt darinnen.

Zu andern Zeiten bin ich stiller. Da lese ich nicht, da sitze ich hingesunken da gleich einer alten Ruine und schaue alles. Da ist mir, als wäre ich ein kleines Kind, welches geschäftig in der Stube umherläuft, oder in einem Winkel sitzt mit seinem Spielzeug. Da wird mir so wunderlich zumute. Ich kann nicht verstehen, was die Erwachsenen so leidenschaftlich macht, ich werde nicht klug daraus, worum sie sich streiten, und doch kann ich es nicht lassen zu lauschen. Da glaube ich, daß es böse Menschen sind, die Hiob all das Leid angetan haben, daß seine Freunde es sind, die nun dasitzen und wider ihn bellen. Da weine ich laut auf, eine unsägliche Angst vor der Welt und dem Leben und den Menschen und allem zermalmt meine Seele.

III 240 Da wache ich auf und hebe wieder an ihn laut zu lesen mit aller meiner Macht und von ganzem Herzen. Da, plötzlich, werde ich stumm; ich höre nichts mehr, sehe nichts, allein in dunklen Umrissen ahne ich Hiob, wie er in der Asche sitzt, und seine Freunde; doch niemand spricht ein Wort, dies Schweigen aber birgt alle Grauen in sich wie ein Geheimnis, das niemand zu nennen wagt.

Da wird das Schweigen gebrochen, und Hiobs gepeinigte Seele bricht hervor in gewaltigen Schreien. Die verstehe ich, diese Worte mache ich zu den meinen. Im gleichen Augenblick empfinde ich den Widerspruch, da lächle ich über mich selbst, wie man über ein kleines Kind lächelt, das seines Vaters Kleider an hat. Oder ist es nicht zum darüber Lächeln, wenn jemand anders als Hiob sagen wollte: Ach! daß doch ein Mann mit Gott rechten könnte so wie ein Menschenkind mit seinem Gefährten[90]! Und dennoch kommt über mich die Angst, als verstünde ich es noch nicht, eines Tages aber dazu kommen würde, es zu verstehen, als lauerte auf mich bereits das Entsetzen, von dem ich lese, als ob ich es über mich kommen machte indem ich von ihm lese, ebenso wie man befallen wird von der Krankheit, von der man liest.

den 14. Dezember. III 241

Mein verschwiegener Mitwisser!

Alles hat seine Zeit, das Toben des Fiebers ist vorüber, ich bin gleich einem Genesenden.

Das Geheimnis an Hiob, die Lebenskraft, der Nerv, die Idee ist: daß Hiob trotzalledem recht hat. Kraft dieser Behauptung hat er das Ausnahmerecht allen menschlichen Betrachtungen gegenüber, seine Ausdauer und Kraft beweist die Vollmacht und die Bevollmächtigung. Jede menschliche Erklärung ist ihm lediglich ein Mißverständnis, und alle seine Not ist ihm in Beziehung auf Gott gleichsam nur ein Sophismus, den er selber freilich nicht auflösen kann, bei dem er sich aber dessen getröstet, daß Gott ihn auflösen kann. Jedweder auf Menschen wirkende Beweisgrund (argumentum ad hominem) ist wider ihn gebraucht worden; aber er hält zuversichtlich seine Überzeugung aufrecht. Er behauptet in gutem Einvernehmen zu sein mit dem Herrn, er weiß sich rein und unschuldig in seinem innersten Herzen, allwo er dies zugleich mit dem Herren zusammen weiß, und doch widerlegt ihn das gesamte Dasein. Das ist das Große an Hiob, daß die Leidenschaft der Freiheit bei ihm nicht erstickt und nicht zur Ruhe gebracht wird in einem verkehrten Ausdruck. Diese Leidenschaft ist in einem Menschen unter gleichartigen Umständen oft erstickt worden, so-

fern Kleinmut und kleinliche Angst einen Menschen haben glauben lassen, er leide um seiner Sünden willen, wo er es ganz und gar nicht tat. Seine Seele ermangelte der Ausdauer in der Durchführung eines Gedankens, wenn die Welt in einem fort wider ihn dachte. Wenn ein Mensch meint, ein Unglück treffe ihn um seiner Sünden willen, so kann dies schön und wahr und demütig sein,
III 242 aber er kann es auch tun, weil er dunkel Gott für einen Tyrannen hält, was der Mensch auf sinnlose Weise so ausdrückt, daß er ihn im gleichen Augenblick unter ethische Bestimmungen stellt. – Hiob wurde auch nicht dämonisch. So kann z. B. ein Mensch Gott recht geben wollen, obwohl er meint, selber recht zu haben. Er möchte gleichsam zeigen, daß er Gott liebt, sogar wenn Gott den ihn Liebenden versuchen will. Oder Gott kann die Welt seinetwegen nicht anders machen: da will er so hochherzig sein, daß er fortfährt, Gott zu lieben. Dies ist eine durchaus dämonische Leidenschaft, welche eine besondere psychologische Behandlung verdiente, mag sie nun humoristisch gleichsam den Streit abbrechen, um weiter keine Umstände zu machen, oder mag sie ihren Gipfel erreichen in einem selbstischen Trotzen auf die Stärke ihres Gefühls.

Hiob verharrt bei seiner Behauptung, daß er recht habe. Er tut es auf die Art, daß er dadurch Zeugnis gibt von jenem edlen menschlichen Freimut, der doch weiß, was ein Mensch ist, daß er nämlich, ob auch gebrechlich und rasch verwelkend gleich dem Leben der Blume[91], doch in Richtung auf die Freiheit etwas Großes ist, ein Bewußtsein hat, welches nicht einmal Gott ihm rauben kann, wiewohl er es ihm gegeben. Hiob hält an seiner Behauptung zugleich auf die Art fest, daß man an ihm die Liebe und das Vertrauen erkennt, die gewiß sind, Gott vermöge schon noch alles zu erklären, wenn man nur ihn selber zum Reden bringe.

Die Freunde machen Hiob genug zu schaffen, der Streit mit ihnen ist ein Fegfeuer, in welchem der Gedanke, daß er dennoch recht habe, geläutert wird. Gesetzt, es fehlte ihm selber an Kraft und Erfindungsgabe, um sein Gewissen zu ängstigen und seine Seele zu schrecken, an Phantasie, um vor sich selber bange zu werden, der Schuld und Verfehlung halben, die etwa insgeheim tief in seinem Innern wohnen mögen, so helfen die Freunde ihm mit ihren deutlichen Hindeutungen, mit ihren anzüglichen Bezichtigungen, die gleich neidischen Wünschelruten an den Tag bringen müßten, was etwa zutiefst verborgen ist. Sein Unglück ist ihr Hauptargument, und damit ist für sie alles entschieden. Man sollte glauben, Hiob müsse entweder den Verstand verlieren oder, vom Elend erschöpft, in sich zusammensinken, sich ergeben auf Gnade und Ungnade. Eliphas, Bildad und Zophar und vor allem Elihu, der frisch (integer) in den Kampf tritt, als die andern müde sind, variieren das Thema, daß sein Unglück eine Züchtigung sei: er soll bereuen, um Vergebung bitten, so wird alles wieder gut.

Hiob hält indes an seinem Standpunkt fest. Seine Behauptung ist wie ein Passierschein, mit dem er die Welt und die Menschen verläßt, sie ist eine Forderung, welche die Menschen abweisen, Hiob aber dennoch nicht für nichtig erklärt. Er braucht jedes Mit- III 243
tel, um seine Freunde zu bewegen. Er sucht sie zu Mitleid zu rühren („erbarmet Euch mein“ [92]), er erschreckt sie mit seiner Stimme („Ihr spinnt Lügen“ [93]). Vergeblich. Sein Schmerzensschrei wird heftiger und heftiger, alles in dem Maße, in dem mit dem Widerspruch der Freunde die Reflexion sich in seine Leiden gerade vertieft. Doch dies bewegt die Freunde nicht, und darum handelt es sich ja nicht. Sie wollen gern ihm darin recht geben, daß er leidet, daß er Grund zum Schreien hat, daß „der Wildesel nicht schreit über dem Weidegras“ [94], aber sie verlangen, er solle darin eine Züchtigung sehn.

Wie erklärt man nun Hiobs Behauptung? Die Erklärung ist die: das Ganze ist eine *Prüfung*. Diese Erklärung hinterläßt indes neue Schwierigkeit, welche ich auf folgende Weise mir deutlich zu machen gesucht habe. Die Wissenschaft behandelt und erklärt ja das Dasein und innerhalb des Daseins das Verhältnis des Menschen zu Gott. Welche Wissenschaft ist nun derart beschaffen, daß sie für ein Verhältnis Platz hat, welches bestimmt ist als Prüfung, die da unendlich gedacht gar nicht ist, sondern allein ist für das Individuum. Solch eine Wissenschaft gibt es nicht und kann es unmöglich geben. Hinzu kommt: Wie erfährt das Individuum, daß es eine Prüfung ist? Ein Individuum, welches überhaupt eine Vorstellung hat von einer gedanklichen Existenz und einem Sein des Bewußtseins, sieht leicht ein, daß dies nicht so geschwinde getan ist wie gesagt, oder so geschwinde vorüber ist, wie es gesagt ist, oder so geschwinde ergriffen ist, wie es gesagt ist. Erst muß ja die

Begebenheit aus den kosmischen Beziehungen herausgeläutert werden und eine religiöse Taufe und einen religiösen Namen empfangen, alsdann kann man sich der Ethik zur Besichtigung stellen und alsdann kommt der Ausdruck: eine Prüfung. In der Zeit bis dahin existiert das Individuum offenbar nicht in Kraft des Gedankens. Jedwede Erklärung ist möglich, und der Wirbeltanz der Leidenschaft ist losgelassen. Allein die Menschen, welche keine Vorstellung oder doch eine unwürdige Vorstellung von Leben in Kraft des Geistes haben, sind in dieser Hinsicht geschwind fertig, sie haben eine Halbstundenlektüre als Trost bereit, ebenso wie viele Lehrlinge der Philosophie das Ergebnis einer hastenden Arbeit anzubieten haben.

Das Große an Hiob ist darum nicht, daß er sprach: „Der Herr hat's gegeben, der Herr hat's genommen, der Name des Herrn sei gelobet", was er ja auch am Anfang sagte und später nicht wiederholte, sondern Hiobs Bedeutung liegt darin, daß die Grenzstreitigkeiten gegen den Glauben in ihm ausgekämpft worden sind, daß
III 244 jener ungeheure Aufstand seitens der wilden und kampflüsternen Kräfte der Leidenschaft hier dargestellt ist.

Darum beruhigt Hiob nicht als ein Glaubensheld, sondern er lindert vorübergehend: Hiob ist gleichsam die ganze inhaltsreiche Klageschrift seitens des Menschen in der großen Sache zwischen Gott und dem Menschen, in dem weitläuftigen und schrecklichen Prozeß, der seinen Grund darin hatte, daß Satan Mißtrauen stiftete zwischen Gott und Hiob, und der damit endet, daß das Ganze eine Prüfung gewesen ist.

Diese Kategorie: Prüfung ist weder ästhetisch noch ethisch noch dogmatisch, sie ist durchaus transzendent. Erst sie ist ein Wissen von der Prüfung, daß sie Prüfung ist, welches seinen Platz in einer Dogmatik finden würde. Sobald aber dies Wissen sich eingestellt hat, ist die Spannkraft der Prüfung geschwächt, und die Kategorie eigentlich eine andre. Diese Kategorie ist schlechthin transzendent und setzt den Menschen in ein rein persönliches Gegensatzverhältnis zu Gott, in ein Verhältnis solcher Art, daß er an einer Erklärung zweiter Hand sich nicht genügen lassen kann.

Daß es ein gut Teil Menschen gibt, welche diese Kategorie sofort griffbereit haben bei jeglicher Gelegenheit, sobald nur der Brei anbrennt, das beweist lediglich, daß sie sie nicht begriffen haben. Wer ein entwickeltes Weltbewußtsein hat, muß einen gar langen Umweg gehen, ehe denn er sie erreicht. Dies ist der Fall bei Hiob, der den Umfang seiner Weltanschauung bekundet durch die Unerschütterlichkeit, mit der er allen gewitzten ethischen Ausflüchten und verschmitzten Anläufen zu entgehen weiß. Hiob ist kein Glaubensheld, er gebiert die Kategorie der Prüfung unter ungeheuerlichen Schmerzen, eben deshalb weil er so entwickelt ist, daß er sie nicht in kindlicher Unmittelbarkeit besitzt.

Daß diese Kategorie darauf zielen könnte, die ganze Wirklichkeit auszustreichen und zu suspendieren, indem sie diese als eine Prüfung im Hinblick auf die Ewigkeit bestimmt, sehe ich sehr wohl. Doch dieser Zweifel hat über mich nicht Macht gewonnen; denn da Prüfung eine *einstweilige* Kategorie ist, so ist sie ohne weiteres in ein Verhältnis zur Zeit gesetzt und muß daher aufgehoben werden in der Zeit.

Soviel sehe ich jetzt ein, und wie ich mir in allen Stücken erlaubt habe, Sie einzuweihen, so schreibe ich auch dies an Sie um meiner selbst willen. Von Ihnen verlange ich wie Sie wissen nichts, außer daß es mir gestattet sein möge zu verbleiben

Ihr

Ergebener.

den 13. Januar. III 245

Mein verschwiegener Mitwisser!

Die Stürme haben ausgetobt — das Gewitter[95] ist vorüber — Hiob ist zurechtgewiesen angesichts der ganzen Menschheit — der Herr und Hiob haben einander verstanden, sie sind versöhnt, „des Herren Vertraulichkeit wohnt wiederum in Hiobs Hütten wie in vergangenen Tagen“[96] — die Menschen haben Hiob verstanden, sie kommen *jetzt*[97] zu ihm und essen mit ihm und beklagen und trösten ihn, seine Brüder und Schwestern geben ihm jeder einen schönen Groschen und ein gülden Stirnband — Hiob ist gesegnet und hat alles *zwiefältig* wiederbekommen. — Das nennt man eine *Wiederholung*.

Wie tut ein Gewitter doch so gut! Wie selig muß es doch sein, zurechtgewiesen zu werden von Gott! Während ein Mensch ansonst sich unter der Zurechtweisung so leicht verhärtet; wenn Gott richtet, so verliert der Mensch sich selbst und vergißt des Schmerzes über der Liebe, die erziehen will.

Wer hätte nun solch einen Schluß sich denken können? Und doch ist ein andrer Schluß nicht denkbar, wiewohl dieser es gleichfalls nicht ist. Wenn alles ins Stocken geraten ist, wenn der Gedanke stillsteht, wenn die Sprache verstummt, wenn die Erklärung verzweifelt umkehrt — so muß ein Gewitter her. Wer mag das verstehen? Und doch, wer kann etwas andres erdenken?

Hat Hiob also Unrecht bekommen? Ja! auf ewig; denn höher hinauf kann er nicht gehen als zu dem Gerichtstuhl, der ihn gerichtet. Hat Hiob Recht bekommen? Ja! auf ewig, dadurch, daß er Unrecht bekommen hat vor Gott.

So gibt es denn also eine Wiederholung. Wann tritt sie ein? Ja, in irgendeiner menschlichen Sprache läßt sich das nicht gut
III 246 sagen. Wann ist sie eingetreten für Hiob? Als alle denkbare menschliche Gewißheit und Wahrscheinlichkeit für die Unmöglichkeit sprach. Klein bei klein verliert er alles; damit schwindet Stück um Stück die Hoffnung, indem die Wirklichkeit, gar weit davon milder zu werden, eher immer strengere Behauptungen wider ihn geltend macht. Unmittelbar gesprochen ist alles verloren. Einen Ausweg nur wissen seine Freunde, insbesondere Bildad: daß er, indem er sich unter die Strafe demütige, eine Wiederholung bis zum Überfluß erhoffen dürfe. Das will Hiob nicht. Hiermit spannt sich der Knoten und die Verwicklung, welche allein gelöst werden können durch einen Donnerschlag.

Für mich enthält diese Erzählung einen unbeschreiblichen Trost. Ist es nicht dennoch ein Glück gewesen, daß ich Ihren bewundernswerten Plan nicht befolgte, der so sinnreich war? Vielleicht ist es menschlich gesprochen eine Feigheit von mir, vielleicht aber kann die Vorsehung mir nun umso leichter zu Hilfe kommen.

Eines nur reut mich: daß ich das Mädchen nicht darum gebeten habe, mir meine Freiheit zu geben. Ich bin überzeugt, sie hätte es getan[98]. Wer begreift wohl eines Mädchens Großmut? Und doch, so richtig bereuen kann ich es nicht; denn ich weiß, ich tat wie ich tat, weil ich zu stolz dazu war um ihretwillen.

Wo ich Hiob nicht hätte! Mehr sage ich nicht, um Sie nicht zu belästigen mit meinem ewigen Kehrreim.

Ihr

Ergebener.

den 17. Februar. III 247

Mein verschwiegener Mitwisser!

Hier sitze ich. „Bis zur Unschuld", wie es in der Gaunersprache heißt; oder bis zur königlichen Begnadigung[99]? Ich weiß es nicht; ich weiß nur, daß ich sitze, und daß ich mich nicht von der Stelle rühre. Hier stehe ich, auf dem Gipfel oder am Fuße? ich weiß es nicht, ich weiß nur, daß ich stehe und mit gehemmtem Schritte (suspenso gradu) stehe nun schon einen ganzen Monat lang, ohne den Fuß wieder an mich heranzuziehen oder eine einzige Bewegung zu machen.

Ich warte auf ein Gewitter – und auf die Wiederholung. Dennoch, wenn auch bloß das Gewitter kommt, schon damit allein bin ich zufrieden und unbeschreiblich selig, sogar falls mir das Urteil würde, daß keine Wiederholung möglich sei.

Was soll dies Gewitter bewirken? Es soll mich dazu tauglich machen, Ehemann zu sein. Das wird meine ganze Persönlichkeit zerschmettern: ich bin bereit, es wird mich für mich selber nahezu unkenntlich machen: ich wanke nicht, obwohl ich nur auf einem Fuße stehe. Meine Ehre ist gerettet, mein Stolz mir zurückgegeben; und wie sehr es mich gleich umschaffen wird, ich hoffe dennoch, daß die Erinnerung hieran bei mir bleiben wird als ein unerschöpflicher Trost, bei mir bleiben wird, wenn das geschehen ist, was ich in gewissem Sinne mehr fürchte als einen Selbstmord, weil es mich in ganz anderm Maßstabe zerstören wird. Kommt das Gewitter nicht, so werde ich tückisch; so sterbe ich überhaupt nicht, sondern tue bloß einmal so, als ob ich tot wäre, damit Verwandte III 248
und Freunde mich begraben können. Wenn man mich dann in den Sarg legt, so stecke ich in aller Heimlichkeit meine Erwartung zu mir. Dies kriegt keiner zu wissen; denn sonst würde man sich wohl hüten einen Menschen zu begraben, in dem noch Leben wäre.

Im übrigen tue ich alles, was in meiner Macht steht, um mich zum Ehemann zu bilden. Ich sitze da und beschneide mich, entferne all das Unangemessene (Incommensurable), um maßgerecht (commensurabel) zu werden. Allmorgendlich tue ich meiner Seele ganze Ungeduld und unendliches Streben ab, es hilft nichts, im nächsten Augenblick sind sie wieder da. Allmorgendlich nehme ich den Bart aller meiner Lächerlichkeiten ab, es hilft nichts, am nächsten Morgen ist mein Bart wieder genau so lang. Ich widerrufe mich selbst, so wie die Bank ihre Noten aufruft, um neue in Umlauf zu setzen; es will nicht gelingen. Ich wechsle meinen ganzen Besitz an Ideen, meine Prioritäten um in eheliches Kleingeld – ach! ach! in dieser Münze schrumpft mein Reichtum zu gar wenig ein.

Doch ich fasse mich kurz, meine Stellung und meine Lage erlauben mir nicht viele Worte zu machen.

Ihr

Ergebener[100+].

Obwohl ich mich schon längst der Welt entschlagen und allem III 249
Theoretisieren entsagt hatte, vermag ich doch nicht zu leugnen, daß der junge Mensch mich aus meiner Perpendikelbewegung wieder ein wenig herausbrachte aus Interesse für ihn. Soviel also war mir leicht klar, daß er in einem vollständigen Mißverständnis sich befinde. Das, woran er leidet, ist eine unzeitige melancholische Hochherzigkeit, die nirgends zu Hause ist außer im Hirn eines Dichters. Er wartet auf ein Gewitter, welches ihn zum Ehemann machen soll, vielleicht einen Schlaganfall. Es liegt gerade umgekehrt. Er gehört auch zu den Leuten, welche sprechen: Das ganze Bataillon kehrt, statt daß sie selber kehrt machen, etwas, das man hier auch auf andre Weise ausdrücken kann: das Mädchen muß weg. Wäre ich selber nicht so alt, ich würde mir ein Vergnügen daraus machen, sie zu nehmen, bloß um dem jungen Menschen zu helfen.

Er freut sich darüber, meinem „gescheiten" Plan nicht gefolgt zu sein. Das sieht ihm durchaus ähnlich. Daß er sogar in diesem Augenblick noch nicht einsehen kann, daß es das einzig Richtige gewesen wäre. Es ist unmöglich, sich mit ihm einzulassen, und es trifft sich insofern recht glücklich, daß er Antwort nicht wünscht; denn ein Briefwechsel mit einem Menschen, der solch einen Trumpf wie ein Gewitter in der Hand hat, müßte lächerlich ausfallen. Hätte er nur meine Klugheit. Mehr sage ich nicht. Mag er also auch, falls das einträte, was er ausgetiftelt hat, der Sache einen religiösen Ausdruck geben, das soll er nur tun; dagegen habe ich nichts einzuwenden. Aber es ist jederzeit gut, alles getan zu haben, was menschliche Klugheit vorschreiben kann. Das sollte ich gewesen sein, ich hätte dem Mädchen auf bessere Art geholfen. Jetzt wird sie es vielleicht weit schwerer haben, ihn zu vergessen. Sie hat keine Gelegenheit gefunden zu jammern und zu schreien, das ist das Unglück. Schreien gehört dazu, das ist nur gut, ebenso wie daß bei einer Quetschung Blut kommt. Man muß ein Mädchen schreien lassen, dann hat sie hinterher nichts, weswegen sie schreien sollte, sondern vergißt geschwinde[101+].

III 250 Er ist meinem Rate nicht gefolgt, jetzt sitzt sie vermutlich da und trauert. Daß ihm dies äußerst peinlich sein muß, begreife ich gut. Gäbe es ein Mädchen, welches dergestalt dasitzen und mir treu sein wollte, so würde ich sie mehr fürchten als alles in der Welt, mehr als die Freiheitsmänner einen Tyrannen fürchten. Sie würde mich ängstigen, jeden Augenblick würde ich ihrer mir bewußt sein wie eines schlimmen Zahns. Sie würde mich ängstigen, weil sie ideal wäre und ich zu gefühlsstolz, wenn es sich darum handelt zu ertragen, daß auch nur ein einziger Mensch ein stärkeres und mehr anhaltendes Gefühl habe als ich. Verharrte sie auf dieser idealen Höhe, so[102+] müßte ich mich darein finden, daß mein Leben, anstatt voranzuschreiten, stillstände in einer Pause (in pausa). Vielleicht wäre da einer, welcher die peinigende Bewunderung nicht auszuhalten vermöchte, die sie ihm abnötigte, und welcher so eifersüchtig auf sie würde, daß er jegliches Mittel anwendete, um sie zum Sturze zu bringen, das heißt zur Heirat.

Wenn sie da nämlich spräche, wie es oft genug gesagt ist und geschrieben und gedruckt und gelesen und vergessen und wiederholt, „ich habe dich geliebt, jetzt gestehe ich es", („j e t z t", ganz gleich, daß sie es schon vorher hundertmal gesagt hat) „ich habe dich mehr geliebt als Gott" (dies ist nicht wenig gesagt . . . aber auch nicht viel in unsern gottesfürchtigen Zeiten, wo Gottesfurcht wohl eine noch seltenere Erscheinung sein dürfte) — so würde dies ihn[103+] wohl nicht stören. Das Ideale ist nicht, vor Kummer zu sterben, sondern sich selbst womöglich gesund und munter zu erhalten und dennoch sein Gefühl zu retten. Einen andern nehmen können, das ist nichts Großes. Es ist eine Schwäche, eine sehr simple und plebejische Kunstfertigkeit[104+], für die allein die Bürgerschaft ins Gewehr ruft. Jedermann, der den Blick eines Künstlers ins Leben hat, sieht leicht, daß es ein Fehlgriff[105+] ist, der sich nicht ins Reine bringen läßt, auch nicht dadurch, daß man sich siebenmal verheiratet.

Wenn es ihn im übrigen reut, daß er sie nicht um seine Freiheit

gebeten hat, so kann er sich die Mühe gerne sparen; es hätte nicht groß geholfen, nach aller menschlichen Wahrscheinlichkeit hätte er sie gerade gewappnet gegen ihn; denn recht eigentlich um die Freiheit bitten ist etwas andres als ein Mädchen mit der Erklärung bedienen, sie sei die Muse. Man sieht hier abermals, daß er Dichter ist. Ein Dichter ist gleichsam dazu geboren, von den Mädchen zum Narren gehalten zu werden[106+]. Und wenn das Mädchen ihn offen ins Angesicht zum Narren machte, er würde glauben, daß es Großmut sei. Er muß sich weit eher glücklich preisen, daß er nicht angefangen hat damit[107+]. Vermutlich hätte sie sich alsdann ernstlich angestrengt[108+]. Sie hätte sich nicht bloß im kleinen Einmaleins der
Erotik versucht, das ist gesetzmäßig und sie im Rechte, sondern III 251
auch im großen Einmaleins der Ehe. Sie hätte Gott zum Ehebürgen genommen, hätte alles, was da heilig ist, aufgeboten, auf jede teure Erinnerung Beschlag gelegt, die etwa in seiner Seele wohnte[109+]. In dieser Hinsicht macht so manches Mädchen bei sich bietender Gelegenheit[110+] ganz ungeniert Gebrauch von einem Betrug (Falsum), den noch nicht einmal ein Verführer[111+] sich erlaubt. Wer in Hinblick auf das Erotische vermittelst Gottes wirkt und geliebt sein will um Gottes willen, der hört auf er selbst zu sein und trachtet danach stärker zu sein als der Himmel und größere Bedeutung zu haben als des andern Seligkeit[112+]. – Gesetzt das Mädchen hätte ihn auf die Art in die Schule genommen, so hätte er dies vielleicht nie vergessen und nie verwunden, da er wahrscheinlich ritterlich genug gewesen wäre, auf kein vernünftiges Wort von mir zu hören, sondern jeden Ausbruch von ihr zu dem Werte gelten zu lassen, auf den er lautete, und ihn zu behalten als eine ewige Wahrheit. Gesetzt, der Ausbruch hätte sich hinterdrein als Übertreibung erwiesen, als ein kleines lyrisches Impromptu, eine empfindsame Kurzweil (divertissement)[113+], ... Nun ja, vielleicht hätte seine Idee[114+] von ihrer Großmut ihm auch da geholfen[115+].

Mein Freund ist Dichter, und einem Dichter ist dieser schwärmerische Glaube an das Weib wesensmäßig eigen. Ich bin, mit Respekt zu sagen, Prosaiker. Was das andre Geschlecht angeht, so hab ich meine eigne Meinung darüber, oder richtiger, ich hab gar keine[116+], sintemal ich nur sehr selten ein Mädchen gesehen habe, dessen Leben sich unter einer Kategorie hätte begreifen lassen. Sie ermangelt allermeist jener Folgerichtigkeit, die dazu nötig ist, daß man einen Menschen bewundere oder verachte. Ein Weib ist zuallererst von ihr selber betrogen, ehe denn sie einen andern betrügt, und daher hat man überhaupt keinen Maßstab[117+].

Mein junger Freund wird ja nun sehen. Ich habe kein rechtes Zutrauen zu seinem Gewitter, ich glaube, er hätte nicht übel getan, meinem Rat zu folgen. Die Idee ist in Bewegung gewesen in der Liebe des jungen Menschen, darum hat er mich beschäftigt. Der Plan, den ich ihm vorschlug, legte die Idee als Maßstab an. Das ist das Sicherste von der Welt. Achtet man darauf im Leben, so wird jeder, der einen betrügen will, zum Narren. Die Idee war angelegt, dies war er meinem Dafürhalten nach der Geliebten und sich selber schuldig. Wäre sie imstande, auf diese Weise zu leben, wozu es keiner außerordentlichen Fähigkeiten bedarf, sondern allein der Innerlichkeit, so hätte sie in dem gleichen Augenblick, wo er sie verließ, sich selber gesagt: „ich habe mit ihm nun nichts weiter zu schaffen, möge er ein Betrüger gewesen sein oder nicht, möge er zurückkehren oder nicht; was ich behalte, ist die Idealität meiner eignen Liebe, die werde ich sehr wohl in Ehren zu halten
III 252 wissen." Hätte sie dies getan, so wäre meines Freundes Lage peinlich genug geworden, denn dann wäre er in der sympathetischen Pein und Not stecken geblieben. Indes, wer wird sich nicht darein finden, wenn er mitten in allem Leid die Freude hätte, die Geliebte zu bewundern. Sein Leben hätte dann stillgestanden ebenso wie das ihre, doch dies wäre ein Stillstand ebenso wie eine Flut stille steht, verzaubert durch die Macht der Musik. – Wäre sie nicht imstande die Idee als Regulativ für ihr Leben zu brauchen, so kam es darauf an, daß er sie mit seinem Schmerze nicht darin gestört hatte, sich einer andern Art von Abhilfe zu bedienen.

III 253 den 31. Mai[118].

Mein verschwiegener Mitwisser!

Sie ist verheiratet; mit wem weiß ich nicht; denn als ich es im Blatte las, ward ich gleichsam vom Schlage gerührt und verlor die Zeitung, und habe seitdem nicht die Geduld gehabt, näher nachzuforschen. Ich bin wieder ich selbst; hier hab ich die Wiederholung; ich verstehe alles, und das Dasein erscheint mir schöner denn je. Es kam ja auch wie ein Gewitter, wenn ich es auch ihrer Großmut zu danken habe, daß es eintrat[119]. Wer es auch sei, den sie gewählt, ich will nicht einmal sagen: vorgezogen hat (denn in Eigenschaft als Ehemann ist jedweder mir vorzuziehn), sie hat mir doch Großmut erzeigt. Wäre er gleich der schönste Mann von der Welt, ein Inbegriff von allem, was liebenswert ist, imstande jedwedes Mädchen zu bezaubern, könnte sie gleich die gesamte Weiblichkeit dadurch in Verzweiflung bringen, daß sie ihm ihr Jawort gibt, sie hat dennoch großmütig gehandelt, wenn mit nichts anderm so doch damit, daß sie mich ganz und gar vergessen hat. Was ist wohl so schön wie weibliche Großmut! Laß die irdische Schönheit hinwelken, läß ihrer Augen Glanz verlöschen, laß ihre ranke Gestalt sich mit den Jahren beugen, laß die Locken ihre bestrickende Gewalt verlieren, wenn sie sich bergen unter der demütigen Haube, laß ihren königlichen Blick, der einst die Welt beherrscht, mit mütterlicher Liebe allein den Kreis umfassen und hüten, den sie umfriedet — ein Mädchen, welches derart großmütig gewesen, es altert nie. Laß das Dasein so sie lohnen wie es das schon getan, laß es ihr geben, was sie mehr geliebt, — es hat auch mir gegeben, was ich mehr geliebt — mich selbst, und hat dies mir gegeben dank ihrer Großmut.

Ich bin wieder ich selbst. Dies „Selbst", das ein andrer nicht von der Straße aufheben würde, ist wieder mein eigen. Der Zwiespalt, der in meinem Wesen gewesen ist, er ist behoben; ich schließe mich wieder in mich zusammen. Die Ängste der Sympathie, welche in meinem Stolze Rückhalt und Nahrung gefunden hatten, drängen sich nicht mehr ein, um zu spalten und zu trennen.

Gibt es denn also nicht eine Wiederholung? Hab ich nicht III 254
alles zwiefältig empfangen[120]? Hab ich nicht mich selbst zurückempfangen, gerade auf die Art, daß ich die Bedeutung davon zwiefältig empfinden mußte? Und was ist eine Wiederholung von irdischem Gut, welche gegen die Bestimmung des Geistes gleichgiltig ist, im Vergleich mit einer solchen Wiederholung? Nur die Kinder empfing Hiob nicht zwiefältig wieder, weil ein Menschenleben sich nicht dergestalt verdoppeln läßt. Hier ist allein des Geistes Wiederholung möglich, ob sie gleich in der Zeitlichkeit

nie so vollkommen wird wie in der Ewigkeit, welche die wahre Wiederholung ist.

Ich bin wiederum ich selbst; die Maschinerie ist in Bewegung gesetzt. Zerhauen sind die Stricke, in denen ich gefesselt gewesen; gebrochen ist die Zauberformel, die sich in mich hineingehext hatte, so daß ich nicht zu mir selbst zurückzukehren vermochte. Da ist niemand mehr, der seine Hände wider mich erhebt, meine Befreiung ist sicher, ich bin geboren zu meinem Selbst; denn solange Ilithya[121] ihre Hände faltet, kann die Kreißende nicht gebären.

Es ist vorüber, mein Schifflein ist flott, im nächsten Augenblick bin ich wiederum dort, wo meiner Seele Sehnsucht gewesen, dort, wo die Ideen erbrausen mit elementarer Gewalt, wo die Gedanken lärmend sich erheben gleich den Nationen in der Völkerwanderung, dort, wo zu andrer Zeit eine Stille ist gleich dem tiefen Schweigen der Südsee, eine Stille, daß man sich selber sprechen hört, obwohl die Bewegung allein im eigenen Innern geschieht; dort wo man jeglichen Augenblick das Leben einsetzt, jeglichen Augenblick es verliert und wieder neu gewinnt.

Der Idee gehöre ich. Winkt sie mir, so folge ich; gibt sie ein Stelldichein, so wart ich Tage und Nächte; es ruft mich niemand zum Mittagsmahl, es wartet niemand mit dem Abendessen. Ruft die Idee, so verlasse ich alles, oder richtiger ich habe nichts, es zu verlassen, ich betrüge niemanden, ich betrübe niemanden, indem ich der Idee treu bin, mein Geist wird nicht dadurch betrübt, daß ich einen andern betrüben muß. Komme ich nach Haus, so liest niemand in meinen Mienen, niemand forscht meine Gestalt aus. Niemand entlockt meinem Wesen eine Erklärung, die ich einem andern auch nicht geben kann, ob ich selig in Freude bin oder versunken in Not, ob ich das Leben gewonnen oder es verloren.

Des Rausches Becher wird mir wiederum gereicht, schon atme ich seinen Duft, schon vernehme ich seine schäumende Musik — zuerst jedoch ein Opferguß für sie, welche eine Seele erlöst hat,
III 255 die in verzweifelter Einsamkeit gesessen: gepriesen sei weibliche Hochherzigkeit! — Hoch lebe des Gedankens Flug, hoch lebe des Lebens Fährnis in der Idee Dienst, lebe des Kampfes Not, lebe des Sieges festlicher Jubel, lebe der Tanz in des Unendlichen Wirbel, hoch lebe der Wellenschlag, der tief im Abgrund mich birgt, lebe der Wellenschlag, der empor mich schleudert über die Sterne.

Dem sehr ehrenwerten Herrn N. N.
dieses Buches wirklichem Leser. III 257

Mein lieber Leser! III 259

Kopenhagen, im August 1843[122+].

Vergib, daß ich so vertraulich zu dir rede, aber wir sind ja „unter uns“[123]. Obwohl du nämlich eine poetische Person bist, bist du mir doch keineswegs eine Mehrheit, sondern bloß einer, so daß wir bloß du und ich sind.

Wollte man annehmen, ein jeder, der aus dem einen oder andern zufälligen, das Buch selbst nichts angehenden Grunde ein Buch liest, sei bloß ein uneigentlicher Leser, so blieben da vielleicht nicht viele eigentliche Leser übrig, sogar nicht für diejenigen Schriftsteller, deren Leserschaft sehr zahlreich ist; denn wem kommt es in unsern Tagen bei, einen Augenblick an den schnurrigen Gedanken zu verschwenden, ein guter Leser sein sei eine Kunst, geschweige denn Zeit daran zu wenden, daß man es werde. Dieser beklagenswerte Zustand hat natürlich Einfluß auf einen Schriftsteller, welcher meiner Meinung nach am richtigsten handelt, wenn er gleich Clemens Alexandrinus auf die Art schreibt, daß die Ketzer es nicht verstehen können.

Eine neugierige Leserin, welche den Schluß jedes Buches liest, das sie auf ihrem Nachttisch findet, um zu sehen, ob die Liebenden einander kriegen, wird enttäuscht sein; denn es kriegen zwar zwei Liebende einander; mein Freund aber, der doch auch eine Mannsperson ist, kriegt niemanden. Da nun zugleich ersichtlich ist, daß dies nicht in einer verschwindenden Zufälligkeit seinen Grund hat, so wird die Sache bedenklich genug für die heiratsreifen und heiratssüchtigen Mädchen, welche, wo sie auch nur ein einziges männliches Individuum aus der Liste streichen müssen, an Wahrscheinlichkeit der Aussichten etwas verlieren. Ein besorgter
Familienvater wird vielleicht fürchten, sein Sohn könne den III 260

gleichen Weg gehen wie mein Freund und ist deshalb der Meinung, daß das Buch keinen harmonischen Eindruck hinterlasse, weil es keine fertige Uniform ist, die jedem Musketier paßt. — Ein vorläufiges Genie wird vielleicht finden, die Ausnahme mache sich gar zu viele Ungelegenheiten und nehme die Sache zu ernst. — Ein gemütvoller Hausfreund wird vergebens eine Verklärung der Alltäglichkeiten der Wohnstube oder eine Verherrlichung des Teewassergeschwätzes suchen. — Ein handfester Verfechter der Wirklichkeit wird vielleicht meinen, das Ganze drehe sich um Nichts. — Eine erfahrene Dame, welche gern Ehen stiftet, hält das Buch für verfehlt, da das Interessante gerade wäre herauszufinden, wie ein Mädchen beschaffen sein müsse, „um einen Mann dieser Art glücklich zu machen"; denn daß solch ein Mädchen vorhanden sein muß, oder daß ein solches mindestens vorhanden gewesen ist, dessen vergewissert sie sich auf eine für sie selbst höchst angenehme Weise. — Seine Hochehrwürden[124] stellt fest, es sei zuviel Philosophie in dem Buche; Seiner Hochwürden gedankenvoller Blick sucht das vergebens, dessen die Gemeinde gerade zu unsern Zeiten so höchlich bedarf, das echte Spekulative. — Mein lieber Leser! wir können ja gut und gern darüber sprechen, so ganz „unter uns"; denn du wirst ja wohl begreifen, daß es nicht meine Meinung ist, als ob alle diese Urteile in der Wirklichkeit zutage träten, sintemal das Buch nicht viele Leser finden wird.

Einem gewöhnlichen Rezensenten wird das Buch möglicherweise die erwünschte Gelegenheit geben, ausführlich Licht darüber zu verbreiten, daß es keine Komödie ist, keine Tragödie, kein Roman, kein Epos, kein Epigramm, keine Novelle, sowie es unverzeihlich zu finden, daß man vergeblich ein 1. 2. 3. herauszustellen sucht. Den Gang, den es nimmt, wird er schwer verstehen, da dieser rückwärts geht; die Absicht des Buches sagt ihm sicherlich auch nicht zu; denn im allgemeinen erklären die Rezensenten das Dasein dergestalt, daß sowohl das Allgemeine wie das Einzelne zunichte wird. Vor allem ist es von einem gewöhnlichen Rezensenten zuviel verlangt, daß er Interesse haben sollte für den dialektischen Streit, in welchem die Ausnahme in dem Allgemeinen hervorbricht, für den weitläuftigen und überaus verwickelten Prozeß, in welchem die Ausnahme sich durchkämpft und sich als berechtigt behauptet; denn die unberechtigte Ausnahme wird eben daran

kenntlich sein, daß sie von außen um das Allgemeine herumgeht. Dieser Kampf ist überaus dialektisch und unendlich fein abgetönt, er setzt als Bedingung voraus eine schlechthinnige Fertigkeit in der Dialektik des Allgemeinen, heischt Behendigkeit im Nachbilden der Bewegungen, mit einem Worte, er ist ebenso schwierig wie daß man jemanden totschlägt und ihn leben läßt. Auf der einen Seite steht die Ausnahme, auf der andern das Allgemeine, und der Kampf selbst ist ein wunderlicher Widerstreit zwischen des Allgemeinen Zorn und Ungeduld über all den Lärm, den die III 261
Ausnahme verursacht, und des Allgemeinen verliebte Vorliebe für die Ausnahme; denn das Allgemeine freut sich in allerletztem Betracht ebenso sehr über eine Ausnahme, wie der Himmel über einen Sünder, der Buße tut, vor neunundneunzig Gerechten[125]. Auf der andern Seite streiten der Ausnahme Aufsässigkeit und Trotz, ihre Schwachheit und Kränklichkeit. Das Ganze ist ein Zweikampf, in welchem das Allgemeine mit der Ausnahme sich entzweit, mit ihr im Streite sich mißt und sie stark macht durch diesen Zweikampf. Vermag die Ausnahme die Not nicht zu ertragen, so hilft ihr das Allgemeine nicht, so wenig wie der Himmel einem Sünder hilft, welcher den Schmerz der Reue nicht auszuhalten vermag. Die energische und entschlossene Ausnahme, welche, bei allem Streit mit dem Allgemeinen, ein Schoß aus der Wurzel des Allgemeinen ist, sie bewahrt sich. Das Verhältnis ist dies. Die Ausnahme denkt, indem sie sich selber durchdenkt, zugleich das Allgemeine, sie wirkt, indem sie sich selber durchwirkt, für das Allgemeine, und sie erklärt das Allgemeine, indem sie sich selber erklärt. Die Ausnahme erklärt mithin das Allgemeine und sich selber, und wenn man das Allgemeine so recht studieren will, braucht man sich bloß nach einer berechtigten Ausnahme umzusehn; sie zeigt alles weit deutlicher auf als das Allgemeine selbst. Die berechtigte Ausnahme ist in dem Allgemeinen versöhnt; das Allgemeine ist von Grund auf polemisch wider die Ausnahme; denn es wird seine Vorliebe sich nicht merken lassen, ehe denn die Ausnahme es zwingt, sie gleichsam einzugestehn. Hat die Ausnahme dazu nicht die Macht, so ist sie nicht berechtigt, und darum ist es von dem Allgemeinen sehr klug, daß es vorzeitig sich nichts anmerken läßt. Wenn der Himmel einen Sünder liebt vor neunundneunzig Gerechten, so weiß der Sünder dies sicherlich nicht

von Anbeginn; im Gegenteil, er spürt lediglich des Himmels Zorn, bis daß er zuletzt den Himmel gleichsam nötigt, mit der Sprache herauszurücken.

Auf die Dauer wird man ihrer überdrüssig, dieser ewigen Rederei von dem Allgemeinen und dem Allgemeinen, die sich wiederholt bis hin zur langweiligsten Fadheit. Ausnahmen sind da. Kann man sie nicht erklären, so kann man auch das Allgemeine nicht erklären. Man merkt die Schwierigkeit im allgemeinen nicht, weil man auch das Allgemeine nicht mit Leidenschaft denkt, sondern mit gemütlicher Oberflächlichkeit. Die Ausnahme hingegen denkt das Allgemeine mit energischer Leidenschaft. Tut man dies, so tritt eine neue Rangordnung zutage, und das arme Ding,
III 262 die Ausnahme, wenn anders sie etwas taugt, kommt, dem stiefmütterlich zurückgesetzten Mädchen im Märchen gleich, wiederum zu Ehre und Ansehn.

Solch eine Ausnahme ist ein Dichter, welcher den Übergang bildet zu den eigentlich aristokratischen Ausnahmen, den religiösen Ausnahmen. Ein Dichter ist im allgemeinen eine Ausnahme. Man freut sich oft genug über ihn und über seine Hervorbringungen. Ich dachte also, es sei wohl der Mühe wert, solch einen Dichter einmal werden zu lassen. Der junge Mensch, dessen Werden ich gezeigt, er ist Dichter. Mehr kann ich nicht tun; denn ich kann allerhöchstens so weit gelangen, daß ich mir einen Dichter denke und durch mein Denken ihn hervorbringe, selber kann ich nicht Dichter werden, wie denn auch mein Interesse an andrer Stelle liegt. Meine Aufgabe hat mich rein ästhetisch und psychologisch beschäftigt. Ich habe mich selber mit angebracht; wenn du, mein lieber Leser, aber näher zusiehst, wirst du leicht bemerken, daß ich lediglich ein dienender Geist bin, und gar weit davon, das zu sein, was der junge Mensch befürchtet, nämlich gleichgiltig gegen ihn. Dies ist ein Mißverständnis gewesen, das ich veranlaßt, um auch auf diese Weise ihn voranzubringen. Jede Bewegung, die ich gemacht, ist rein dazu da, ihn zu beleuchten; ich habe fort und fort ihn im Sinne (in mente) gehabt, jedes Wort ist entweder Bauchrednerei oder gesagt in Beziehung auf ihn. Sogar da, wo Scherz und Ausgelassenheit sich ganz und gar unabsichtlich zu tummeln scheinen, ist eine Rücksicht auf ihn im Spiel; sogar da, wo alles in Schwermut endet, ist eine Hindeutung auf ihn, auf einen Zustand in ihm. Aus diesem Grunde geschehen alle Bewegungen rein lyrisch, und was ich sage, das soll man dunkel in ihm verstehen, oder man soll mittels dessen, was ich sage, ihn besser verstehn. Dergestalt hab ich für ihn getan, was ich vermochte, ebenso wie ich jetzt, lieber Leser, dir zu dienen suche, indem ich wieder ein andrer bin[126+].

Eines Dichters Leben hebt an im Streit mit dem ganzen Dasein, es gilt, eine Beruhigung zu finden oder eine Berechtigung; denn in dem ersten Kampfe muß er stets verlieren, und will er unverzüglich siegen, so ist er unberechtigt. Mein Dichter findet nun eine Berechtigung eben damit, daß das Dasein ihn in dem Augenblick freispricht, da er sich selbst gleichsam vernichten will. Seine Seele gewinnt nun einen Anklang an das Religiöse. Dies ist es, was eigentlich ihn trägt, obwohl es niemals zum Durchbruch kommt. Seine dithyrambische Freude im letzten Briefe ist dafür ein Beispiel; denn diese Freude ist unzweifelhaft in einer religiösen Stimmung gegründet, welche jedoch Innerlichkeit bleibt. Er bewahrt eine religiöse Stimmung als ein Geheimnis, das er nicht erklären kann, wobei ihm jedoch dies Geheimnis dazu hilft, dichterisch die Wirklichkeit zu erklären. Er erklärt das Allgemeine als die Wiederholung, und versteht dennoch seinerseits die Wiederholung auf andre Art; denn während die Wirklichkeit die Wiederholung wird, III 263
wird für ihn die zweite Potenz seines Bewußtseins die Wiederholung. Er hat, was wesentlich zu einem Dichter gehört, eine Liebe erlebt; diese aber ist ganz und gar zweideutig: glücklich, unglücklich, komisch, tragisch. In Richtung auf das Mädchen kann alles komisch werden, denn da er überwiegend sympathetisch affiziert gewesen ist, so hat sein Leiden großenteils darin gelegen, daß die Geliebte litt. Hat er sich in dieser Hinsicht im Irrtum befunden, so wird das Komische das Hervortretende. Blickt er auf sich selber, so bietet das Tragische sich dar, ebenso auch, wenn er in einem andern Sinne die Geliebte sich idealisch denkt. Er hat aus der ganzen Liebesgeschichte eine Idealität zurückbehalten, der er jeden beliebigen Ausdruck zu verleihen vermag, jedoch stets in Stimmungen, weil er nichts Tatsächliches hat. Er hat also eine Bewußtseinstatsache, oder richtiger er hat keine Bewußtseinstatsache, sondern eine dialektische Federkraft (Elastizität), die ihn schöpferisch in Stimmungen machen wird. Indessen dies Schaffen

zu seiner Außenseite wird, wird er von etwas unaussagbar Religiösem getragen. So ist denn die Bewegung in den früheren Briefen, besonders in einzelnen von ihnen, einem eigentlichen religiösen Ausgang weit näher gewesen; in dem Augenblick aber, in dem die zeitweilige Suspension behoben wird, empfängt er sich selbst wieder, jedoch als Dichter, und das Religiöse geht zugrunde, d. h. es wird gleichsam eine unaussagbare Unterlage.

Hätte er einen tieferen religiösen Hintergrund besessen, so wäre er nicht Dichter geworden. Alsdann hätte alles religiöse Bedeutung empfangen. Die Begebenheit, in die er verstrickt wird, hätte alsdann freilich Bedeutung für ihn gewonnen, aber dabei wäre der Anstoß von höheren Orten gekommen, er hätte alsdann auch eine ganz andre Vollmacht gehabt, wenn diese auch erkauft worden wäre durch ein noch schmerzhafteres Leiden; er hätte alsdann mit einer ganz andern eisernen Folgerichtigkeit und Unerschütterlichkeit gehandelt, er hätte alsdann eine Bewußtseinstatsache gewonnen, an die er sich hätte halten können, und die ihm niemals zweideutig geworden wäre, sondern reiner Ernst, weil sie von ihm selbst gesetzt worden wäre in Kraft eines Gottesverhältnisses. Die ganze Frage wegen der Endlichkeit wäre gleichen Augenblicks in die Indifferenz gesetzt gewesen. Die eigentliche Wirklichkeit würde in tieferem Sinne ihm nichts nehmen und nichts geben. Er hätte alsdann religiös alles ausgeschöpft, was in jener Begebenheit an entsetzlichen Folgen lag. Ob die Wirklichkeit sich anders zeigte, hätte für ihn im Wesentlichen nichts geändert, ebenso wenig wie ihn, falls das Schlimmste eingetreten wäre, dies wesentlich mehr erschreckt hätte, als es das bereits getan hatte. Er würde alsdann mit religiösem Furcht und Zittern, aber auch mit Glaube und Vertrauen verstehen, was er von Anbeginn an getan, und was er, in Folge davon, verpflichtet sei, fürderhin zu tun, sollte diese Ver-
III 264 pflichtung gleich das Absonderliche veranlassen. Für den jungen Menschen hingegen ist es eben als Dichter bezeichnend, daß er niemals so recht darüber ins Klare kommen kann, was er getan hat, eben weil er es in dem Äußerlichen und Sichtbaren sowohl sehen wie nicht sehen will, oder es in dem Äußerlichen und Sichtbaren sehen, und daher es sowohl sehen wie nicht sehen will. Eine religiöse Individualität hingegen ruht in sich selbst und verschmäht alle Kinderstreiche der Wirklichkeit.

Mein lieber Leser! Du wirst jetzt verstehen, daß das Interesse sich um den jungen Menschen dreht, wohingegen ich eine verschwindende Person bin, gleichsam eine Gebärerin im Verhältnis zu dem Kinde, das sie gebiert. Und genau so ist es auch; denn ich habe ihn gleichsam geboren, und führe daher als der Ältere das Wort. Meine Persönlichkeit ist eine Voraussetzung des Bewußtseins, die dazu gehört, eben um ihn herauszuzwingen, wohingegen meine Persönlichkeit nie dahin wird gelangen können, wohin er gelangt, denn die Ursprünglichkeit, in welcher er auftritt, ist das andre Moment. Er ist daher gleich von Anfang an in guten Händen gewesen, wenn ich ihn auch oft habe foppen müssen, damit er selber in Erscheinung trete. Beim ersten Blick auf ihn sah ich, daß er Dichter war, wo nicht an anderem so daran, daß eine Begebenheit, welche, falls sie einem Alltagsmenschen widerfahren wäre, in guter Ruh und Bequemlichkeit zu einem Nichts geworden wäre, für ihn aufschwoll zu einem Weltereignis.

Obschon ich nun recht oft das Wort führe, so wirst du, mein lieber Leser (denn du verstehst dich auf die inwendigen seelischen Zustände und Regungen, und eben deshalb nenne ich dich „lieb"), so wirst du doch allenthalben lesen von ihm. Du wirst also die Verschiedenheit der Übergänge verstehen, und mag dir gleich ab und an, wenn das Sturzbad der Stimmung plötzlich sich über dich ergießt, dabei ein wenig wunderlich zumute werden, so wirst du doch hinterdrein sehen, wie alles verschieden abgewandelt ist, je das eine im Verhältnis zum andern, sowie, daß die einzelne Stimmung ziemlich korrekt ist, und dies ist eine Hauptsache, weil das Lyrische hier so wichtig ist. Du wirst vielleicht ein vereinzeltes Mal dich ablenken lassen von einem anscheinend müßigen Witze oder von einem gleichgiltigen Trotz, hinterdrein aber wirst du dich damit vielleicht versöhnen[127].

Dein ergebener

Constantin Constantius.

DREI ERBAULICHE REDEN

von

S. KIERKEGAARD

Kopenhagen
1843

Dänischer Titel (S. V. III 267): Tre opbyggelige Taler. Af S. Kierkegaard. Kjøbenhavn, Angabe von Verlag und Druckerei, 1843.

Dem verstorbenen

Michael Pedersen Kierkegaard

weiland Wollwarenhändler hier in der Stadt

meinem Vater

seien gewidmet diese Reden.

Vorwort III 271

Wiewohl dies kleine Buch (welches deshalb „Reden“ genannt worden ist, nicht Predigten, weil ihr Verfasser keine Vollmacht[128] zu *predigen* hat; „erbauliche“ Reden, nicht Reden zur Erbauung, weil der Redende keineswegs beansprucht *Lehrer* zu sein) mit mir zusammen sehr wohl weiß, was sein Verfasser noch besser weiß, daß es nämlich eine Geringfügigkeit ist, welche, indem sie sich hinauswagt, leicht niedergetreten werden oder umkommen könnte in der großen Welt, oder von einem Raubvogel erschnappt werden könnte und niemals seine Bestimmung erreichen, so schloß ich dennoch in des Abschieds Augenblick getrost meine Tür, ohne jede Furcht, ohne jede Regung ängstlichen Sinns. Klein, wie es ist, schlüpft es wohl durch, da es selbst für sich sorgt, und seinen Gang geht und seines Geschäfts wartet und seinen rätselhaften Weg kennt — bis daß es jenen Einzelnen findet, den ich mit Freude und Dankbarkeit *meinen* Leser nenne — bis daß es findet, was es sucht, jenen freundwilligen Menschen, der laut für sich selber liest, was ich schreibe in Stille, der mit seiner Sprache den Zauberbann der Schriftzeichen löst, der mit seiner Stimme an den Tag ruft, was die stummen Buchstaben gleichsam auf der Zunge haben, aber nicht auszusprechen vermögen ohne mancherlei Mühe, stammelnd und stückweis, in seiner Stimmung die gefangnen Gedanken erlöst, die nach Befreiung sich sehnen — jenen freundwilligen Menschen, den ich mit Freude und Dankbarkeit *meine* Zuflucht nenne, welcher, indem er das Meine zu dem Seinen macht, mehr für mich tut als ich tue für ihn. Und fände es ihn nicht, oder fände ihn nicht auf die Art, meine Freude ist dennoch: es auszusenden; denn „wie die Kühle des Schnees zur Zeit der Ernte, so ist ein getreuer Bote dem, der ihn gesandt hat, und erquickt seines Herrn Seele“. (Sprüche 25, 13[129+])

S. K.

III 273 Die Liebe wird decken der Sünden Mannigfaltigkeit

Ep. 1. Petr. 4, 7-10[130]

Was macht einen Menschen groß, bewundert von der Kreatur, wohlgefällig in Gottes Augen? Was macht einen Menschen stark, stärker denn die ganze Welt, was macht ihn schwach, schwächer denn ein Kind? Was macht einen Menschen unerschütterlich, unerschütterlicher denn den Fels, was macht ihn weich, weicher denn Wachs? – Liebe ist es! Was ist älter denn alles? es ist Liebe. Was überlebt alles? Es ist Liebe. Was läßt sich nicht nehmen, sondern nimmt selbst alles? Es ist Liebe. Was läßt sich nicht geben, sondern gibt selbst alles? Es ist Liebe. Was hat Bestand, wenn alles trügt? Es ist Liebe. Was gibt Trost, wenn aller Trost schwindet? Es ist Liebe. Was währt fort, wenn alles sich wandelt? Es ist Liebe. Was ist es, das da bleibt, wenn das Unvollkommene abgetan wird? Es ist Liebe. Was legt Zeugnis ab, wenn die Weissagung verstummt? Es ist Liebe. Was läßt nicht ab, wenn die Gesichte aufhören? Es ist Liebe. Was gibt Erklärung, wenn die dunkle Rede endet? Es ist Liebe. Was legt Segen auf der Gabe Überfluß? Es ist Liebe. Was macht des Einfältigen Rede zu Weisheit? Es ist Liebe. Was wird niemals anders und würde gleich alles anders? Es ist Liebe; und
III 274 dies allein ist die Liebe, das, was niemals etwas anderes wird[131]. Denn auch der Heide hat die Liebe gepriesen, ihre Schönheit und ihre Gewalt; indes, seine Liebe vermochte zu etwas anderm zu werden, das er fast noch höher pries. Die Liebe war schön, schöner denn alles; aber die Rache war süß, süßer denn alles. Und so ärmlich war des Heiden Denken von der Liebe und vom Himmlischen, so in Selbstliebe gebunden war alles im Himmel wie auf Erden, daß die Macht, die da dem Menschen gütig der Liebe Freude schenkte, mißgünstig sich selber die Rache vorbehielt, dieweil sie das Süßeste sei. Was Wunders denn, daß in aller Liebe des Heiden die Rache sich verbarg; daß die Angst nicht ausgetrieben war, ob

sie gleich vergessen war; was Wunders, daß der Feind in der Stille am Werke war, sogar wenn die Liebe am sichersten schlief, daß der Zorn heimlich auf der Lauer lag und ausspähte nach dem Anlaß; was Wunders, daß er plötzlich herausbrach in aller seiner Wildheit; was Wunders, daß er des Heiden Seele erfüllte, welche seine verbotene Süße einsog und sich dadurch ihrer Verwandtschaft vergewisserte mit dem Himmlischen! Was Wunders, daß keine Liebe glücklich war, so wie kein Mensch es war im Heidentum, ehe denn die letzte Stunde gekommen[132], die wiederum nichts vermochte als bitter eines Menschen zu spotten mit der Vorstellung, er sei glücklich *gewesen*! Was Wunders, daß Trauer sich mischte in alle Freude, daß allezeit, sogar im Augenblick der Freude, der nächste Augenblick ängstigend vorüberstreifte wie des Todes Gestalt! Wie sollte ein Heide es auch vermögen, die Welt zu überwinden; aber vermochte er dies nicht, wie sollte er da imstande sein, die Welt zu gewinnen!

Was wird niemals anders und würde gleich alles anders? Es ist Liebe; und dies allein ist die Liebe, das, was niemals etwas andres wird. Denn auch der fromme Jude zeugte für die Liebe, indes seine Liebe war der Veränderlichkeit und Wandelbarkeit Kind, und er wußte seinen Feind zu hassen. Überließ er gleich die Rache dem Herrn, weil sie des Herren ist[133], seine Seele war dennoch nicht unbekannt mit ihrer Süße; denn auch dies Bewußtsein ist süß, daß des Herrn Rache schrecklicher ist denn alle menschliche Rache, daß der Mensch seinen Feind verflucht, der Herr aber den Gottlosen und des Gottlosen Geschlecht verflucht durch viele Glieder[134]. Was Wunders denn, daß die Angst allezeit ein Auge offen hatte, sogar wenn die Liebe am sorglosesten war; was Wunders, daß der Zorn, sogar wenn die Liebe am wenigsten davon träumte, in aller Stille dasaß und Abrechnung hielt über ‚Gegeben und Empfangen', über Dein und Mein! Was Wunders, daß keine Liebe glücklich war, ehe denn die letzte Stunde gekommen, weil erst dann der Liebe *ungewisse* Forderung vollkommen eingelöst war.

Was wird niemals anders und würde gleich alles anders? Es ist Liebe. Und dies allein ist Liebe, das, was niemals etwas andres III 275
wird, die Liebe, welche *alles* hingibt und *um deswillen* nichts zu fordern hat, welche nichts verlangt und deshalb nichts

verlieren kann, welche segnet und aber segnet, wenn sie verflucht wird, welche ihren Nächsten liebt, deren Feind aber ebenso ihr Nächster ist, welche die Rache dem Herrn überläßt, weil sie des sich getröstet, daß er noch viel barmherziger ist.

Das ist die Liebe, von welcher der Apostel Petrus spricht in dem verlesenen Wort; und gleich wie diese Liebe manchmal und mancherlei Weise[135] ein apostolisches Zeugnis empfangen, so zeugt er hier abermals von ihrer Macht, indem er spricht: Liebe wird decken der Sünden Mannigfaltigkeit.

Diese Worte, dies Zeugnis wollen wir näher betrachten, indem wir überlegen, welchermaßen Liebe der Sünden Mannigfaltigkeit deckt?

Jedoch, wie denn sollten wir darüber reden? Sollten wir etwa so darüber reden, daß wir uns nicht Zeit nähmen, bei den Worten zu verweilen, weil schon der bloße Klang einen stillen Vorwurf enthält, der da wecken müßte ein Trachten nach ihnen, hervorrufen müßte ein Streben nach ihnen, nach dem Ziel, danach zu streben einem jeden Menschen gesetzt ist. Sollten wir etwa so darüber reden, damit der Einzelne womöglich noch zu dieser Stunde sich entschließe den gelegenen Augenblick auszukaufen; damit das Wort, womöglich, den, welchen es stehend und müßig antrifft, bewege, den Lauf zu beginnen, den, welchen es schon auf der Bahn trifft, bewege, den Lauf zu beschleunigen, den, welchen es im Laufen trifft, bewege, nach dem Vollkommenen zu hasten und zu eilen[136]. Sollten wir etwa dergestalt darüber reden als zu Unvollkommenen! Sollten wir etwa daran erinnern, wie selten wohl noch einer sich gefunden, der sei es nie gekannt, sei es gänzlich vergessen habe der Welt „Kinderlehre“, daß Rache süß ist; sollten wir etwa daran erinnern, daß ein jeder Mensch, so er redlich ist, sich selber darüber ertappt, wie er weitläuftig, eindringlich, kundig jene traurige Wahrheit auslegen kann, daß Rache süß ist. Sollten wir etwa daran erinnern, wie selten wohl noch einer gewesen, der die Rache dem Herrn überließ in der getrosten Gewißheit, der Herr habe eine noch mildere Erklärung der Schuld, ein noch barmherzigeres Urteil über sie; er sei größer als eines Menschen Herz; wie oft dahingegen jeder redliche Mensch sich ge-

stehen muß, er habe der Rache nicht eben den Abschied gegeben, weil er sie dem Herrn überlassen. Sollte ich etwa daran erinnern, wie selten wohl noch einer gewesen, der so ganz vergeben hätte, daß der reuige Feind wirklich sein Nächster war; einer der mit III 276
seiner Vergebung wirklich die Scheidewand aufgehoben und von keinem Unterschiede mehr gewußt, nicht davon, daß er selber am frühen Morgen berufen sei und der Feind um die elfte Stunde, nicht davon, daß er selber fünfzig Groschen schuldig sei, der Feind aber die fünfhundert[137]. Sollte ich etwa daran erinnern, wie selten wohl noch einer gewesen, der so ganz geliebt hätte, daß sein Ohr, wenn es dem Feinde wohlging, keinerlei Raunen des Neides vernahm, weil sein Herz Neid nicht kannte, so ganz geliebt hätte, daß „sein Auge die Vergebung nicht bereute", wenn das Glück seinem Feinde günstig war; einer der so ganz geliebt hätte, daß er, wenn es seinem Feinde übel ging, vergessen hatte, daß es sein Feind war. Sollten wir etwa warnen vor dem, was in der Menschen Augen minder schuldig ist, vor einer gewissen schlauen Verständigkeit, die listig der Menschen Fehle zu entdecken weiß, und die ihr Wissen zwar nicht mißbraucht um zu richten, wohl aber mit ihrer Neugierde nicht so sehr den Nächsten kränkt, als sich selber hemmt. Sollten wir etwa jedermann vermahnen, nach jener christlichen Liebe zu trachten, weil doch jeder Mensch selber gar so oft der Vergebung bedarf. Sollten wir etwa jedermann vermahnen sich selbst zu richten und darüber des Richtens anderer zu vergessen; davor warnen, daß man richte und verdamme, weil doch kein Mensch ganz durch einen andern zu schauen vermag, weil es doch zuweilen geschehen ist, daß des Himmels Zorn den nicht verzehrte, auf den man ihn herabgerufen, sondern daß der Herr in seiner Gnade und Milde auf ihn mit Wohlgefallen sah in dem Verborgenen; sollten wir etwa jedermann vermahnen, nicht eifernd den Zorn auf einen andern herabzurufen, auf daß er nicht durch seine Unversöhnlichkeit schrecklicheren Zorn auf sein Haupt sammle zum Tage des Gerichts[138].

Sollten wir etwa solchermaßen reden? ja, es wäre uns wohl allermeist dienlich, daß derart geredet würde, aber es zu tun, ist gar so schwierig, daß nicht der Redende selbst dahin komme mit der Rede gegen die Rede zu handeln, dahin komme andre zu richten. Ja, sogar mit der Rede sich selbst zu richten ist gar so

schwierig, daß nicht der Redende in ein neues Mißverständnis sich verstricke und dadurch andre störe. Darum wählen wir die leichtere Aufgabe; wir wollen verweilen bei den Worten selbst, und gleich wie alle andre Liebe in der Welt gepriesen worden, so wollen wir entfalten und preisen jene Liebe, welche Macht hat, das Wunderbare zu tun, daß sie deckt der Sünden Mannigfaltigkeit. Wir wollen sprechen als zu Vollkommenen. Wäre da einer, der sich nicht vollkommen fühlte, die Rede hat doch keinen Unterschied gemacht. Wir wollen unsre Seele sich ausruhn lassen in dem
III 277 apostolischen Wort, welches keine trügerische poetische Wendung ist, kein allzu kühner Gefühlsausbruch, sondern ein verläßlicher Gedanke, ein vollgiltiges Zeugnis, das da, um verstanden zu werden, wortwörtlich genommen werden muß.

Liebe wird decken der Sünden Mannigfaltigkeit

Liebe macht blind, sagt ein altes Wort und will damit keine Unvollkommenheit des Liebenden bezeichnen, noch auch einen ihm ursprünglich eigenen Zustand; denn erst nachdem die Liebe in seiner Seele Raum gewonnen, erst dann ward er blind, und je nach dem Maße, in dem die Liebe in ihm siegte, ward er mehr und mehr blind. Oder wäre die Liebe unvollkommner geworden, welche anfangs sich betrogen hat, indem sie nicht sehen wollte, was sie doch sah, dann zuletzt aber es wirklich nicht mehr sah? Oder wer deckte wohl besser zu, der, welcher wüßte, er habe etwas versteckt oder der, welcher sogar dies ganz vergessen? Dem Reinen ist alles rein, sagt ein altes Wort[139], und will damit nicht eine Unvollkommenheit des Reinen bezeichnen, die allmählich schwinden sollte, nein, je reiner er wird, desto reiner wird ihm alles. Oder wäre es eine Unvollkommenheit des Reinen, daß er anfangs sich unbefleckt von der Unreinheit bewahrt hat, indem er nicht wissen wollte, was er doch wußte, dann zuletzt aber nicht einmal mehr davon gewußt.

Es kommt also nicht nur auf das an, was man sieht; sondern was man sieht, das hängt davon ab, wie man sieht; denn alle Betrachtung ist nicht bloß ein Empfangen, ein Entdecken, sondern zugleich ein Hervorbringen, und insofern es dies ist, wird es ja

entscheidend, wie der Betrachtende selber beschaffen ist. Wenn daher in Einem und dem Gleichen der eine dies, der andre etwas andres erblickt, so deckt der eine auf, was der andre zudeckt. Sofern das, was Gegenstand der Betrachtung ist, der äußeren Welt zugehört, ist es freilich ziemlich gleichgiltig, wie der Betrachtende beschaffen ist, oder richtiger, da ist das zur Betrachtung Erforderliche etwas, das sein tieferes Wesen nicht berührt; je mehr hingegen der Gegenstand der Betrachtung der Welt des Geistes zugehört, umso wichtiger ist es, wie er selbst in seinem innersten Wesen beschaffen ist; denn alles Geistige wird allein durch Freiheit angeeignet; was aber durch Freiheit angeeignet wird, das wird auch hervorgebracht. Der Unterschied liegt also nicht in dem Auswendigen sondern in dem Inwendigen, und von dem Inwendigen geht alles aus, was einen Menschen unrein macht, und seine Betrachtung unrein macht. Das äußerliche Auge tut nichts zur Sache, aber „von dem Inwendigen geht ein Schalksauge aus“[140]. Ein Schalks- III 278
auge aber entdeckt viel, was die Liebe nicht sieht; denn ein Schalksauge sieht sogar, daß der Herr ungerecht handelt, wenn er gütig ist[141]. Wohnt Schalkheit im Herzen, so sieht das Auge Ärgernis; wohnt aber Reinheit im Herzen, so sieht das Auge Gottes Finger; denn die Reinen sehen allezeit Gott[142]; „wer aber Böses tut, siehet Gott nicht“ (3. Joh. 11).

Das Inwendige entscheidet also darüber, was ein Mensch entdeckt und was er zudeckt. Wenn im Herzen wohnt der Sünde Lust, so entdeckt das Auge der Sünde Mannigfaltigkeit und macht sie noch mannigfaltiger; denn das Auge ist des Leibes Licht, wenn aber das Licht, das in einem Menschen ist, Finsternis ist, wie groß wird dann die Finsternis sein[143]! Wenn im Herzen wohnt der Sünde Angst, so entdeckt das Ohr der Sünde Mannigfaltigkeit und macht sie noch mannigfaltiger, und was hülfe es solch einem Menschen, daß er blind wäre; denn ein Schalk schlägt das Auge nieder und hört mit Schalksohren (Sirach 19, 24). Wenn im Herzen Liebe wohnt, ist das Auge geschlossen und entdeckt nicht der Sünde offenbares Tun, geschweige denn das verborgene; denn wer mit Augen winket, hat Schalkheit im Sinn (Sprüche[144]); wer aber des Auges Winken versteht, der ist nicht rein. Wenn im Herzen Liebe wohnt, ist das Ohr geschlossen und vernimmt nicht der Welt Worte, nicht der Verhöhnung Bitterkeit; denn wer zu seinem

Bruder sagt: Racha, der ist des Rats schuldig[145], wer es aber hört, wenn man es zu ihm sagt, des Liebe ist nicht vollkommen. Wenn im Herzen Heftigkeit wohnt, ist der Mensch behende, der Sünde Mannigfaltigkeit zu entdecken, versteht er herrlich ein halbes Wort, faßt eilends von weitem das Wort, das kaum noch gesprochen. Wenn im Herzen Liebe wohnt, so versteht ein Mensch langsam, und hört überhaupt nicht ein hastiges Wort, und versteht nicht dessen Wiederholung, weil er ihm eine gute Stätte gibt und einen guten Sinn; er versteht auch nicht des Zornes und des Spottes lange Rede, weil er immer noch auf ein Wort wartet, das der Rede einen Sinn geben wird. Wenn im Herzen Furcht wohnt, entdeckt der Mensch leicht der Sünde Mannigfaltigkeit, List und Trug und Untreue und Ränke, daß[146]

Das Herz gleicht einer Grube,
So bieder blickt der Bube,
Das Jawort wie ein Schemen ist.

III 279 Jedoch die Liebe, welche der Sünden Mannigfaltigkeit deckt, ist nie betrogen worden. Wenn im Herzen Kargheit wohnt, wenn man mit einem Auge gibt und mit sieben Augen zusieht, was man wiederkriege (Sirach 20, 14), so entdeckt man leicht der Sünde Mannigfaltigkeit. Wenn aber im Herzen Liebe wohnt, wird das Auge nie betrogen; denn die Liebe sieht beim Geben niemals auf die Gabe, sondern ihr Auge schaut auf den Herrn. Wenn im Herzen Neid wohnt, hat das Auge Macht, das Unreine ans Licht zu locken sogar im Reinen; wenn aber im Herzen Liebe wohnt, so hat das Auge Macht, liebend das Gute aufsprießen zu machen im Unreinen; doch dies Auge sieht ja nicht das Unreine sondern das Reine, welches es liebt und liebend aufsprießen macht durch seine Liebe. Ja, es gibt in dieser Welt eine Macht, die mit ihrer Sprache das Gute ins Böse übersetzt, aber es gibt eine Macht von oben her, die das Böse ins Gute übersetzt, das ist jene Liebe, welche deckt der Sünden Mannigfaltigkeit. Wenn im Herzen Haß wohnt, ruhet die Sünde vor des Menschen Tür, und ihres Verlangens Vielfältigkeit geht auf ihn[147]; wenn aber im Herzen Liebe wohnt, so ist die Sünde in weite Ferne geflohen, und er erblickt sie nicht mehr. Wenn in einem Herzen wohnt Hader, Neid, Zorn, Zank, Zwietracht, Rotten[148], muß man dann erst weit gehen, um der Sünde Mannigfaltigkeit zu entdecken, oder muß man da lange leben, um sie außen um sich herum hervorzubringen; wenn aber in einem Herzen wohnt Freude, Friede, Geduld, Freundlichkeit, Treue, Gütigkeit, Sanftmut, Keuschheit[149], was Wunders dann, daß ein Mensch, sogar, wenn er mitten inne stünde in der Sünde Mannigfaltigkeit, ein Fremdling, ein Ausländer wäre, der sich nur gar wenig auf des Landes Brauch verstünde, und falls ihm eine Erklärung abverlangt würde, wie sollte diese da wohl etwas anderes sein als eine Decke über der Sünden Mannigfaltigkeit!

Oder ist es nicht an dem, sollten wir etwa spitzfindig sagen: der Sünde Mannigfaltigkeit in der Welt ist und bleibt doch gleich groß, möge die Liebe sie nun entdecken oder nicht; sollten wir etwa das apostolische Wort und mit ihm die in ihm beschriebene Liebe dahingestellt sein lassen als eine zierliche Redensart, die eine gründliche Prüfung nicht zu ertragen vermag? Versteht denn aber wohl jene Verständigkeit die Liebe wirklich ebenso gut wie sie der Sünden Mannigfaltigkeit verstanden! Oder würde sie auch das Gegenteil einräumen, daß der Sünde Mannigfaltigkeit gleich groß werde, möge sie nun der Verstand entdecken oder nicht, und nicht weit eher ihre eigne Schlauheit rühmen, mit der sie die Versteckt-heit der Sünde entdeckt, ihr nachspürt? Doch alsdann würde es ja gleichermaßen wahr werden, daß der Verstand der Sünden Mannig- III 280
faltigkeit entdeckt, und daß die Liebe sie deckt; das eine aber würde nicht wahrer werden als das andre. Oder gäbe es denn noch eine dritte Weise, auf die man, ohne von ihr verständig wissend oder liebevoll unwissend zu werden, von ihr wissend werden könnte, wäre ein solches Wissen denn nicht ein unmenschliches Wissen? Es ist also nicht bloß eine rhetorische Wendung, daß Liebe der Sünden Mannigfaltigkeit deckt, sondern es ist in Wahrheit an dem, und es ist dies der christlichen Liebe Macht, die nicht groß ist durch auffällige Taten, wie andre Liebe es ist, wohl aber größer in ihrer stillen Wunderherrlichkeit.

Glücklich der Mensch, welcher die Welt gesehen in aller ihrer Vollkommenheit, als alles noch sehr gut gewesen; glücklich der Mensch, der mit Gott ein Zeuge gewesen von der Schöpfung Herrlichkeit; seliger die Seele, die in Liebe Gottes Mitarbeiter sein durfte; selig die Liebe, welche deckt der Sünden Mannigfaltigkeit.

Liebe wird decken der Sünden Mannigfaltigkeit. Der Sünden *Mannigfaltigkeit*, das ist ein schreckliches Wort und erinnert gar leicht an eine andre Wortverbindung, in der es dem Sprachgebrauch zufolge häufig vorkommt, der Schöpfung Mannigfaltigkeit, wobei wir denken an die unzählige Schar von Geschlechtern, das unzählige Gewimmel lebender Wesen, deren Zahl niemand nennen kann, weil keine Zahl groß genug ist, und weil da kein Augenblick ist, an dem man beginnen kann mit dem Zählen; denn jeglichen Augenblick werden da ihrer Unzählige geboren. Verhält es sich nicht ebenso mit der Sünde Mannigfaltigkeit; denn wie es heißt „wer da hat, dem wird gegeben, daß er die Fülle habe“ [150], so ist auch die Sünde überaus fruchtbar, und *eine* Sünde gebiert ihrer viele, und sie wird mannigfaltiger und immer mannigfaltiger. Liebe aber deckt der Sünde Mannigfaltigkeit. Falls denn also der Liebe Auge nicht geschlossen wäre, falls sie nicht selber mit ihrer Betrachtung die Mannigfaltigkeit deckte, wie sollte sie da sich daran wagen, der Macht der Sünde Einhalt gebieten zu wollen! So deckt denn die Liebe der Sünde Mannigfaltigkeit eben dadurch, daß sie sie schon im voraus gedeckt hat.

III 281 Ein alter Weiser hat das Wort gesprochen: „Laß ab vom Hader, so wirst du die Sünden mindern“ (Sirach 28, 8 [151]). Wer aber die Sünden mindert, er deckt ja der Sünden Mannigfaltigkeit zu, und deckt sie zwiefach zu: sofern er selber nicht sündigt und sofern er einen andern davon abhält. Jedoch, wer vom Hader abläßt, er hält einen Menschen ja nur für einen Augenblick ab vom Sündigen; vielleicht wendet jener Mensch sich nach einer andern Seite und sucht den Hader; wer aber einen Sünder bekehret vom Irrtum seines Weges, von ihm sagt der Apostel Jakobus: er bedecket der Sünden Mannigfaltigkeit [152].

Indes, ist es wohl möglich, nach Gebühr darzulegen, welchermaßen Liebe der Sünden Mannigfaltigkeit deckt, oder ist Liebe nicht noch mannigfaltiger als der Sünde Mannigfaltigkeit es ist? Wenn sie das zerstoßne Rohr [153] erblickt, so weiß sie zu decken der Sünden Mannigfaltigkeit, daß das Rohr nicht zerbreche unter der Last. Wenn sie den glimmenden Docht [154] erblickt, so weiß sie zu decken der Sünden Mannigfaltigkeit, daß der Funke nicht ersticke.

Wenn sie gesiegt hat über der Sünden Mannigfaltigkeit, so weiß sie die Mannigfaltigkeit abermals zu decken, so bereitet sie alles festlich zum Empfang, gleich wie der Vater des verlorenen Sohnes[155] es getan, so steht sie da mit offnen Armen und harrt des Verirrten, hat alles vergessen und macht, daß er selber alles vergißt, indem sie abermals deckt der Sünden Mannigfaltigkeit; denn die Liebe weint noch nicht einmal über der Sünden Mannigfaltigkeit, — täte sie es, so sähe sie diese ja selbst —, sondern sie deckt die Mannigfaltigkeit. Und wenn die Sünde sich ihr widersetzt, so wird die Liebe noch mannigfaltiger, nie dessen müde, getreulich am ungleichen Joch mit dieser zu ziehn, nicht dessen müde, alles zu glauben, alles zu hoffen, alles zu vertragen[156]. Wenn die Sünde sich wider die Liebe verhärtet, und ihrer quitt zu werden begehrt, wenn sie Güte mit Scheltworten lohnt, und mit Spott und Hohn, so vergilt die Liebe nicht Scheltwort mit Scheltwort[157], so segnet sie und fluchet nicht[158]. Wenn die Sünde neidvoll die Liebe haßt, wenn sie in ihrer Bosheit die Liebe dahin bringen will selber zu sündigen, so findet sie nicht Trug in der Liebe Mund, sondern Bitte und Mahnung. Wenn aber Bitten und Mahnung die Sünde lediglich erhitzen und neuer Anlaß werden zu der Sünde Mannigfaltigkeit, so ist die Liebe stumm, indes nicht minder treu, verläßlich wie ein Weib[159] sie bewahrt, wie ein Weib das tut — „ohne Wort" (1. Petr. 3, 1). Die Sünde meinte, sie hätte erreicht, daß sie nun rasch getrennte Wege gingen, aber siehe
die Liebe ist bei ihr geblieben. Und die Sünde will die Liebe von III 282
sich stoßen, sie nötigt sie, eine Meile zu gehn, aber siehe, die Liebe ging ihrer zwei; sie schlug die Liebe auf die rechte Wange, aber siehe, die Liebe bot auch die linke dar; sie nahm der Liebe den Rock, aber siehe, die Liebe gab auch den Mantel hin[160]. Schon fühlt die Sünde ihre Ohnmacht, sie kann es mit der Liebe nicht aushalten, da will sie sich losreißen, da kränkt sie die Liebe so tief wie möglich; denn mehr als siebenmal, denkt sie, kann sogar die Liebe nicht vergeben. Aber siehe! Die Liebe konnte siebzig mal siebenmal vergeben[161], und die Sünde wurde geschwinder es müde, Vergebung zu verursachen als die Liebe, zu vergeben. Ja, gleich wie da eine Macht der Sünde ist, welche Ausdauer genug hat, jedes bessere Gefühl in einem Menschen zu verzehren, ebenso ist da eine himmlische Macht, welche der Sünde Mannigfaltigkeit

in einem Menschen aushungert; diese Macht ist die Liebe, welche deckt der Sünden Mannigfaltigkeit.

Oder ist es nicht an dem? Sollen wir denn etwa lieber einen Scharfsinn preisen, welcher der Sünden Mannigfaltigkeit noch schrecklicher zu schildern weiß? Oder sollen wir nicht eher diesen Scharfsinn fragen, von wannen ihm solch ein Wissen gekommen sei? Ja, wofern er die Liebe zu überzeugen vermöchte, daß es sich wirklich so verhalte, würde die Liebe wohl nie beginnen und nichts erreichen. Darum aber hebt die Liebe damit an, der Sünden Mannigfaltigkeit zu decken, und darum endet sie, wo sie angehoben, damit, der Sünden Mannigfaltigkeit zu decken.

Selig der Mann, dem die Sünden bedecket sind[162], seliger die Liebe, welche deckt der Sünden Mannigfaltigkeit.

Liebe wird decken der Sünden Mannigfaltigkeit. Hätte die Liebe gesiegt in der Welt, ja, dann wäre ja der Sünden Mannigfaltigkeit bedeckt, und alles vollendet in Liebe. Wäre der Liebe Heerschar zahlreich in der Welt, wäre sie dem
III 283 Feinde gleich an Zahl, so daß sie Mann wider Mann kämpfen könnte — ja, wie sollte dann wohl die Liebe nicht siegen, da sie die Stärkste ist! Wo hingegen der Liebe Diener eine kleine Schar sind, wo jeder Einzelne ein einsamer Mann ist, wird da Liebe wirklich es vermögen, der Sünden Mannigfaltigkeit zu decken? Oder ist das apostolische Wort, sofern wir dabei noch an etwas anderes denken wollen als an der Liebe fromme Unwissenheit, an ihren Eifer innerhalb ihrer Grenze, ist das apostolische Wort solchenfalls nicht eine schöne jedoch müßige Rede? Sollten wir etwa das apostolische Wort als eine begeisterte Torheit betrachten und lieber den Scharfsinn preisen, der da spricht: des Lebens Gang folgt bestimmten Gesetzen, laß die Liebe im Augenblick der Not Tür an Tür wohnen mit der Gottlosigkeit, das nützt der Gottlosigkeit nichts. Würde denn der Verstand ebenso bereitwillig das Umgekehrte aussagen, daß es nichts zur Sache tut, wenn die Gottlosigkeit bei der Liebe wohnt? Will der Verstand leugnen, daß oft im Leben der Unschuldige mit dem Schuldigen leiden muß? Laßt uns den Verstand verhören. Ein alter Heide, der unter den Heiden als Weiser genannt und gepriesen ward, fuhr mit einem Gottlosen auf dem gleichen Schiffe. Als das Schiff in Seenot geriet, erhob

der Gottlose seine Stimme zum Gebet; der Weise aber sprach zu ihm: „Sei stille, Lieber, entdeckt der Himmel, daß du an Bord bist, so geht das Schiff unter." So ist es denn wahr, daß der Schuldige des Unschuldigen Untergang verursachen kann? Jedoch so ist ja das Umgekehrte ebenso wahr? So fehlte es dem Verstande vielleicht lediglich an Mut, das zu glauben, und während er sich genügen ließe an dem trostlosen Scharfsinn, der des Lebens Elend entdeckt, hätte er nicht das Herz, der Liebe Macht zu begreifen. Ist es nicht an dem; denn der Verstand macht einen Menschen doch stets nur verzagt und kleinmütig, die Liebe aber gibt freien Mut, und daher ist die apostolische Rede allezeit freimütig. Wäre nur an Bord des gleichen Schiffes statt eines Gottlosen ein frommer Mann, ein Apostel gewesen! Ist dies nicht geschehen? Es segelte ein heidnisches Schiff von Kreta und steuerte gen Rom, und das Schiff geriet in Seenot, viele Tage lang sah man weder Sonne noch Sterne, an Bord dieses Schiffes war ein Apostel, und Paulus trat vor und sprach zu den Leuten, die mit ihm auf dem Schiffe waren: „Lieben Männer, ich vermahne euch, daß ihr unverzagt seid; denn keines Leben aus euch wird umkommen[163]." Oder sollte denn Gottlosigkeit wirklich größere Macht haben denn Liebe; sollte die Anwesenheit eines Gottlosen an Bord Macht haben, die Lage der andern zu verändern, einem Apostel aber sollte solch eine Macht
nicht eigen sein? Oder spricht nicht der Herr selber, daß die Tage III 284
der Trübsal verkürzt werden sollen um der Auserwähleten willen[164].

Ist es eine unwürdige Vorstellung von Gott, wenn man meint, Liebe decke solchermaßen der Sünden Mannigfaltigkeit? Vergessen wir etwa in unsrer Rede und unsrer Überlegung, daß Gott im Himmel durch keine Täuschung aufgehalten wird, daß sein Gedanke lebendig und gegenwärtig ist, alles durchdringt und des Herzens Rat richtet? Sollte man etwa Recht haben, falls man uns ermahnte, wir möchten uns, wenn wir die Liebe lobpreisen wollen, lieber darauf beschränken, das, was wahr ist, zu sagen, nämlich daß es schön und liebenswert sei, daß die Liebe so gerne der Sünden Mannigfaltigkeit decken und den Zorn abwenden möchte, — statt daß wir uns in eine Übertreibung verlieren, indem wir behaupten: Liebe deckt der Sünden Mannigfaltigkeit? Hat, wer da so spricht, nicht vergessen, was wir nicht vergessen, daß die Liebe für die

Sünden der andern bittet, hat er nicht vergessen, daß des Gerechten Gebet viel vermag[165]?

Als Abraham[166] inständig mit dem Herren redete und bat für Sodom und Gomorra, hat er da nicht der Sünden Mannigfaltigkeit gedeckt? Oder ist es vielleicht ein preisenswerter Scharfsinn, wenn etwa jemand sagen wollte, Abraham habe mit seiner Bitte wohl ebensosehr an der Sünden Mannigfaltigkeit erinnert und das Gericht beschleunigt, gleich wie sein eigenes Leben bereits ein Gericht gewesen sei, welches, wenn es Kraft zu einer Bedingung hatte, das Gericht ehestens noch furchtbarer machen mußte? Wie hat Abraham gebeten? Laßt uns menschlich davon sprechen! Hat er den Herren nicht gleichsam in seinen Gedankengang hineingerissen, hat er ihn nicht dahin gebracht der Sünden Mannigfaltigkeit zu vergessen, um der Gerechten Zahl zu zählen, ob es da fünfzig, fünfundvierzig, vierzig, dreißig, zwanzig, ja auch nur zehn Unschuldige gebe. Hat Abraham also nicht der Sünden Mannigfaltigkeit gedeckt, beweist der Untergang der Städte das Gegenteil, oder beweist er etwas anderes, als daß da noch nicht einmal zehn Unschuldige in Sodom gewesen? Dennoch, was ist denn wohl selbst Abraham im Vergleich mit einem Apostel, was bedeutet denn wohl sein Freimut im Vergleich mit dem eines Apostels?

III 285 Groß ist ein Mensch, daß sein Leben, wo es gerecht ist, sogar über die Engel richten wird[167]; seliger die Liebe, welche deckt der Sünden Mannigfaltigkeit.

Wir haben der Liebe Macht gepriesen, daß sie deckt der Sünden Mannigfaltigkeit, wir haben gesprochen als zu Vollkommenen. Wäre da einer, der sich nicht als Vollkommner fühlte, die Rede hat keinen Unterschied gemacht. Laßt uns noch einmal bei dieser Liebe verweilen, um ihr Bild zu betrachten, wie es sich anschaulich vor die Seele stellt. Wäre da einer, den seine Betrachtung seiner selbst in diesem Spiegel dessen gewiß machte, daß er ihm ungleich sei, ja, wäre dies bei allen der Fall, die Rede hat keinen Unterschied gemacht.

Als die Schriftgelehrten und Pharisäer ein Weib auf offenbarer Sünde ertappt hatten[168], stellten sie sie mitten im Tempel vor des Heilands Angesicht; Jesus aber bückte sich nieder und schrieb mit

dem Finger auf die Erde. Er, der da alles wußte, er wußte wohl auch, was die Pharisäer und Schriftgelehrten wußten, ehe denn sie es ihm sagten. Die Schriftgelehrten und Pharisäer deckten alsbald des Weibes Schuld auf, dies war ja auch leicht, da ihre Sünde offenbar war. Sie deckten zugleich eine andre Sünde auf, die, deren sie selbst sich schuldig machten, indem sie ränkevoll dem Herrn eine Schlinge legten. Aber Jesus bückte sich nieder und schrieb mit dem Finger auf die Erde. Warum wohl bückte er sich nieder; warum wohl schrieb er mit dem Finger auf die Erde? Saß er allda als ein Richter, der genau auf der Ankläger Rede achtet, der lauschend sich niederbeugt und den Anklagepunkt aufzeichnet, auf daß er ihn nicht vergesse und ein strenges Urteil spreche; ist dieses Weibes Schuld die einzige gewesen, die schriftlich aufgezeichnet ward vom Herrn? Oder — wenn jemand mit dem Finger auf die Erde schreibt, schreibt er dann nicht weit eher um auszulöschen und zu vergessen? Da stand die Sünderin, umringt von solchen, die vielleicht schuldiger waren denn sie, und sie verklagten sie laut, die Liebe aber bückte sich nieder und vernahm die Anklage nicht, die über ihr Haupt hin in die leere Luft ging; sie schrieb mit dem Finger, um auszulöschen, was sie selbst wußte; denn die Sünde deckt der Sünden Mannigfaltigkeit auf, die Liebe aber bedeckt der Sünden III 286
Mannigfaltigkeit. Ja, sogar vor den Augen der Sünde bedeckt Liebe der Sünden Mannigfaltigkeit; denn nur ein Wort vom Herrn, und die Pharisäer und Schriftgelehrten verstummten, und da war kein Verkläger mehr, keiner, der sie verdammte. Jesus aber sprach zu ihr: ich verdamme dich auch nicht, gehe hin und sündige hinfort nicht mehr, denn Strafen der Sünde gebiert neue Sünde, aber Liebe deckt der Sünden Mannigfaltigkeit.

III 287 ## Liebe wird decken der Sünden Mannigfaltigkeit

Ep. 1. Petr. 4, 7-12[169]

Gleich wie die apostolische Rede sich durch ihren Inhalt wesentlich unterscheidet von aller menschlichen Rede, so unterscheidet sie sich von dieser auf mancherlei Weise auch durch ihre Form. So, um etwas Bestimmtes anzuführen, sie stellt nicht den Hörer stille und lädt ihn damit ein zu ruhen, sie stellt nicht den Redenden stille und läßt ihn damit selber des Arbeitens vergessen. Die apostolische Rede ist eifrig, feurig, brennend, lodernd, allenthalben und allezeit bewegt von den Kräften des neuen Lebens, rufend, zurufend, lockend, ausdrucksstark, kurz, abgebrochen, erschütternd, ihrerseits erschüttert und bebend ebenso sehr von Furcht und Zittern wie von Sehnsucht und seliger Erwartung, allenthalben zeugend von des Geistes mächtiger Unruhe und des Herzens tiefer Ungeduld. Wie sollte auch der, welcher selber läuft, Zeit haben zu langer Rede, da müßte er ja selber stille stehn! Wie sollte auch der, welcher allen alles zu sein begehrt, Zeit haben zu weitläuftiger Überlegung, da vermöchte er ja nicht behende genug des Geistes Waffen zu wechseln! Wie sollte auch der, welcher mit der Hoffnung vollen Segeln auf das Vollkommene zu Fahrt nimmt, viele Augenblicke frei haben zu menschlicher Ausführlichkeit! Ist aber die apostolische Rede allezeit ungeduldig wie die einer Gebärenden, so pflegen sonderlich zwei Betrachtungen sie noch mehr zu entflammen: auf der einen Seite die Vorstellung, daß die Nacht vergangen ist und der Tag angebrochen, daß die Nacht lange genug
III 288 gewährt hat und es gilt, den Tag zu nutzen, auf der andern Seite die Vorstellung, daß die Zeit kommt, da man nicht mehr wirken kann, daß die Tage gezählt sind, daß das Ende sich naht, daß das Ende aller Dinge nahe kommen ist[170].

Auch die verlesenen Worte zeugen von diesem apostolischen Feuer, und heben an mit einem „Darum", welchem im Brief des

Apostels die unmittelbar vorhergehenden Worte entsprechen: „Es ist aber nahe kommen das Ende aller Dinge", und diese Worte erklären nicht allein dies „Darum", sondern auch das am Texte, was da, menschlich gesprochen, etwa einer Erklärung bedürfen möchte, die dann zugleich zeigt, wie die apostolische Ungeduld sich gar sehr unterscheidet von der Übereilung eines hitzigen Manns. Denn scheint es nicht absonderlich, daß unmittelbar auf die schöne Ermahnung: „Vor allen Dingen habt zueinander eine innerliche[171] Liebe", unmittelbar auf das daran geknüpfte tröstliche Wort: „Liebe wird decken der Sünden Mannigfaltigkeit", eine anscheinend so zufällige Ermahnung wie diese folgt: „Herbergt einander ohne Murmeln!" Dennoch zeigt eben diese Ermahnung die apostolische Vollmacht und Weisheit. Wo wäre da wohl ein hitziger Mann, welcher, wenn er diese Worte „Das Ende aller Dinge ist nahe kommen" verkündigt hat, alsdann solch eine Ermahnung beigefügt hätte? Sollte es sich nicht von selbst verstehen, daß sie überflüssig sein werde? Denn sollte er mit seiner Rede nicht am Ende bewirken, daß die Häuser leer würden, so daß sich schwerlich einer fand, der Herberge suchte, und, falls ein solcher wäre, er nicht in Verlegenheit zu kommen brauchte? Aber auf die Art ist ein Apostel nicht ungeduldig, und seine Unruhe steht höher denn alle menschliche Bedächtigkeit. Ein Apostel liebt seine Gemeinde zu höchlich, um das Entsetzliche schwach zu verschweigen, daß das Ende aller Dinge nahe gekommen ist; anderseits aber weiß er die Gemeinde sofort wieder zur Ordnung zu rufen, so daß es ist, als wäre das Entsetzen vergessen, als wäre da Friede und Sicherheit, erwünschte Gelegenheit, selbst in den unbedeutenden Lebensverhältnissen seine Liebe zum Nächsten zu beweisen. Die Rede, daß das Ende aller Dinge nahe gekommen sei, ist also nicht eine unfruchtbare Gewitterwolke, welche dahinfährt und alles verwirrt, sondern eine Angst, welche die Luft reinigt, und alle sanfter und innerlicher macht und liebevoller und schneller bereit, die gelegene Zeit auszukaufen, aber auch stark genug, um nicht zu ermatten bei dem Gedanken, daß die gelegene Zeit vorüber sei. Der Apostel, der hier redet, ist nicht vom Träumen trunken, sondern nüchtern in seinem Denken und in seiner Rede.

„Aber das Ende aller Dinge ist nahe kommen." Das ist ein entsetzliches Wort, sogar in eines Leichtsinnigen Mund, geschweige

III 289 in dem eines Apostels. Indes darum fügt Petrus auch ein Wort des Trostes bei, welches stark ist, die Angst zu überwinden: „Liebe wird decken der Sünden Mannigfaltigkeit." Oder bedarf es dessen etwa nicht? Ist mit dem Ende aller Dinge alles vorüber? Bedarf es da einer andern deckenden Zuflucht als derer, die einem jeden vergönnt ist, dem Gerechten und dem Ungerechten? Ist der, welcher im Schoß der Erde liegt, nicht gedeckt und wohl geborgen? Sollte da jemand sein, der hier den Apostel nicht verstünde, weil er den Tag nicht ausdrücklich nennt, an dem die Frage ergehen wird wegen einer solchen Liebe? Oder hätte des Entsetzens, und also auch des Trostes Wort seine Bedeutung deshalb verloren, weil das Ende aller Dinge nicht eingetroffen ist, wie es vorausgesagt ward? Ist ein Apostel ein müßiger Gesell, dem bloß daran gelegen ist, das Ende aller Dinge so im allgemeinen vorauszusagen als etwas ihn selbst und die Einzelnen nichts Angehendes, abgesehen etwa davon, daß es die Neugier befriedigte? Oder hat ihm nicht vornehmlich dies im Sinn gelegen, daß mit dem Ende aller Dinge auch seine eignen und der Gemeinde Tage gezählt waren? Davon wurden ja der Apostel und die Gemeinde wirklich betroffen; das wiederholt sich fort und fort in unserm Geschlecht, und was darnach kommt, wiederholt sich auch; denn es ist jedem Menschen gesetzt, einmal zu sterben, darnach aber das Gericht[172]. Aber für den Tag des Gerichtes wird auch eine Rüstung erfordert. Der Apostel beschreibt sie und beschreibt ihre Vollkommenheit. Diese Rüstung ist die Liebe[173]; das Einzige, das nicht aufhören wird, das Einzige, das im Leben bei einem Menschen bleibt und bei ihm bleibt im Tode und das da siegen wird im Gericht[174]. Denn die Liebe ist nicht wie ein heimtückischer Freund, der einen Menschen erst verlockt und dann bei ihm bleibt um seiner zu spotten. Nein, die Liebe bleibt bei einem Menschen; und wenn alles sich ihm verwirrt, wenn die Gedanken anklagend aufstehen, wenn die Ängste richtend ihr Haupt erheben, so dräut ihnen die Liebe und spricht zu ihm: hab nur Geduld, ich bleibe bei dir, und zeuge mit dir, und mein Zeugnis wird die Wirrnis dennoch überwinden. Ja, sogar wenn die Liebe einen Menschen in die Irre geführt hat, wenn sie selbst nicht einmal hinterdrein ihn freisprechen kann, sie spricht dennoch: sollte ich dich verlassen in der Stunde der Not; und verließen dich gleich alle, wärest du gleich von dir selber ver-

lassen, ich bleibe dennoch bei dir, ich, die dich in die Irre geführt, aber auch den Trost für dich hat, daß ich es war, die das getan. Und wenn es nicht so wäre! Welche Macht vermag es doch, solchermaßen einen Menschen dahin zu bringen, daß er das Entsetzliche wagt, wie die Liebe! Welches Grauen also, wenn sie es nicht zugleich verstünde, sich für sich selber zu dolmetschen, so, daß der III 290
Einzelne es versteht, und verstünde es gleich keine Seele sonst.

So laßt uns denn das apostolische Wort genauer überlegen. Der Apostel spricht zu Unvollkommenen, woher sollte denn ein Vollkommener auch der Sünden Mannigfaltigkeit haben, welche es nötig hätte bedeckt zu werden! Aber die Unvollkommenen, die Zerknirschten, sie tröstet er auch mit dem Gedanken, daß Liebe wird decken der Sünden Mannigfaltigkeit. Wir sollen das apostolische Wort nicht leichtsinnig verfälschen, nicht spitzfindig uns selbst betrügen und das Wort hintergehen, indem wir meinen, wer Liebe habe der sei vollkommen. Wer in sich keine Mannigfaltigkeit der Sünden findet, die es nötig hat, daß man sie bedecke, auf ihn paßt das Wort nicht; wer aber sich nicht trösten lassen will, ihm nützt das Wort nicht; denn eben darin liegt der Trost, daß in dem gleichen Herzen, in welchem der Sünden Mannigfaltigkeit ist, Liebe wohnen kann, und daß diese Liebe Macht hat, die Mannigfaltigkeit zu bedecken.

So wollen wir denn im Worte des Apostels den Trost suchen, der sich bietet, indem man bedenkt, *welchermaßen Liebe der Sünden Mannigfaltigkeit deckt*?

Indes, wie ist denn das möglich, Liebe entdeckt ja doch eben bei einem selbst der Sünden Mannigfaltigkeit. Hat es in der Welt nicht oft ihn gegeben, der da leicht und sorglos dahinlebte mit dem frohen Sinne der Jugend, ohne eigner Vollkommenheit halben hoffärtig zu sein, aber auch ohne sich gebeugt und gehemmt zu fühlen durch irgend ein bedrückendes Bewußtsein, bis daß die Liebe ihn packte, und das Vergangene ihm nicht mehr gefiel, weil die Liebe darin auf so mancherlei Weise Unvollkommenheit entdeckt hatte und Schwachheit. Ist dem Verständigen es besser ergangen? Er mißbilligte den Leichtsinn der Jugend, er nahm sich selbst in acht, er strebte seine Fehler abzulegen, aber dank diesem Stre-

ben gewann er auch eine Selbstzufriedenheit, welche des Verstandes Prüfung nicht scheute, welche von Menschen Ehre nahm[175], welche die Welt herausforderte zum Kampf — da zielte die Liebe auf ihn und siehe! er, der sein Haupt stolz erhoben, dessen Blick die Menschen beherrscht hatte, er schlug nun das Auge nieder; denn er hatte entdeckt der Sünden Mannigfaltigkeit. Und er, der da bestehen konnte vor des Verstandes strengem Urteil, er vermochte nicht auszuhalten das milde der Liebe! Dem Gerechten[176] jedoch widerfährt solches nicht. Er war streng wider sich selbst, und wünschte nicht zu sein wie die andern Leute, er wußte, wer sich selber bewahren wolle, müsse viel arbeiten und vielem entsagen, aber er wußte auch, was er in diesem Kampfe gewann, daß e r Verständnis für die Weisheit gewann, es sei da eine himmlische
III 291 Gerechtigkeit; denn er deuchte sich selber gerecht. Da sah des Himmels Liebe auf ihn nieder und siehe! er, der sich dessen getröstet, daß er jedem das Seine geben könne, dem Menschen was des Menschen ist, und Gott was Gottes ist[177], er, der sich schon hier auf Erden darauf gefreut, am Tage des Gerichts genaue Rechenschaft abzulegen, er hatte nun entdeckt der Sünden Mannigfaltigkeit, so daß er auf tausend nicht eins antworten konnte[178]. Ja, nicht allein, daß die Liebe dergestalt in einem Augenblick das, was verborgen gewesen, entdeckte, nein, es war, als vermehrte die Liebe der Sünden Mannigfaltigkeit in dem Künftigen. Was er in stolzem Selbstvertrauen leicht überwunden hätte, das fiel ihm nun schwer, weil seine Seele in Liebe besorgt war. Wo er zuvor keinerlei Versuchung geahnt, da blickte sie nun lockend auf ihn, und er verspürte eine Furcht, ein Zittern, wie er es nie gekannt hatte. Und daß es sich in Wahrheit so verhielt, dessen vergewisserte er sich leicht; denn würde er sich seiner eignen Gerechtigkeit ergeben, so verschwände die Versuchung.

Ist es denn aber möglich, daß die gleiche Macht, welche der Sünden Mannigfaltigkeit entdeckt, die gleiche Macht, welche damit, daß sie einem Menschenherzen die Besorgnis der Liebe einflößt, die Mannigfaltigkeit beinahe vervielfältigt, daß die gleiche Macht in dem gleichen Menschen sie zu bedecken vermag? Und doch, wäre es gut, wenn es nicht so wäre? Was ist denn Liebe? Ist sie ein nächtlicher Traum, den man sich anschläft? Ist sie eine Betäubung, in der alles vergessen ist? Sollen wir von der Liebe so

verächtlich denken, daß in diesem Sinne sie der Sünden Mannigfaltigkeit decke? So wäre es ja besser, den leichten Sinn der Jugend zu bewahren, oder des Mannes Selbstprüfung, oder des Menschen Eigengerechtigkeit. Muß Weisheit erkauft werden, Verständigkeit erkauft werden, Friede im Herzen erkauft werden, des Himmels Seligkeit erkauft werden, muß das Leben erkauft werden im Schmerz der Geburt, die Liebe aber sollte keinen Geburtsschmerz kennen? Liebe ist kein Traum; müßten wir sie so nennen, so wäre es wohl am besten zu sagen: dieser ihr erster Schmerz ist ein unruhiger und beängstigender Traum, der endet mit einem seligen Erwachen in der Liebe, welche der Sünden Mannigfaltigkeit deckt. Denn Liebe nimmt alles. Sie nimmt einem Menschen die Vollkommenheit, und will er hier zurückhaltend sein, so fällt die Liebe ihm hart; jedoch sie nimmt auch seine Unvollkommenheit, seine Sünde, seine Trübsal. Sie nimmt ihm seine Stärke, aber auch sein Leiden, oder wo wären so schreckliche Leiden, daß die Liebe sie nicht zudeckte, als wären sie gar nicht da, sondern allein der Liebe Freude darüber, daß sie einen andern[179] rettet? Aber wenn sie dies von ihm nimmt, so deckt sie es ja zu; wenn sie alles nimmt, so deckt sie ja alles zu; wenn sie ihm in dem Maße, in dem sie es von ihm nimmt, dafür etwas andres gibt, so deckt sie zu über allen Verstand. Die Menschen haben oft gemeint, es gebe da andre Mittel, die das fortzunehmen und damit zuzudecken vermöchten,
von dem man wünschen möchte, es sei zugedeckt. Mittlerweile hat III 292
schon ein alter Heide[180] gesagt: es helfe dem Menschen nicht, der Sorge zu entreiten, sie sitze hinter ihm auf dem Rosse. Diese seine Worte sind oft wiederholt worden als solche, die einen tiefen Einblick in das menschliche Herz verraten. Jedoch; wo jener alte Heide, der auf seinem Rosse durchs Leben ritt, die Sorge hinter ihm, wo er es nicht nötig gehabt hätte zurückzublicken —; aber die Liebe tut dies nicht. Wie sollte auch das Auge, welches liebt, Zeit haben zurückzublicken nach dem, was dahinten liegt, so müßte es ja für diesen Augenblick seinen Gegenstand loslassen! Wie sollte das Ohr, welches liebt, Zeit haben, auf die Anklage zu hören, so müßte es ja für diesen Augenblick ablassen, auf die Stimme der Liebe zu lauschen! Und falls das Auge nach dem schielt, was das Ohr vernimmt, so ist das Herz kleinlich, und dies ist nicht der Liebe Schuld, ja, sie wird böse derhalben. Denn wer

seine eigne Vollkommenheit bedenken will, der liebet nicht, und wer seine eigne Unvollkommenheit in Anschlag bringen will, der liebet nicht. Ja, wo er sich selbst für so unvollkommen hielte, daß er aus diesem Grunde von der Liebe ausgeschlossen sei, so wüßte er, daß er nicht liebt, denn er veranschlagte seine Unvollkommenheit und stellte sie in Rechnung, als wäre sie eine Vollkommenheit. Liebe aber nimmt alles. Und wer sich ausschließt, er will entweder über sich selber froh sein und nicht über die Liebe; oder er will über sich selber trauern und nicht über die Liebe froh sein.

Indes um einen Menschen dergestalt zu lieben, muß man den Mut haben, lieben zu wollen; denn es ist das Geheimnisvolle an der irdischen Liebe, daß sie von Gottes Liebe her ein Gepräge an sich trägt, ohne welches sie eine Torheit wäre oder ein fades Liebeln, gleich als ob ein Mensch im Verhältnis zu dem andern so vollkommen wäre, daß ihn lieben diese Angst zu wecken vermöchte oder imstande wäre, in Wahrheit alles zu nehmen. Um Gott dergestalt zu lieben wird ein mit Demut gepaarter Freimut erfordert; denn die Gottesliebe erwacht in jedes Menschen Brust weinend wie das neugeborne Kind, nicht lächelnd wie das Kind, welches die Mutter kennt. Wenn nun aber die Gottesliebe am Herrn festhalten will, so erhebt sich der Feind furchtbar wider den Menschen, und der Sünde Macht ist groß darin, Angst einzujagen. Jedoch die Liebe schließt ihr Auge nicht in der Stunde der Gefahr, sie bietet sich selber ihr dar, um (wie ein alter Liederdichter[181] singt) zu dringen

III 293 durch der Sündenpfeile Grauen
zu des Friedens sel'gen Auen.

Und je mehr von ferne sie die Menge der Pfeile schaut, umso furchtbarer ist diese, je näher sie aber vorwärtsdringt, desto weniger sieht sie die Pfeile, und wenn sie alle Pfeile in ihre Brust empfangen hat, todwund von ihnen, so sieht sie diese ja nicht mehr, sondern allein die Liebe und des Paradieses Seligkeit.

Als Jesus[182] eines Tages zu Tische saß bei einem Pharisäer, trat ein Weib ein in dasselbige Haus. Ein Weib war nicht ein geladener Gast, diese am allerwenigsten; denn die Pharisäer wußten, daß sie eine Sünderin war. Hätte nichts anderes sie zu schrecken und aufzuhalten vermocht, so hätte der Pharisäer stolze Verachtung, ihr stummer Unwille, ihrer Heiligkeit Ingrimm sie wohl fortscheuchen können; aber sie „trat hinten zu seinen Füßen, und weinte, und fing an, seine Füße zu netzen mit Tränen und mit den Haaren ihres Hauptes zu trocknen, und küßte seine Füße, und salbte sie mit Salbe“. Es war ein Augenblick der Angst; was sie einsam gelitten, ihr Gram, die Anklage in ihrer eignen Brust, sie wurden noch furchtbarer; denn sie verstanden sehr wohl, daß sie Rückhalt hatten an der Pharisäer Miene. Aber sie ging vorwärts, und indem sie den Feind bezwang, zwang sie sich zur Ruhe, und da sie Ruhe gefunden zu Christi Füßen, verlor sie sich in der Liebe Werk. Wie sie nun so weinte, da vergaß sie zuletzt, worüber sie zu Anfang geweint, der Reue Tränen wurden zu solchen der Anbetung. Ihr sind ihre vielen Sünden vergeben, denn sie hat viel geliebet. Es hat in der Welt Menschen gegeben, welche, nachdem sie ihr Leben vergeudet hatten im Dienst der Lust, sich zuletzt ganz verloren und sich selbst kaum noch kannten. Das ist der Lust schändlicher und grauenhafter Betrug, daß sie einen Menschen um ihn selbst betrügt und ihn lediglich eine leichtsinnige flüchtige Ahnung von dem eignen Dasein behalten läßt, daß sie sich vermißt, Gott um sein Mitwissen im Geschöpf betrügen zu wollen. Diesem Weibe ward die Gnade vergönnt, sich gleichsam aus sich selbst herauszuweinen und sich hineinzuweinen in den Frieden der Liebe. Denn wer da viel liebet, ihm wird viel vergeben. Und dies ist der Liebe seliger Betrug: „Wem da viel vergeben wird, der liebet viel“, so sehr daß es ein Ausdruck für der Liebe Vollkommenheit wird, vieler Vergebung zu bedürfen.

Indes, mag gleich die Liebe im Verklagten selber ihn des Anblicks von der Sünden Mannigfaltigkeit entheben, so daß er diese in Liebe verloren nicht mehr gewahrte, weil Liebe sie liebend III 294
bedeckte — ist er damit frei geworden für immer? Wird nichts ihn auf seinem Wege anhalten und ihn plötzlich dahin bringen, sich des zu erinnern, was die Liebe bedeckt hat; gibt es kein Gericht, das von außen her über einen Menschen kommt? Hat alsdann die Liebe hier wiederum die gleiche Macht, so daß noch nicht einmal der Richter der Sünden Mannigfaltigkeit entdeckt, weil die Liebe sie liebend bedeckt? Läßt ein Richter sich täuschen, durchdringt er nicht jeglichen Schleier und macht alles offenbar? Läßt ein Richter sich bestechen, fordert er nicht unbeugsam was des Gerichtes Forderung ist? Läßt der Welt Urteil sich täuschen?

Biete ihr deine Liebe, und es bleibt dabei, daß du Schuldner bist; bring ihr deines Herzens bestes Gefühl, und es bleibt dabei, daß du Schuldner bist; biete ihr der Reue Tränen, und das Urteil fordert deine eigne Gerechtigkeit. Läßt denn der Liebe Urteil sich bestechen? Biete ihr Gold, sie wird dich verachten; biete ihr Gewalt und Macht, sie verschmäht dich; biete ihr der Welt Herrlichkeit, sie verdammt dich, daß du der Welt Herrlichkeit geliebt hast; verkündige deine wundervollen Taten, sie verdammt dich, daß du Liebe nicht gehabt. Denn das Urteil fordert, was des Urteils ist, und der Welt Urteil fordert, was der Welt ist, und dies deckt in ihren Augen zu, was da mangelt; aber der Liebe Urteil fordert, was der Liebe ist; denn wer urteilt, der fordert, wer aber fordert, der sucht, und wer „der Sünden Mannigfaltigkeit deckt, der sucht Liebe“ (Sprüche 17, 9[183]); wer aber Liebe findet, der deckt der Sünden Mannigfaltigkeit; denn wer findet, was er sucht, der deckt ja zu, was er nicht gesucht.

Ist also das apostolische Wort nicht ein Trost, der da Freimut gibt im Gericht; ist es nicht ein Trost, gerade so, wie man ihn braucht; denn ist er nicht über allen Verstand! Groß ist es dem Verstande, sich aller Dinge zu erinnern; eine Torheit ist es ihm, daß die Liebe der Sünden Mannigfaltigkeit deckt. Oder sollten wir uns etwa dieses Trostes berauben, indem wir die Liebe gleichsam verständig ausmäßen, indem wir sie stückweis austeilten als Entgelt für die einzelnen Sünden, und so in den Sünden bleiben? Sollten wir uns von der Liebe ausschließen; denn so wir in ihr bleiben, wo ist dann der anklagt? Oder ist es nicht die gleiche Liebe in einem Menschen, die vor ihm selbst der Sünden Mannigfaltigkeit gedeckt hat, die gleiche Liebe, die vor der Liebe der Sünden Mannigfaltigkeit deckt? Ja hätte in einem Menschen gleich die Liebe nicht ganz gesiegt, müßte gleich die Angst in ihm entdecken, was in ihm die Liebe nicht stark genug wäre zu decken, es wird dennoch am Tage des Gerichts die Liebe der Liebe in ihm zu Hilfe kommen, die Furcht verscheuchen und der Sünden Mannigfaltigkeit decken.

III 295 Als Jesus eines Tages zu Tische saß bei einem Pharisäer, da trat ein in dasselbige Haus ein Weib; sie war niedergebeugt; denn sie trug von Sünden eine Mannigfaltigkeit. Der Welt Urteil stand zu lesen in der Pharisäer Gesicht, es ließ sich nicht täuschen, ihr Kummer und ihre Tränen verdeckten nichts, sondern offenbarten alles, und es war nichts zu entdecken denn von Sünden eine Mannigfaltigkeit. Jedoch sie suchte nicht der Welt Urteil, sondern „sie trat hinten zu Jesu Füßen und weinte". Da entdeckte die Liebe, was die Welt zudeckte — die Liebe in ihr; und da sie in ihr nicht gesiegt hatte, kam des Heilands Liebe ihrer Liebe zu Hilfe, auf daß der, „welchem die fünfhundert Groschen nachgelassen worden am meisten lieben möge", und er ließ die Liebe in ihr noch mächtiger werden, der Sünden Mannigfaltigkeit zu decken, jene Liebe, die allbereits gegenwärtig war; denn „ihr sind ja ihre vielen Sünden vergeben, weil sie viel geliebet"[184].

Selig der Mensch, dessen Herz ihm Zeugnis gibt, daß er viel geliebet; selig ein Mensch, wenn Gottes Geist, der alle Dinge weiß, Zeugnis gibt, daß er viel geliebet; für ihn ist ein Trost vorhanden, hier sowohl wie dorten; denn Liebe deckt der Sünden Mannigfaltigkeit.

III 296 Die Bestätigung in dem inwendigen Menschen

Gebet!

Unser Vater in dem Himmel! Alle guten Gaben hältst Du in Deiner Hand. Dein Überfluß ist reicher als daß menschlicher Sinn es fassen könnte; Du bist gar bereit zu geben, und Deine Güte ist größer als daß eines Menschen Herz es zu begreifen vermöchte; denn Du erfüllest eine jede Bitte und gibst uns, darum wir beten, oder gibst, was weit besser ist denn das, darum wir beten. So gib Du denn einem jeden das ihm bestimmte Teil, so wie es Dir wohlgefällig ist; aber dann gib Du einem jeden auch die Gewißheit, daß alles kommt von Dir, daß uns nicht die Freude von Dir reiße in der Lust Vergessenheit, daß Leid nicht eine Scheidung setze zwischen Dir und uns; sondern daß wir in der Freude trachten mögen hin zu Dir und im Leide bei Dir bleiben, auf daß, wenn dermaleinst unsre Tage gezählt sein werden, und unser äußerlicher Mensch verdirbet, der Tod nicht kalt und schrecklich komme in seinem eignen Namen, sondern mild und freundlich mit Gruß und Botschaft, mit Zeugnis von Dir, unserem Vater, von Dir, der Du im Himmel bist! Amen[185].

III 297 Ep. Ephes. 3, 13—21[186]

In der Hauptstadt der Welt, in dem stolzen Rom, wo aller Glanz und alle Herrlichkeit der Erde sich gesammelt hatte; wo alles aufgeboten war, womit menschlicher Scharfsinn und menschliche Leidenschaft in verzweifelter Angst den Augenblick fristen, alles, was sie erdenken, um den sinnlichen Menschen staunen zu machen; wo jeder Tag Zeuge des Merkwürdigen, des Grauenhaften war, und der nächste Tag es vergessen hatte beim Anblick des noch Merkwürdigeren; in dem hochberühmten Rom, wohin ein jeder, der irgendwie meinte der Menge Aufmerksamkeit fesseln zu kön-

nen, hastete als zu seinem rechten Schauplatz, im voraus alles zu
seinem Empfang bereitend, um, bei allem Rausche des Selbst-
vertrauens, schlau den karg zugemessenen, beneideten, glücklichen
Augenblick zu nutzen — da lebte der Apostel Paulus als ein ge-
fangener Mann, da schrieb er den Brief, aus dem unser Text ge-
nommen ist. Als Gefangener ward er dahin gebracht, von keinem
gekannt; und doch brachte er eine Lehre mit, von der er bezeugte,
sie sei göttliche Wahrheit, ihm mitgeteilt durch besondere Offen-
barung[187], und brachte mit die unerschütterliche Gewißheit, diese
Lehre werde siegen über die ganze Welt. Wofern er dennoch ein
Aufrührer gewesen wäre, der das Volk aufhetzte und den Tyran-
nen erbeben machte (wurde er doch jetzt gefangen nach Rom ge-
bracht, damit der Herrscher seine Rache an des Apostels Leiden
sättigen könne, ihn martern lassen könne mit den ausgesuchtesten
Peinigungen), — ja, so wäre doch einige Wahrscheinlichkeit, daß
sein Schicksal eine Weile jedermann erschüttert hätte, in dessen
Brust menschliches Gefühl noch nicht erstorben war, daß es für
einen Augenblick mit seinem Grauen die wollüstige und neugierige
Menge aufgeregt hätte — ja, vielleicht wäre der Thron des Tyran-
nen gestürzt worden! Indes, so wurde Paulus nicht behandelt: Er
war zu unbedeutend, als daß Rom ihn gefürchtet hätte, seine
Narretei zu unschuldig, um die Macht wider sich zu wappnen. Wer
war er denn schon? Ein Mann, der einem verachteten Volk zu-
gehörte; ein Mann, der nicht einmal mehr diesem zugehörte, son-
dern von ihm ausgestoßen war als ein Ärgernis — ein Jude, der
Christ geworden war, der einsamste, der verlassenste, der un-
schädlichste Mensch in ganz Rom. Demgemäß wurde er behandelt.
Sein Gefängnis war milde, nur daß er Gefangener war; und er, der
da jene sieghafte Gewißheit mitbrachte, ja, ihm war nun als Stätte
seines Wirkens angewiesen die Einsamkeit des Gefängnisses und
der Soldat, der täglich zu seiner Bewachung abkommandiert wurde.
— In der Hauptstadt der Welt, in dem lärmenden Rom, wo nichts
der losgelassenen Macht der Zeit widerstehen konnte, die alles
so geschwinde wie es erschien wieder verschlang, die alles aus- III 298
tilgte ohne Spur mit ihrem Vergessen — da lebte der Apostel
Paulus, ein unbedeutender Mann, in einsamer Gefangenschaft, still
und zurückgezogen, nicht erst dem Vergessen übergeben; denn es
gab niemanden in der ungeheuren Stadt, der von seinem Dasein

wußte oder darum sich bekümmerte. Jedoch indessen alles um ihn herum dahinschwand in Nichtigkeit, geschwinder denn ein Schatten, stand für ihn die Überzeugung fest, daß die Lehre, die er bekannte, siegen werde über die ganze Welt — über die ganze Welt, von der er jetzt abgesondert war, und der einzige Mensch, den er sah, war der Soldat, der ihn bewachte. Wenn ein Mensch, der schuldig leidet, seine Strafe mit Geduld trägt, so hat er keinen Ruhm davon; leidet er aber unschuldig mit Geduld, so hat er Ruhm[188]. Dies ist schön zu bedenken, lieblich zu hören, gut zu bekennen; doch es ist schwer zu vollbringen. Ein Mensch aber, in dessen Herzen Gottesfurcht wohnt und Frömmigkeit, er wird mit Gottes Hilfe seine Seele schicken zur Demut, bis daß sie wiederum froh wird in Gott und stille im Herrn; alsdann wird er sich retten in Geduld, wenn es auch sehr hart gewesen, daß seine Erwartung entschwand wie ein Traum, daß er, welcher die ganze Welt hatte gewinnen wollen, als ein Gefangener endete, daß er nicht einmal im Kampfe unterlag, sondern sich abzehrte wie ein Schemen. Wären da einige, die ihr Vertrauen auf ihn gesetzt hätten, und auf ihn gehofft, so wird er ihrer gedenken, und seine Seele wird nicht unbekannt sein mit der schmerzlichen Sorge, ob sie ebenfalls ihn verlassen werden, er wird vielleicht aus seinem Gefängnis an sie schreiben[189]: „verlaßt mich jetzt nicht, da ich von allen verlassen bin, bewahrt euch euer Vertrauen auf mich wie ehedem, vergeßt mich jetzt nicht, da ich von allen vergessen bin." Vielleicht würde er ihr Herz bewegen, vielleicht würde ein einzelner zu ihm kommen, und falls man es erlaubte, den gefangenen Mann besuchen, mit ihm trauern, ihn trösten und mit ihm sich erbauen. Es ist schön, davon zu reden, der bloße Gedanke bewegt sicherlich jedes besseren Menschen Herz. Jedoch Paulus war ein Apostel[190]. Ob schon traurig, war er doch allezeit fröhlich, ob schon arm, machte er doch allezeit viele reich, obschon er nichts hatte, hatte er doch alles. Aus seiner Gefangenschaft schreibt er an die ferne Gemeinde[191]: „Darum bitte ich, daß ihr nicht müde werdet um meiner Trübsale willen, die ich für euch leide, welche euch eine Ehre sind." Er, der selber wohl des Trostes zu bedürfen schiene, er ist, wenn man so sagen darf, geschwind in gutem Einverständnis mit dem Herrn, fröhlich in Trübsal, zuversichtlich in Gefahr, nicht mit
III 299 seinem eignen Leiden beschäftigt, sondern um die Gemeinde be-

sorgt; und nur insoweit denkt er an seine eigne Trübsal, als sie die Gemeinde dahin bringen könnte, müde zu werden.

Gesetzt, ein Mensch habe in seinem Unglück Frieden und Ruhe gefunden, so könnte vielleicht die Sorge, daß andre um seiner Widerwärtigkeit willen Freimut und Glauben verlieren möchten, neue Unruhe in ihm wecken. Doch die Gottesfurcht wird in ihm siegen, und er wird die Geliebten vertrauensvoll in Gottes Hand befehlen. Es rührt das Herz, davon zu reden, jeder bessere Mensch fühlt sicherlich, diese stille Ergebung sei wohl wert, daß man danach strebe. Doch Paulus war ein Apostel, er schreibt aus seiner Gefangenschaft: „Diese meine Trübsale, die ich für euch leide, sind eure Ehre."

Wer den Menschen eine Ehre anzubefehlen hat und sie zu gewinnen strebt, er hat ja ein Zeugnis, auf das er den Einzelnen getrost verweist. Wenn aber dies Zeugnis versagt, so sieht er wohl ein, es sei ihm die Macht genommen, und, obschon dies gar schwer ist, söhnt er sich dennoch mit Gott aus in seinem Herzen; und trauert wohl gleich dem, welchen der Bräutigam verlassen und die Freude[192], aber auch gleich dem, der nicht als aufs Ungewisse gelaufen ist[193], der da nicht vergißt: höher als andre zu retten ist es, seine eigne Seele zu retten, den unruhigen Sinn dem Gehorsam des Glaubens zu untergeben, die irrfahrtenden Gedanken mit der Überzeugung Gewalt gebunden zu halten in den Banden der Liebe. Es tut wohl, davon zu reden, und jeder redliche Mensch bekennt wohl, selig sei es, solchermaßen sein eignes Haus zu bestellen, wenn man in dem größeren Werke ausgedient hat und gesetzt wird über das geringere. – Nun Paulus! Stand er in der Mächtigen Gunst, so daß diese seine Lehre empfehlen konnte? Nein! er lag gefangen. Huldigten die Weisen seiner Lehre, so daß deren Ansehen für ihre Wahrheit bürgen konnte? Nein, sie war ihnen eine Torheit. Vermochte es seine Lehre, den Einzelnen rasch in den Besitz einer übernatürlichen Macht zu setzen, bot sie sich den Menschen feil mit Gaukelwerk? Nein, langsam mußte sie erworben, unter Prüfungen angeeignet werden, die anhoben mit der Entsagung von allem. Hatte Paulus denn da irgend ein Zeugnis? Ja! er hatte jedes menschliche Zeugnis wider sich, und dazu hatte er noch die Besorgnis, die Gemeinde möchte versagen, oder, was schlimmer war, an ihm Ärgernis nehmen; denn nie liegt das

Ärgernis wohl näher, als wenn Wahrheit niedergetreten wird, wenn Unschuld leidet, wenn Ungerechtigkeit ihres Sieges sicher ist, wenn Gewalt gedeiht, wenn Unkunde noch nicht einmal nötig hat, Gewalt wider das Gute zu brauchen, sondern sorglos und unbekümmert darüber unwissend bleibt, daß es da ist. Indes, ver-
III 300 zagt Paulus etwa als ein vom Zeugnis Verlassener? Keinerwege. Sintemal er kein andres Zeugnis hatte, sich darauf zu berufen, beruft er sich auf seine Trübsale. Ist das nicht einem Wunderwerke gleich? Hätte Paulus es sonst nicht kräftiglich erwiesen, daß er Macht hatte, Wunder zu tun, so ist dies doch wohl ein Beweis? Trübsale zu wenden zu einem Zeugnis für die Wahrheit der Lehre, Schande zu wenden zu einer Ehre für ihn und für die gläubige Gemeinde; die verlorene Sache zu wenden zu einer Ehrensache, welcher die ganze begeisternde Gewalt des Zeugnisses eigen ist, ist dies nicht ebenso viel wie den Lahmen gehen machen und den Stummen reden!

Was hat Paulus dazu die Macht gegeben? Er hatte selber ein Zeugnis; er war kein Mann des Zweifels, keiner der da doch ganz im Innern die starken Gedanken widerrief. Ein Zeugnis hatte er, höher denn alles in der Welt, ein Zeugnis, das da um so stärker zeugte, je mehr die Welt sich wider ihn kehrte. War er denn da ein schwacher Mann? Nein, er war mächtig. War er wankend? Nein, er war gefestigt; denn er war machtvoll bestätigt durch Gottes Geist in dem inwendigen Menschen[194]. Was also der Apostel selber gewesen ist, wofür sein ganzes Leben den Beweis führt, das wünscht er jedem Einzelnen in der Gemeinde. Mögen gleich die Umstände jener Zeit andre gewesen sein, mögen gleich Kampf und Streit es nötiger, vielleicht aber auch schwieriger gemacht haben, diese Bestätigung in dem inwendigen Menschen zu gewinnen, es bleibt doch zu allen Zeiten und unter allen Umständen für einen Menschen das Eine das not ist, seine Seele zu retten in dieser inwendigen Bestätigung; denn jeglicher Mensch zu jeglicher Zeit hat ja doch seinen Kampf und seine Anfechtung, seine Not, seine Einsamkeit, in denen er versucht wird, seine Angst und Ohnmacht, wenn das Zeugnis entgleitet. So laßt uns denn näher überlegen:

Die Bestätigung in dem inwendigen Menschen

Allein eine gedankenlose Seele kann alles um sich her wechseln lassen, sich selbst als Beute den unbeständigen launenhaften Wandlungen des Lebens preisgeben, ohne daß sie sich vor solch einer Welt ängstigt, ohne daß sie ihrer selbst wegen besorgt ist. Wie unwürdig und widerwärtig ist nicht solch ein Leben, wie weit ist es davon, von der hohen Bestimmung des Menschen zu zeugen, daß er der Herr der Schöpfung ist. Denn soll der Mensch herrschen, so muß eine Ordnung sein in der Welt; es wäre ja sonst nur ein Spott über ihn, ihn einzusetzen zum Herrscher über wilde Mächte, die keinem Gesetz gehorchen. Und wofern er herrschen soll, muß ja ein Gesetz in ihm selber sein; denn sonst würde er unmöglich zu herrschen vermögen; entweder er würde störend eingreifen, oder es wäre dem Zufall überlassen, ob er weise herrschte oder nicht. Wäre es an dem, so wäre der Mensch so weit davon, der Herr der Schöpfung zu sein, daß diese eher wünschen III 301
müßte, er wäre gar nicht da. Sobald darum ein Mensch auch nur zu einer verständigeren Betrachtung des Lebens sich sammelt, sucht er sich eines Zusammenhangs in allen Dingen zu vergewissern, und als der Schöpfung Herr legt er dieser sozusagen die Frage vor, nötigt ihr eine Erklärung ab, verlangt von ihr ein Zeugnis.

Nur wer seine Seele den weltlichen Begierden hingegeben, wer der Lust glänzende Knechtschaft gewählt und sich nicht frei zu machen vermocht von der leichtsinnigen oder schwermütigen Angst, nur er begnügt sich damit die Schöpfung ihr Zeugnis ablegen zu lassen, auf daß er sie gescheit und schlau benutze im Dienste des Augenblicks. Und der Mensch ist der Schöpfung Herr, darum gehorcht sie sogar der unwürdigen Herrschaft. Wie traurig ist nicht solch eine Verlorenheit, die doch nicht meint, daß sie gedankenlos lebe, sondern eher, daß sie alles verstehe, die da in ihres Herzens Irrnis meint, sie wende alles zu ihrem Vorteil. Wenn er in der Abendstunde den Himmel sich röten sieht, so spricht er: es wird morgen ein schöner Tag; doch sieht er in der Frühe den Himmel rot und trübe, so spricht er: heut gibt es Sturm; denn über die Gestalt des Himmels, über Wetter und Wind weiß er zu urteilen[195]. Darum spricht er: „Heute oder morgen will ich gehen in die oder die Stadt, und will ein Jahr da liegen und Handel treiben und gewinnen[196]." Wenn er seinen Boden mit Sachkunde bebaut, so rechnet er damit, daß der ihm vielfältigen Ertrag bringe. Sein Auge vergnügt sich beim Anblick der reichen Ernte, was er vielleicht selbst gedankenlos die gesegnete Frucht nennen würde. Er baut rasch seine Scheunen größer; denn er kann mit Leichtigkeit voraussehn, daß die alten diesen Überfluß nicht fassen. Da fühlt er sich sicher und froh, preist das Dasein, da legt er sich schlafen; aber da heißt es: diese Nacht werde ich deine Seele von dir fordern[197]. Seine Seele von ihm, ist das nicht zuviel verlangt, ob er das wohl verstehen mag? Es ist ja nicht die Rede von der reichen Ernte, oder von den neuerdings aufgeführten Scheunen, sondern von dem, was er über alledem vielleicht vergessen — daß er eine Seele hat. — Indes, wer das Leben auch nur mit ein bißchen Ernst betrachtet, er sieht ja doch leicht, er sei nicht auf die Art Herr, daß er nicht zugleich Knecht wäre, der Mensch unterscheide sich nicht lediglich dadurch vom Tiere, daß er verständiger als dieses ist.

Nur, wer feige jede tiefere Erklärung flieht, wer nicht den Mut hat, die Verantwortung eines Herrn derart auf sich zu nehmen, daß er zugleich der Pflicht eines Knechtes sich unterwirft, nicht die
III 302 Demut hat zu gehorchen, auf daß er herrschen lerne und stets nur insoweit herrschen zu wollen als er selber gehorcht — nur er füllt die Zeit mit fortwährenden Überlegungen aus, die ihn doch nicht weiterbringen, sondern eher als eine Zerstreuung dienen, in welcher seine Seele, seine Fähigkeit zu begreifen, zu wollen wie ein Dampf verweht[198] und wie eine Flamme verlischt. Wie traurig ist nicht solch eine Selbstauszehrung, wie weit ist nicht solch ein Mensch davon, mit seinem Leben zu bezeugen, in seinem Leben auszudrücken die erhabene Bestimmung des Menschen, daß er Gottes Mitarbeiter[199] ist.

Mit jeder tieferen Besinnung, die ihn ä l t e r macht als den Augenblick, und ihn das Ewige ergreifen läßt, vergewissert sich ein Mensch dessen, daß er ein wirkliches Verhältnis zu einer Welt hat, und daß dies Verhältnis somit kein bloßes Wissen sein kann von der Welt und von sich selbst als einem Teil von ihr, sintemal solch ein Wissen kein Verhältnis ist, eben weil er selber in diesem Wissen gleichgiltig ist gegen diese Welt, und diese Welt gleichgiltig

ist gegen sein Wissen von ihr. Erst in dem Augenblick, da die Besorgnis in seiner Seele erwacht, was die Welt für ihn zu bedeuten habe und er für die Welt, was alles das in ihm, dadurch er selber der Welt zugehört, für ihn zu bedeuten habe und er darin für die Welt, alsdann erst, in dieser *Besorgnis*, kündigt sich der inwendige Mensch an. Diese Besorgnis läßt sich nicht stillen mit einem näheren oder einem mehr umfassenden Wissen, sie verlangt nach einer andern Art von Wissen, einem Wissen, welches keinen Augenblick dabei verharrt, ein Wissen zu sein, sondern im Augenblick der Besitzergreifung sich in eine Handlung verwandelt; denn sonst wird es nicht besessen. Diese Besorgnis verlangt ebenfalls nach einer Erklärung, einem Zeugnis, aber von andrer Art. Wofern ein Mensch in seinem Wissen alles zu wissen vermöchte, jedoch nichts wüßte von dem Verhältnis dieses Wissens zu ihm, da hätte er wohl in seinem Streben, sich über das Verhältnis seines Wissens zum Gegenstande zu vergewissern, ein Zeugnis begehrt, aber er hätte nicht begriffen, daß noch ein ganz andres Zeugnis not ist; da wäre die Besorgnis in seiner Seele noch nicht erwacht. Sobald diese erwacht, wird sich sein Wissen als trostlos erweisen, weil alles Wissen, in welchem ein Mensch sich selber entschwindet, ebenso wie jede Erklärung, die vermöge solch eines Wissens zuwegegebracht wird, zweideutig ist, bald dies, bald jenes erklärt und das Entgegengesetzte bedeuten kann, ebenso wie jegliches Zeugnis dieser Art, eben wenn es zeugt, voll von Trug und Rätseln ist, und lediglich Angst gebiert. Wie sollte auch ein Mensch in diesem Wissen sich des vergewissern, daß Wohlgelingen Gottes Gnade ist, so daß er es wagt, sich daran zu freuen und sich ihm getrost hinzugeben, oder ob es etwa des Himmels Zorn ist, und lediglich den Abgrund des Verlorenseins ihm tückisch zudeckt, auf daß sein Untergang umso entsetzlicher sein möge. Wie sollte ein Mensch in diesem Wissen sich des vergewissern, daß Übelgelingen des Himmels Strafe ist, auf daß er sich davon zerknirschen lasse, oder daß es Gottes III 303
Liebe ist, die ihn in der Prüfung liebt, auf daß er zuversichtlich und vertrauensvoll in der Not der Anfechtung an die Liebe denken möge. Wie sollte ein Mensch kraft solch eines Wissens sich des vergewissern, daß er deshalb hoch gestellt sei in der Welt und viel ihm anvertraut, weil Gott in ihm sein auserwähltes Rüstzeug liebe, oder daß es geschehen sei, damit er sprichwörtlich unter den

Menschen werde, ein Warnzeichen, ein Schrecken für andre. Denn sein Wissen kann ihn wohl dessen gewiß machen, daß ihm alles gelingt, daß alles ihm sich fügt, daß alles so geschieht wie er es möchte, daß alles ihm gegeben wird, worauf er mit dem Finger deutet; daß ihm alles mißlingt, daß alles trügt, daß jedes Grauen, davor er sich ängstigt, im nächsten Augenblick über ihn kommt; daß er mit so Hohem betraut ist wie sonst niemand — aber mehr kann dies Wissen ihn nicht lehren. Und diese Erklärung ist gar so zweideutig, und dies Wissen ist gar so trostlos.

In jener Besorgnis kündigt der inwendige Mensch sich an und verlangt nach einer Erklärung, einem Zeugnis, darinnen erklärt wird die Bedeutung von allem für ihn und seine eigne Bedeutung, indem er selbst dadurch erklärt wird in dem Gott, welcher in seiner ewigen Weisheit alles zusammenhält, und den Menschen zum Herrn der Schöpfung eingesetzt hat, dadurch, daß er Gottes Knecht wurde, und sich ihm dadurch erklärt hat, daß er ihn zu seinem Mitarbeiter machte, und mit jeder Erklärung, die er einem Menschen gibt, ihn bestätigt in dem inwendigen Menschen. In jener Besorgnis kündigt sich der inwendige Mensch an, der nicht besorgt ist um die ganze Welt, sondern allein um Gott und um sich selbst, und um die Erklärung, die ihm das Verhältnis verständlich macht, und um das Zeugnis, das ihn in dem Verhältnis bestätigt. Diese Besorgnis hört keinen Augenblick auf; denn das Wissen, das er gewinnt, ist kein gleichgiltiges Wissen. Wofern nämlich ein Mensch meinen sollte, diese Sache ein für allemal zu entscheiden, und alsdann fertig zu sein, so wäre der inwendige Mensch in ihm nur ein totgebornes Kind und entschwände wieder. Wofern er aber in Wahrheit besorgt ist, wird mit Gottes Hilfe alles dienen zur Bestätigung im inwendigen Menschen; denn Gott ist getreu und läßt sich nicht unbezeugt[200]. Aber Gott ist Geist und kann darum allein im Geist ein Zeugnis geben, das heißt in dem inwendigen Menschen; jedes äußere Zeugnis von Gott, falls von einem solchen die Rede sein könnte, kann ebenso gut ein Betrug sein[201].

Da wird Wohlgelingen einem solchen Menschen dienen zur Bestätigung in dem inwendigen Menschen. Oftmals hören wir die Menschen sagen, das Leben sei so trügerisch, und wie verschieden auch die Hoffnungen und Erwartungen der Einzelnen sein mögen, so sind doch gar so

viele einig in der Entscheidung, daß der schöne Anspruch der Erwartungen sich nie erfüllt, wenn auch nur allzuviele anfänglich sich betrogen haben, indem sie Trost in der Einbildung suchten, daß sie III 304
voreinst in Wahrheit große Erwartungen gehegt. Da klagen sie über die Welt, daß sie ein Jammertal sei; über die Zeit, daß sie arge Plage und verschwendete Mühe sei, welche den Menschen seinem Ziele nicht näher bringe, sondern es ihm immer ferner rücke; über die Menschen, daß sie treulos seien, oder doch stumpf, lau, selbstsüchtig; über sich selbst, ganz ebenso wie über andre Dinge im Leben, daß sie sich nicht als das erwiesen hätten, was sie einmal sich selber zu sein gedünkt; über die ganze Ordnung der Dinge hier auf Erden, daß alles eitle und äußerliche Wesen wohlgedeihe, daß alles Tun gekrönt werde, dessen Kraft im Wortemachen liege, daß das Gefühl gepriesen werde, dessen Stärke in Redensarten bestehe, daß Teilnahme die Not finde, deren Beweis im Schreien liege, daß aber das redliche Streben nur Undank und Verkennung ernte, das stille innerliche Fühlen allein auf Mißverstehen stoße, das tiefe einsame Leid nichts als Kränkung erfahre. Selten hört man eine ernsthafte Stimme, die jeden vermahnt, des Lebens Unterweisung anzunehmen und sich erziehen zu lassen in der Schule der Widerwärtigkeiten, eine erprobte Rede, die da mit allem Nachdruck fragt: sollte wohl ein Reicher selig werden[202], sollte wohl der Mächtige den schmalen Weg gehen, sollte wohl der Glückliche sich selbst verleugnen, sollte wohl der Gelehrte, der Kluge die verachtete Wahrheit annehmen. Jedoch auf diese Rede achtet man nicht, sondern die Klage fährt fort zu ertönen, daß nicht bloß der Einzelne Mißgeschick habe, sondern daß das ganze Leben ein Mißgeschick sei, und daß dies das ganze Dasein zu einer dunklen Rede mache, die niemand verstehen könne. — Das Wohlgelingen aber, es ist leicht zu verstehen. Und doch — Hiob war ein alter Mann und war in Gottesfurcht grau geworden, er opferte Brandopfer für jedes von seinen Kindern, so oft sie zu einem Gastmahl gingen[203]. — „Aber Wohlgelingen ist leicht zu verstehen" — und dennoch kann nicht einmal der *Glückliche* es verstehen. Betrachte ihn, den Glücklichen, bei dem das Glück sich eine Freude daraus gemacht, ihm in allem gefügig zu sein. Er arbeitet nicht, und ist doch ein Salomo in Herrlichkeit, sein Leben ist ein Tanz, sein Denken trunken von der Wünsche Traum, und

jeder Traum erfüllt sich, sein Auge wird geschwinder gesättigt als es begehrt, sein Herz birgt keinen geheimen Wunsch, sein Trachten hat keine Grenze kennengelernt. Würdest du ihn aber fragen: von wannen kommt dies alles doch, so gäbe er dir wohl leichtsinnig zur Antwort: ich weiß es selber nicht. Diese Antwort würde ihm bei seinem Leichtsinn wohl gar Vergnügen machen als ein Scherz, der mit zu dem Übrigen paßte, aber er begriffe nicht, ahnte nicht einmal, was er eigentlich sage und wie er sich selbst das Urteil spreche. Die bürgerliche Obrigkeit wacht darüber, daß jeder-
III 305 mann behalte, was ihm mit Recht gehört. Wenn sie also einen Menschen entdeckt, dessen Überfluß und Reichtum alle in Verwunderung setzt, so verlangt sie ihm eine Erklärung ab, woher er seinen Besitz habe. Kann er es aber nicht erklären, so schöpft sie wider ihn einen Verdacht, daß er sein Vermögen nicht auf ehrliche Weise erworben habe, daß er nicht in dessen rechtmäßigem Besitze sei, am Ende ein Dieb sei. Die menschliche Gerechtigkeit ist nur ein sehr unvollkommnes Gleichnis der göttlichen. Diese hält das Auge wach über jedem Menschen. Wenn also ein Mensch auf ihre Frage, woher er dies alles habe, keine andre Antwort hat als daß er es selber nicht wisse, so spricht sie ihm das Urteil, so bleibt sie bei ihm als ein Verdacht wider ihn, daß er nicht in rechtmäßigem Besitze sei. Dieser Verdacht ist nicht ein Diener der Gerechtigkeit, sondern die Gerechtigkeit selbst; ist das, was anklagt und richtet und das Urteil verkündet und seine Seele gefangen setzt und bewacht, auf daß sie nicht entwische. Was wird also vom Glücklichen verlangt? Was sonst etwa als eine Bestätigung in dem inwendigen Menschen? Indes, er hatte keine Besorgnis, keinen inwendigen Menschen; wäre der jemals dagewesen, so wäre er geschwunden und ausgetilgt. Dahingegen wo in eines Menschen Seele der inwendige Mensch sich ankündigt, da wird er nicht froh, wenn das Glück ihm in allem gefügig sein will. Ein heimliches Grauen bemächtigt sich seiner vor der Macht, die alles dergestalt launisch verschwenden will, er ängstigt sich davor, mit ihr zu tun zu haben; denn es ist, als ob sie zum Entgelt etwas von ihm forderte, das so entsetzlich ist, daß er der Angst davor kaum einen Namen zu geben weiß. Einen weit geringeren Teil wird er mit Dankbarkeit empfangen, wenn er bloß wissen darf, von wannen es kommt. Danach aber verlangt die Besorgnis in ihm, nach dieser Erklärung, diesem Zeug-

nis. Würde er auf des Berges Gipfel gestellt[204] um auszuschauen über alle Reiche und Lande der Welt, und man spräche: es ist alles dein, er möchte doch erst einmal wissen, wer denn ihn auf den Berg gestellt habe, wem er zu danken habe. Wenn nun aber trotz alledem das Glück fortfährt, ihn, wie er es nennen muß, zu verfolgen, so wird seine Besorgnis größer und größer; jedoch in dem Maße, in dem die Besorgnis zunimmt, gewinnt er zuletzt die Bestätigung in dem inwendigen Menschen. Solchermaßen ist ihm Wohlgelingen der Anlaß geworden, daß die Besorgnis zunahm, und solchermaßen diente ihm Wohlgelingen zur Bestätigung in dem inwendigen Menschen; denn wer die ganze Welt zu eigen hat und Gott dankt, er wird bestätigt in dem inwendigen Menschen. Da wird er sich ganz anders freuen als jener Glückliche; denn ein Mensch, welcher, wenn er die Welt hat, wie der ist, der sie nicht hat, er hat die Welt, ansonst wird er gehabt von ihr. Da freuet er sich aller der guten III 306
Gaben, noch mehr aber freuet er sich an Gott und mit Gott, der sie gegeben. Da erquickt sich sein Auge an der Welt Glanz, freut sich, daß die Vorratskammern gefüllt sind, da baut er seine Scheunen größer, da legt er sich ruhig schlafen, und wenn es heißt: diese Nacht will ich deine Seele von dir fordern, so versteht er diese Forderung, ist geschwind fertig, und weiß besser Bescheid mit seiner Seele, die er mitnehmen soll, als mit aller der Herrlichkeit die er zu eigen gehabt und nun verläßt, aller der Herrlichkeit, daran er sich ergötzt hatte, und die ihm Tag um Tag zur Bestätigung in dem inwendigen Menschen geworden war durch Danksagung.

„Aber Wohlgelingen ist so leicht zu verstehen", und dennoch kann nicht einmal der Begünstigte es recht verstehen. Betrachte ihn, den Begünstigten, den die Natur ausgerüstet mit allem, was herrlich ist, dem sie die Macht gegeben und die Klugheit und des Geistes Kraft und des Herzens Unerschrockenheit und des Willens Ausdauer. Betrachte ihn! Warum erzittert er unterweilen in seinem Innersten, er, der die ganze Welt zittern gemacht? Warum erbleicht er unterweilen in seinem Innersten, er, der alles beherrscht mit seiner Klugheit? Warum ist er unterweilen ohnmächtig geworden in seinem Innersten, er, der unerschrocken allem ins Auge gesehen? Oder ist es nicht, um darüber zu erschauern in einer stillen Stunde, um darüber ohnmächtig zu werden in einem müßigen Augenblick — die Macht haben und nicht wissen, wozu

man sie hat? Die bürgerliche Gerechtigkeit wacht darüber, daß jedermann innerhalb seiner Schranke bleibe, daß jeder Einzelne dem Ganzen diene. Wenn sie also einen Mann entdeckt, dessen Macht aller Aufmerksamkeit erregt, so fordert sie ihm eine Erklärung ab, wozu er sie benutze und kann er die nicht geben, so fällt ein Verdacht auf ihn, daß er kein guter Bürger sei, sondern etwa ein Störenfried. Die menschliche Gerechtigkeit ist nur ein Gleichnis der göttlichen. Diese geht ebenfalls zum Einzelnen, und ihre Nachforschung ist die strengere. Trifft sie auf einen Menschen, welcher auf die Frage, wozu er die Macht habe, nichts andres zu antworten vermag, als daß er es selber nicht so recht wisse, so bleibt die Gerechtigkeit bei ihm als ein Verdacht wider ihn. Sie nimmt die Macht vielleicht nicht von ihm; denn er hat sie möglicherweise noch nicht mißbraucht, aber sie wird in seiner Seele eine Angst, die erwacht, wenn er es am mindesten erwartet. Was mangelt denn solch einem Menschen? Etwa sonst etwas, als eine Bestätigung in dem inwendigen Menschen? — Jedoch er, in dessen Seele der inwendige Mensch sich ankündigt in jener Besorgnis, er wird nicht froh, wenn er entdeckt, daß er die Macht hat. Er wird unruhig, nahezu bange vor sich selbst. Mit Angst vergewissert er sich, wieviel er vermag. Wenn er aber trotz alledem der Macht nicht quitt werden kann, so wird seine Besorgnis und seine Herzensangst größer und größer, bis daß diese Besorgnis die Bestäti-
III 307 gung gebiert in dem inwendigen Menschen. Da weiß er nicht allein, daß er die Macht hat, er weiß auch, was jener Begünstigte nicht gewußt, wem die Ehre gebührt und wem die Macht von rechtswegen gehört. Da freut er sich daran, daß jedwedes Vornehmen gelingt, da sehnt er sich danach, das Ziel seines Strebens zu erreichen, aber noch mehr freuet er sich doch an Gott und noch mehr sehnt er sich nach dem Augenblick, da er sich mit seinem Gotte daran freuen wird, daß es gelungen. Da umfaßt seine Seele die ganze Welt, und seine Pläne gehen weit hin über die Lande; wenn es aber in der Stille der Nacht heißt: Tue Rechnung von deinem Haushalten[205], so weiß er, was diese Aufforderung zu bedeuten hat, er weiß, wo er die Rechenschaft liegen hat, und ob da gleich Mängel in ihr sind, er verläßt dennoch getrost die Welt der Gedanken und Handlungen, in der er doch nicht so sehr seine Seele hatte, verläßt die kunstreich verwickelte und weit ausgedehnte Arbeit, die ihm Tag

um Tag Anlaß gewesen ist für die Bestätigung in dem inwendigen
Menschen.

„Aber Wohlgelingen ist so leicht zu verstehen" — und dennoch
wird es unterweilen noch nicht einmal von einem Menschen ver-
standen, der vertraut gewesen mit Widerwärtigkeiten. Betrachte
ihn! Er hatte gelernt, daß es im Leben Not gibt, er hatte unter
schweren Schickungen sich selber gestanden, wie schwach und ohn-
mächtig ein Mensch doch ist, soweit es auf seine eignen Kräfte an-
kommt. Jedoch er ließ den Mut nicht fahren; er verzagte nicht, er
fuhr fort zu arbeiten. Ob er etwas damit erreiche, ob er vorwärts
komme oder zurück, ob er sich bewege oder stille stehe, das wußte
er nicht; denn es hatte sich wie eine Finsternis um ihn gebreitet,
und es war wie eine fortwährende Nacht. Jedoch er strengte seine
letzten Kräfte an. Siehe! Da ging des Wohlgelingens Sonne wieder
auf, erleuchtete alles, erklärte alles, machte ihn dessen gewiß, daß
er überaus weit gekommen war, daß errungen war, wofür er ge-
arbeitet. Da brach er in seiner Freude aus in die Worte: „so mußte
es kommen; denn des Menschen Anstrengung ist keine fruchtlose
und bedeutungslose Mühsal." Da hatte er alles verscherzt und
empfing keine Bestätigung in dem inwendigen Menschen. Er hatte
vergessen, was er in der Stunde der Not bekannt, vergessen, daß
die Erfüllung deshalb, weil sie gekommen, nicht sicherer ist als sie
es gewesen, da er sich gestand, er könne aus eigner Kraft nicht
damit rechnen, sie zu erreichen. Das Übelgelingen hatte er ver-
standen, das Wohlgelingen aber konnte er nicht verstehen. Da er-
losch gleichsam der inwendige Mensch in seiner Seele. Oder könnte
die Gerechtigkeit, falls sie ihn besuchte und ihm eine Erklärung
abforderte, könnte sie sich wohl an seiner Antwort genügen las-
sen? Er hatte den Herren besser zu verstehen vermocht in der III 308
Feuersäule, die ein vereinzeltes Mal in der Nacht aufleuchtete,
jedoch da es Tag ward, hatte er keinen Blick für die Wolken-
säule[206]. — Dahingegen ein Mensch, in dessen Seele der inwendige
Mensch sich ankündigt in jener Besorgnis, er findet wohl, wenn
der Tag der Freude über die Finsternis siegt, eine volle Bestätigung
in dem inwendigen Menschen; denn die Freude nehmen ohne
diese Besorgnis um das Zeugnis hieße ja sich einer Täuschung hin-
geben. Das Zeugnis aber empfinge er mit froher Dankbarkeit, weil
es zu dem gekommen, den es nicht schlafend fand. Und der in-

wendige Mensch nähme dann Tag um Tag zu in Wohlgefallen bei Gott. Und wenn alsdann einmal der Herr seinen Knecht abrufen sollte, da kennte er den Weg und verließe alles und nähme allein das Zeugnis mit, das seine Seligkeit gewesen.

„Aber Wohlgelingen ist so leicht zu verstehen“, und dennoch versteht es oftmals auch der Unglückliche nicht, und weiß nicht recht, was das ist, davon er redet. Zum Glücklichen getraut man sich, getrost zu reden; denn sollte ihm das Gesagte nicht gefallen, so kann er ja seines Glückes genießen, und auf den Redenden herabsehn. Mit dem Unglücklichen ist es ein ander Ding, auf daß nicht die Rede, falls sie ihn nicht anspricht, zu einer neuen Plage werde, auf daß er nicht, falls er meint, der Redende habe selber keine Erfahrung, noch ungeduldiger werde und es als eine neue Kränkung empfinde, daß einer ihn trösten möchte, der sein Leiden nicht kennt. Indes, wer es immer sagen möge, es bleibt doch wahr, daß der Unglückliche oftmals nicht versteht, was Wohlgelingen ist. Und doch, wer versteht es in einem andern Sinne besser als eben der Unglückliche? Denn wer verstünde es wohl besser von des Reichtums Lust zu sprechen als wer von Brocken lebt, wer könnte Gewalt und Macht glühender schildern als wer seufzt unter der Fron, wer vermöchte der Menschen schöne Vereinigung hinreißender zu schildern als wer einsam geworden im Leben? Aber wer zu schildern verstünde, er verstünde doch wohl nicht immer sich selbst; wer jedoch sich selbst nicht verstanden, wie sollte er in tieferem Sinne begreifen können, was außerhalb seiner ist? Verstünde er dahingegen sich selbst, oder suchte doch sich selbst zu verstehn, wäre er in Wahrheit darum besorgt, sich selbst zu verstehn, täte der inwendige Mensch in ihm sich kund in jener Besorgnis, da wird er Wohlgelingen verstehen, da wird er verstehn, was es bedeute, daß es ihm versagt worden ist, da wird er sich nicht umtreiben mit den Gebilden der Einbildungskraft und nicht sich stärken an Träumen, sondern in seinem Übelgelingen besorgt sein um sich selbst.

Da wird Übelgelingen solch einem Menschen dienen zur Bestätigung in dem inwen-
III 309 *digen Menschen.* Und wie sollte es das etwa nicht tun?
Der inwendige Mensch kündigt sich ja in jener Besorgnis an, und Übelgelingen läßt ja eben das Äußerliche, das Sichtbare, das Hand-

greifliche dahinschwinden und sich verwirren; jedoch ruft es deshalb allezeit das Inwendige ins Leben? Und Widerwärtigkeit macht ja jeden Menschen bekümmert, besorgt, macht sie aber allezeit, daß seine Besorgnis trachte nach Gott? Hat das Leben nicht des öfteren das ernste Wort bestätigt, welches von dem gleichen Manne kommt, der vor dem Glück des Wohlgelingens gewarnt hat, und deshalb so tief und bedeutungsvoll klingt: „auch Widerwärtigkeiten seien Versuchungen?" Betrachte ihn, den Bekümmerten, Besorgten! Sieh ihn dir genauer an, du erkennst ihn kaum wieder von der Zeit her, da er so fröhlich, so kraftvoll, so zuversichtlich hinaus ins Leben schritt. Seine Bestimmung war ihm so deutlich und so erwünscht, sein Denken kannte sein Streben und sein Herz hing daran, seine Kraft arbeitete getreulich — und sein Hoffen verhieß ihm eine glückliche Erfüllung. Denn es gibt eine Hoffnung, welche des Himmels väterliche Gabe an das Kind ist, eine Hoffnung, die mit dem Kinde aufwächst, eine Hoffnung, mit welcher der Jüngling hinausschreitet ins Leben. Diese Hoffnung steht ihm für alles ein. Wer hätte ihm auch diese Hoffnung gegeben, wenn nicht der Herr im Himmel; sollte sie denn da nicht giltig sein in der weiten Welt, in allen den Reichen und Landen, welche dem himmlischen König gehören, der sie ihm gegeben! Doch es geschah nicht so, und bald hatten Widerwärtigkeiten dem Stärkeren seine schöne Hoffnung entwunden, dem Schwächeren sie abgelistet. Da verwirrte sich für ihn alles. Da war im Himmel kein Herrscher mehr, die weite Welt war ein Tummelplatz für des Lebens wirren Lärm, da war kein Ohr, das die Wirrnis zu einer Harmonie vereinigte; keine Hand, die lenkend eingriff. Wie auch ein Mensch sich im Leben trösten mochte, die Hoffnung, meinte er, sei verloren, und die Hoffnung ward verloren. Da ward seine Seele bekümmert, besorgt. Und je mehr seine Seele niederstarrte in die Gesetzlosigkeit, in die alles sich aufzulösen schien, umso mehr Macht gewann diese über ihn, bis daß sie ihn gänzlich betörte, sein Denken schwindlig wurde, er selber in sie niederstürzte und sich verlor in Verzweiflung. Oder, auch wenn die Besorgnis nicht dermaßen über ihn eine verführerische Macht gewann, seine Seele ward doch teilnahmlos und allem fremd. Er blickte auf die Dinge, ganz so wie die andern, jedoch sein Auge las in allem immerfort eine unsichtbare Schrift, daß es Eitelkeit sei und Täuschung. Oder

er zog sich von den Menschen zurück und ermattete seine Seele meuchelmörderisch in Besorgnissen, in trüben Gedanken, in unruhiger Stimmungen unfruchtbarem Dienst. Was mangelte solch einem Menschen, was war es nur, das er nicht fand, als er alles verlor: was andres denn wohl als die Bestätigung in dem inwendigen Menschen? — Dahingegen, ein Mensch, in dessen Seele jene Besorgnis gewesen, ehe *die* Besorgnis ihn erreichte die von außen kommt, ein Mensch, dessen Seele niemals in der Freude eine solche Zu-
III 310 friedenheit fand, daß sie nicht dennoch die Besorgnis, die nach dem Zeugnis fragt, sich bewahrt hätte, aber auch von der äußeren Besorgnis nicht dermaßen überwältigt ward, daß die Möglichkeit der Freude geschwunden wäre, solange er noch um das Zeugnis besorgt war — für ihn wurde die Besorgnis, die von außen kam, nach und nach ein Freund. Sie vereinigte sich mit der Besorgnis, die in ihm schon war, sie verhinderte ihn, das Leben falsch zu sehen, sie half ihm, die Seele tiefer und immer tiefer in die Besorgnis sinken zu lassen, bis daß sie das Zeugnis fand. Da ward er klein bei klein leichter und leichter, er warf allmählich der weltlichen Wünsche irdische Schwere ab, und ruhte sich mit dem Zeugnis in Gott, selig durch die Hoffnung, die er gewonnen. Denn es gibt eine Hoffnung, von der die Schrift sagt, daß sie durch Erfahrung[207] erworben wird. Welche Erfahrung meint die Schrift wohl; ob etwa die, in welcher ein Mensch sich vergewissert, er bekomme alles, was er hofft. Die Schrift sagt, diese Erfahrung sei die Frucht der Anfechtung. Eine solche Hoffnung aber kann die Welt nicht rauben, denn sie wird ja gewonnen in der Not und gewinnt Stärke durch die Not. Ihm hat Übelgelingen zur Bestätigung in dem inwendigen Menschen geholfen; denn wenn jemand, was er lernte, gelernt an dem, das er litt[208], und das Gute lernte an dem, das er litt, so hat er nicht allein den besten Unterricht empfangen, sondern, was weit mehr ist — den besten Lehrmeister, und wer von Gott lernt, er wird bestätigt in dem inwendigen Menschen. Verlöre er dabei gleich alles, so gewönne er doch alles, und Abraham hatte nichts als einen Begräbnisplatz in Kanaan zu eigen und war dennoch Gottes Auserwählter.

Betrachte ihn, den *Verunrechteten*. Er klagt nicht über das Leben, wohl aber über die Menschen, die alles verderben, und verbittern was Gott so gut macht. Betrachte ihn ein wenig ge-

nauer. Du kennst ihn kaum wieder von der Zeit her, da er jung
und wohlgemut hinausschritt ins Leben, voller Erwartung, seine
Miene so offen, sein Herz so warm, seine Seele so schnell bereit
jedem Menschen entgegenzueilen, es gab für ihn nichts als Freude
und Herrlichkeit. So aber ist es nicht geblieben. Gar bald hatte,
wie er vermeinte, der Menschen Trug ihn um seinen guten Glau-
ben gebracht, der Menschen Tücke seiner Offenherzigkeit gespot-
tet, der Menschen Kälte und Selbstsucht die Begeisterung in ihm
matt werden lassen, der Menschen Mißgunst seinen Mut, seine
Kraft, sein Feuer, sein stolzes Streben, seine herrliche Haltung in
eben die Jämmerlichkeit hinabgestürzt, in der sie selber leben. Wie
man auch das Leben durchstehen möge, die Menschen, meinte er,
seien verloren. Da verwirrte sich ihm alles; da war kein Gott, der
alles zum Guten kehrte, sondern alles war überlassen den Men-
schen, die alles zum Bösen kehrten. Indes, je mehr seine Seele III 311
niederstarrte in den Abgrund dunkler Leidenschaften, die sich ihm
zur Schau stellten, umso mehr Macht erhielt über ihn die Angst
der Versuchung, bis daß er selber in sie niederstürzte und sich ver-
lor in Verzweiflung. Oder, auch wenn der Schmerz dermaßen ihn
nicht hinriß, er stand doch fühllos im Kreise der Menschen, er sah
mit andern sich wiederholen, was ihm widerfahren, aber er emp-
fand keine Teilnahme; was hätte sie auch geholfen, da er doch kei-
nen Trost zu bieten hatte. Oder er verbarg sich vor den Menschen,
um seeleneinsam in seine trostlose Weisheit sich zu vertiefen, um
im Grunde seines ganzen Entsetzens den Gedanken der Verzweif-
lung zu erforschen. Oder er ward gebeugt wie ein Rohr, siechte
dahin in einer langsam auszehrenden Wehmut, eine Beängstigung
für ihn selber und für jeden, der etwa Zeuge seines Verlöschens
wäre. — Indes, ein Mensch, in dessen Seele der inwendige Mensch
sich ankündigte in jener Besorgnis, von der wir reden, ein Mensch,
dessen Seele von der Liebe zu keinem Menschen dermaßen erfüllt
wäre, daß ihm das Zeugnis aus dem Sinn käme, er fände wohl nie
die Menschen so beschaffen wie jener Verunrechtete es tat, und
doch hat er sie vielleicht anders befunden als er gehofft und ge-
wünscht. Sondern, geschähe gleich das Entsetzliche, stünden die
Menschen gleich wider ihn auf als Gewalttäter oder verließen
ihn als Betrüger, verfolgte ihn gleich der Feind, verriete ihn
gleich der Freund, legte gleich der Neid seinem Fuße Schlingen,

was vermöchten sie wohl über ihn? Sie könnten etwa ihm die Besorgnis mehren, sie könnten ihm helfen aus seiner Seele jedes Gefühl herauszureißen, mit welchem er dem Geschöpf auf die Art gehörte, daß er nicht darin zugleich dem Schöpfer gehörte. Jedoch, sie könnten nicht verhindern, daß die Besorgnis, mit der seine Seele nach Gott sich streckte, ihren Gegenstand nur desto tiefer und innerlicher suchte. Und wer da Gott sucht, er findet allezeit, und wer einen Menschen nötigt, daß er suche, der hilft ihm finden. Da suchte seine Seele innerlicher und innerlicher, bis daß er das Zeugnis fand; denn wer Gott liebt, er wird bestätigt in dem inwendigen Menschen, und wer etwa die Menschen liebte, und allein durch diese Liebe es gleichsam lernte, Gott zu lieben, dessen Erziehung wäre doch nur unvollkommen; wer aber Gott liebte und in dieser Liebe die Menschen lieben lernte, er wäre bestätigt in dem inwendigen Menschen. Versagte ihm ein Mensch seine Liebe, so hülfe der ihm Gottes Liebe zu finden, und die ist seliger, als was in eines Menschen Herz kommen ist[209]; versagte ihm der Freund seinen Trost, so hülfe der ihm, Gottes Trost zu finden, der
III 312 über alle Maßen ist; versagte ihm die Welt ihre Beistimmung, so hülfe sie ihm, die Gottes zu suchen, welche ist über allen Verstand.

Betrachte ihn, den V e r s u c h t e n, der da geprüft ward in der Anfechtung Not. Vielleicht hast du ihn recht selten gesehen; denn die Anfechtung kommt ja nicht immer unter sichtbaren Zeichen. Es ist nicht eigentlich Übelgelingen gewesen, darinnen er geprüft ward; die Menschen verließen ihn nicht, vielmehr, in äußerlicher Hinsicht war alles freundlich und schön. Doch seine Seele saß in der Not, und dieweil diese nicht in äußerlichen Dingen lag, konnte er der Menschen Trost nicht suchen. Äußerlich gelang ihm alles, und dennoch war seine Seele in Angst, ohne Vertrauen und Freimut. Er suchte nicht in dem Äußerlichen seinen Frieden, seine Ruhe, und dennoch war und blieb sein Herz beschwert. Da sank der inwendige Mensch in ihm zu Boden, es war ihm, als wäre das äußerliche Glück nur dazu da, das innerliche Leiden zu umfrieden, auf daß er noch nicht einmal in der Widerwärtigkeit der Welt eine Linderung finde; es war ihm, als wäre es Gott selber, der seine gewaltige Hand auf ihn legte, als wäre er ein Kind des Zorns, und doch konnte er es nicht näher verstehen oder sich erklären, wieso. Da empörte in ihm sich sein Innerstes, da tat er, was da in einer

alten Erbauungsschrift steht, da „rühmte er sich, daß er verloren sei", und daß es Gott selber sei, der ihn in die Verdammnis gestürzt habe[210]. Da ward der inwendige Mensch in ihm zu Eis. – Indes ein Mensch, in dessen Seele der inwendige Mensch sich ankündigte in jener Besorgnis, von der wir reden, er ließe die Besorgnis dennoch nicht fahren. Fände er gleich die Erklärung nicht, er fände doch die Erklärung, daß er warten solle auf die Erklärung. Er fände doch die Erklärung, daß Gott prüfe, er fände doch den Trost: wo Gott prüfe, da werde die Zeit freilich gar so lang, aber Gott könne alles wieder einholen, denn für ihn ist ein Tag wie tausend Jahre[211]. Da ward er denn stiller in seiner Not. Er floh nicht den Schmerz der Anfechtung, dieser wurde ihm ein Vertrauter, ein vermummter Freund, wenn er auch nicht begriff, wieso, wenn er auch sein Denken vergeblich anstrengte, um sein eignes Rätsel zu erklären. Eben in dem Maße aber, in dem seine Besorgnis zunahm, aber auch zunahm an Stille und Demut, so daß er, wie sehr er auch litt, allezeit erwählte, bei der Anfechtung zu bleiben, viel lieber als daß er irgend an andrer Stelle in der Welt wäre, da brach zuletzt das Zeugnis hervor in der vollen Gewißheit des Glaubens; denn wer Gott glaubt wider den Verstand, er wird bestätigt in dem inwendigen Menschen. Ihm diente die Anfechtung zu einer III 313
Bestätigung in dem inwendigen Menschen, er lernte von allem das Schönste, das Seligste, daß Gott ihn liebe; denn welchen Gott prüft, den liebet er.

So dienen denn Wohlgelingen und Übelgelingen solch einem Menschen zur Bestätigung in dem inwendigen Menschen. Aber die Bestätigung vermag kein Mensch sich selber zu geben, und wer ein Zeugnis empfängt, ist ja nicht der, welcher es gibt. Hieran erinnert Paulus auch in den Worten unsers Textes[212]; *denn das Zeugnis selber ist eine Gabe von Gott*, von dem alle gute Gabe und alle vollkommene Gabe kommt[213], ist die herrlichste von allen, eine Gabe des Vaters im Himmel, von dem alles, was Vater heißt, im Himmel und auf Erden den Namen hat. Dies sind des Apostels Worte, und dieser Väterlichkeit Gottes schreibt er die Bestätigung in dem inwendigen Menschen zu und schreibt sie ihr zu in dem Sinne, daß Gottes Liebe eben in dieser ihrer Äußerung, in der Bestätigung in dem inwendigen Menschen, sich erweise als Vaterliebe. Wir nennen Gott Vater, der Mensch ver-

weilt froh und vertrauend bei diesem Namen als dem schönsten und erhebendsten, aber auch dem wahrsten und bezeichnendsten, und doch ist dieser Ausdruck bloß bildlich, aus dem irdischen Leben genommen, wiewohl aus dem Schönsten, das das irdische Leben zu eigen hat. Wofern der Ausdruck aber bildlich ist, übertragen, reicht er denn da wirklich empor bis in den Himmel, um das zu bezeichnen, was er bezeichnen soll, oder entschwindet er nicht, je höher er steigt, als ein irdisches Sehnen, welches doch stets nur dunkel redet. Ja, für den, welcher auf das Äußerliche sieht, wird der Ausdruck zu einem bildlichen, uneigentlichen; denn wofern er meint, Gott gebe die guten Gaben, wie dies ein Vater tut, aber doch auf die Art, daß eben die Gaben gleichsam beweisen, Gott sei unser Vater, so urteilt er äußerlich, und für ihn wird sogar die Wahrheit selber uneigentlich. Der inwendige Mensch aber schaut nicht auf die Gabe sondern auf den Geber; die menschliche Unterscheidung zwischen dem, was Gabe heißen muß und dem, was die Sprache nicht geneigt ist, so zu nennen, schwindet ihm hin in dem Wesentlichen, im Geber; Freud und Leid, Glück und Unglück, Not und Sieg sind Gaben für ihn; denn ihm ist der Geber die Hauptsache. Der inwendige Mensch versteht also und ist des gewiß, daß Gott ein himmlischer Vater ist, und daß dieser Ausdruck nicht bildlich unvollkommen, sondern der eigentlichste und wahrste ist, weil Gott nicht bloß die Gaben gibt, sondern sich selber mit, so wie kein Mensch es vermag, der lediglich in einem Gefühl oder einer Stimmung gegenwärtig sein kann in der Gabe, aber nicht wesentlich, der nicht den ganzen Inhalt der Gabe durchdringen kann bis in den kleinsten Teil hinein, nicht ganz gegenwärtig sein kann in der ganzen Gabe, noch weniger denn ganz gegenwärtig sein kann in dem kleinsten Teil von ihr. Darum, mein Zuhörer, hat es dir etwa allerdings einmal so geschienen, du seiest, indem der Gedanke auswanderte aus der Heimat der Väter, sich in die
III 314 Welt hinein verirrte, um sich zu erheben zur Vorstellung von ihm, dem allmächtigen Gott, Schöpfer Himmels und der Erden als dem gemeinsamen Vater aller, du seiest dabei doch eines Guts verlustig gegangen, der Vorliebe nämlich, die dir zuteil ward in der Väter Haus, weil du nur Kind warest und er dein irdischer Vater, nur *dein* Vater, so wollen wir nicht leugnen, daß es dir so scheinen könnte, als ob das Gleichnis doch nicht ganz stimme. Indes[214],

wenn du dann kamest zu ihm, deinem irdischen Vater, über alle Maßen fröhlich, weil du die ganze Welt gewonnen, und du ihn wohl fröhlich fandest (denn wie sollte er sich nicht freuen mit dem Fröhlichen[215], sonderlich mit dem Fröhlichen, der ihm lieber als alles war), aber doch, eben weil er dich liebte, nur fröhlich gleichsam aufs Ungewisse, daß dir nicht das, was du gefunden, zum Verderben werde; und wenn du dagegen fröhlich, weil du die ganze Welt gewonnen, kamest zu ihm, deinem himmlischen Vater, und er ganz mit dir teilnahm an deiner Freude, weil eben dies, daß du mit ihm dich freutest, eine untrügliche Bürgschaft dafür war, daß, was du gefunden, dir zum Guten dienen müsse – oder wenn du traurig und weinend kamest zu ihm, deinem irdischen Vater, und du ihn wohl weinend fandest (denn wie sollte er nicht weinen mit dem Weinenden, sonderlich mit dem Weinenden, den er höher als alles liebte), aber du konntest dich ihm doch nicht so recht verständlich machen, so daß er eher traurig war, weil du traurig warest, als über das traurig war, worüber du traurig warest; und wenn du dagegen traurig in der Kümmernis deiner Seele kamest zu ihm deinem himmlischen Vater, welcher der Einzige ist, der ein Ohr hat zu hören die Rede des Einsamen, und eine Väterlichkeit, die recht sie versteht – oder wenn du kummervoll und niedergebeugt kamest zu ihm, deinem irdischen Vater und ihn schwach fandest, schwankend, ohne Trost für dich, und dein Schmerz lediglich gemehrt ward durch seine Trauer; und wenn du dagegen zerknirscht und vernichtigt kamest zu ihm, deinem himmlischen Vater und ihn stark fandest, umso stärker je schwächer du warest, bereit dir zu helfen und stets umso bereiter je größer die Not war ... mein Zuhörer, da stimmt das Gleichnis freilich auch nicht ganz. Da hast du fühlbar erfahren, daß Gott nicht deshalb Vater im Himmel genannt wird, weil du einen Vater hast oder weil die Menschen Väter haben, sondern daß umgekehrt, wie der Apostel sagt, nach ihm alles, was Vater heißt, im Himmel und auf Erden den Namen hat; so wäre denn, und ob du gleich den liebevollsten Vater gehabt hättest, den es unter Menschen je gegeben, so wäre denn doch auch er, seinem allerbesten Willen zum Trotz, bloß ein Stiefvater, ein Schatten, ein Abglanz, ein Gleichnis, ein Bild, eine dunkle Rede von jener Väterlichkeit, von der alles, was Vater heißt, im Himmel und auf Erden den Namen hat. O, mein Zuhörer, hast du diese

Seligkeit begriffen, oder richtiger hat meine Rede dich an das erinnert, was du besser zu eigen hast und innerlicher und völliger
III 315 und seliger, als daß ich es beschreiben könnte; oder richtiger, hat meine Rede dir nichts gestört von dem was dein eigen war; denn was ist wohl seliger als dieser Gedanke, den kein Glück, keine Begünstigung, keine Kümmernis, keine Kränkung, keine Anfechtung, nicht das Gegenwärtige, nicht das Zukünftige[216] einem Menschen entwinden kann, sondern dies alles muß lediglich dazu dienen ihn zu bestärken und zu bestätigen.

Das Erste, sagen die Menschen, ist doch das Schönste und Beste, und das Herz hangt daran: an dem ersten Menschen, der ihn grüßte[217] in jener Stunde, da er unter die Lebendigen gezählt ward; dem ersten Himmel, der sich wölbte über der Stätte, da er geboren ward, der ersten Sprache, die man die Muttersprache nannte, dem ersten Volke, das man das väterliche nannte, dem ersten Unterricht, der seine Seele weit gemacht, dem ersten Altersgenossen, der ihn verstanden, dem ersten Gedanken, der ihn begeistert, der ersten Liebe, die ihn glücklich gemacht – selig der Mann, der da in Wahrheit sprechen dürfte: Gott im Himmel ist meine erste Liebe gewesen; selig der Mann, dessen Leben eine gesegnete Bestätigung dieser Liebe gewesen, selig der Mann, der da, obwohl er fehlgegriffen im Leben und das Äußerliche genommen statt des Inwendigen, obwohl seine Seele auf mancherlei Weise in die Welt verstrickt worden, dennoch wiederum neu geworden ist in dem inwendigen Menschen, indem er zurückkehrte zu seinem Gott, bestätigt in dem inwendigen Menschen[218].

ANMERKUNGEN DES ÜBERSETZERS

Allgemein sei bemerkt, daß die den lateinischen und französischen Worten und Redefloskeln vorangestellten Verdeutschungen Zutat dieser Übersetzung sind.

+[1] Der Titel der Schrift lautete in dem einzigen vorhandenen Manuskript, nach dem auch gedruckt worden ist, ursprünglich:

Die Wiederholung

Ein fruchtloser Versuch
von
Viktorinus de bona speranza

Dieser Titel ist dann durch eine Kette von Änderungen hindurch allmählich in den endgiltigen Titel verwandelt worden.

+[2] Das Motto der Schrift lautete ursprünglich: „Trink Wasser aus deinem eignen Born. Sprüche Salomonis 5,15." Dies Motto ist dann gestrichen und durch folgendes ersetzt worden: „Bei wilden Bäumen sind die Blüten wohlriechend, bei zahmen die Früchte (vgl. Heldengeschichten Flavius Philostratus' des Älteren); aber des Geistes Früchte sind Liebe (vgl. Galater 5,22)." Indem die zweite Hälfte dieses neuen Mottos gestrichen wurde, entstand die endgiltige Fassung. Bei dem ursprünglichen Motto aus den Sprüchen Salomonis hat man daran zu denken, daß im Zusammenhang der Stelle in den Sprüchen davor gewarnt wird, seinen Wasserbrunnen mit einem andern zu teilen.

+[3] Im Manuskript stand über dem Textanfang folgende Angabe: „Berlin im Mai 1843." Kierkegaard hat die Wiederholung in ihrer ursprünglichen Fassung tatsächlich in Berlin am 25. Mai 1843 vollendet. Aus der Entstehung eines Großteils der Schrift in Berlin erklären sich ihre nicht seltenen „Germanismen".

[4] Die Anekdote wird von Diogenes Laertius VI 2,39 über Diogenes von Sinope, den bekannten Kyniker, erzählt. Kierkegaards Fassung der Anekdote ist aber bestimmt durch ihre Wiedergabe in Hegels Geschichte der Philosophie, vgl. Hegel, Werke Jub. Ausg. 17,330.

[5] Kierkegaard hatte bis etwa Ostern (16. 4.) 1843 an der in der zehnten Abteilung dieser deutschen Kierkegaardausgabe abgedruckten unvoll-

endeten Schrift „Johannes Climacus oder De omnibus dubitandum est" gearbeitet. An der Stelle, wo er diese Schrift abbrach, war er gerade dabei, den Begriff der Wiederholung zu analysieren.

[6] Kierkegaards erste Berliner Reise fällt in die Zeit vom 25. X. 1841 bis 6. III. 1842 (unmittelbar nach dem Bruch mit Regine am 11. X. 1841). Seine zweite Berliner Reise, auf der er die ursprüngliche Wiederholung schrieb, fällt in die Zeit vom 8. V. 1843 an, führte etwa Ende Mai 1843 zur Rückkehr nach Kopenhagen und ist dadurch veranlaßt, daß Regine ihm am 16. 4. 1843 in der Kirche zugenickt hatte.

[7] „Erinnerung" bei den Griechen: vgl. Philosophische Brocken S. V. IV 179ff und zur Erläuterung in dieser deutschen Kierkegaardausgabe 10. Abtl. Anm. 22.

[8] Leibniz hat in den Nouveaus Essais I 1 die sokratisch-platonische Lehre, daß alles Erkennen ein Sicherinnern sei, einer Kritik unterzogen; vgl. Leibniz Opera philosophica, herausgegeben von Erdmann 1840 p. 209.

[9] ein Schriftsteller: Kierkegaard spielt an auf Entweder/Oder I; vgl. S. V. I 25.

[10] Vgl. Anm. 9. Die folgende Charakteristik des Pseudonyms A von Entweder/Oder I hat zugleich als ausgezeichnete Selbstcharakteristik von Kierkegaards Stil Bedeutung. Ein Leser, der Kierkegaards Aussagen nicht in leidenschaftlichem Nachdenken auf ihre äußerste dialektische Spitze stellt, wird stets etwas anderes als das von Kierkegaard Gemeinte aus ihnen herauslesen.

[11] berührt: dän. berørt (von dem dänischen Wort berøre, welches sowohl das eigentliche Anrühren — z. B. eines Saiteninstruments — wie uneigentlich das Berühren eines Gegenstandes in der Rede bezeichnet). Der Übersetzer vermutet, daß Kierkegaard hier auf das „Berühren des Schönen" anspielt, von dem Plato Symposion 209 C spricht. Die Platostelle ist in den Erläuterungen zu den Philosophischen Brocken, diese deutsche Kierkegaardausgabe 10. Abtl. Anm. 70, abgedruckt. Vielleicht aber will Kierkegaard den jungen Menschen auch nur als eine Art Musikinstrument hinstellen, auf dem Constantin Constantius spielen möchte.

[12] Farinelli (geb. 1705. gest. 1782) ist ein aus Neapel stammender Kastratensänger, der am Madrider Hofe zur Zeit König Philipps V. und seines geistesschwachen Nachfolgers, König Ferdinands VI. (1746—59) eine Rolle spielte. Es ist eine zum Charakter des Constantin Constantius passende Selbstironie, daß er sich mit einem Kastraten vergleicht.

[13] In den Schilderungen der körperlichen Erscheinung Kierkegaards durch Bekannte werden häufig die großen strahlenden Augen hervorgehoben.

[14] traurig: dän. traurigt (Germanismus).

+[15] Ursprünglich hieß es: „Mit liebenswerter Offenherzigkeit (die ich nicht mißbrauche, sintemal er tot ist) vertraute er mir an, daß ..." Dies ist eine der Stellen, welche beweisen, daß Kierkegaards Wiederholung ursprünglich einen tragischen Ausgang gehabt hat: sie sollte zeigen, daß die

Unmöglichkeit der Wiederholung des Verhältnisses zu dem geliebten Mädchen den jungen Dichter in den Tod trieb. Als Kierkegaard den ursprünglichen Schluß der Wiederholung aus dem Manuskript herausschnitt und (gegen seine Gewohnheit, Entwürfe aufzuheben) vernichtete, strich er die Parenthese hinter „Offenherzigkeit" fort.

[16] Es handelt sich um den Anfangsvers des Gedichtes „Der greise Liebhaber" (Den gamle Elsker) von Kierkegaards Lehrer Poul Møller. Auf dies Gedicht wird nun in den Verlobungsbriefen Kierkegaards an Regine mehrfach angespielt, und eine Tagebuchaufzeichnung aus dem Anfang der Verlobungszeit (Papirer III A 95) gibt eine Analyse der eigentümlich gesteigerten Liebesempfindung, die entsteht, wenn ein junger Liebender seine Liebe im Spiegel der Erinnerung, die ihn dereinst als Greis bewegen wird, erlebt. Der Vers ist also das entscheidende Liebessymbol des kurzen ersten glücklichen Abschnitts in Kierkegaards Verlobungszeit gewesen, und Regine Olsen hat von der Bedeutung, welche dieser Vers in Kierkegaards Liebe zu ihr hatte, gewußt. Wenn Kierkegaard hier also den jungen Dichter diesen Vers als gesammeltsten Ausdruck seiner Liebe immerzu wiederholen läßt, so will er damit Regine verführen, den jungen Dichter mit Kierkegaard gleichzusetzen und in der Geschichte des jungen Dichters den Grund für die Unvermeidlichkeit der Aufhebung des Verhältnisses zwischen Kierkegaard und ihr zu erkennen. Die näheren Belege findet der Leser in E. Hirsch, Kierkegaard Studien 1931/33 Bd. I. S. 65ff.

[17] Strandweg: Die bekannte schöne Straße, die von Kopenhagen zwischen Sund und großen Waldungen dahinführt.

[18] Untergang: dän. Undergang (Lehnwort aus dem Deutschen). Diese Andeutung des ursprünglichen tragischen Schlusses hat Kierkegaard versehentlich stehen lassen (vgl. Anm. 15).

[19] Die Täuschung, die Muse für die Geliebte zu halten, ist ein beliebtes Motiv romantischer Dichtung (vgl. E. T. A. Hoffmanns Novelle „Der Artushof"), mithin nicht aus Kierkegaards persönlichem Leben genommen. Die eigenartige Mischung von Konfession und Mystifikation ist in der Wiederholung noch stärker als in Kierkegaards andern Schriften.

[20] Lessing in der Vorrede zu seinen Fabeln und Abhandlungen über die Fabel 1759: „So lange der Virtuose Anschläge fasset, Ideen sammlet, wählet, ordnet, in Plane verteilet: so lange genießt er die sich selbst belohnenden Wollüste der Empfängnis. Aber sobald er einen Schritt weiter gehet und Hand anleget, seine Schöpfung auch außer sich darzustellen: sogleich fangen die Schmerzen der Geburt an, welchen er sich selten ohne alle Aufmunterung unterziehet."

[21] Das Bild ist vom Bühnenvorhang genommen, der aufgezogen werden soll.

+[22] Ursprünglich hieß es hier: „. . . den Plan durchzuführen, er erschoß sich. Seiner Seele mangelte . . ." Kierkegaard ersetzte, als er das Konzept mit dem neuen andern Schluß in die Druckerei schicken wollte, die Worte „er erschoß sich" zunächst durch die blassere Aussage: „er war verschwunden" und strich dann auch diese. Zur Erklärung vgl. das Anm. 15+ Gesagte. Die Stelle hier beweist, daß der Tod des jungen Dichters in der ursprünglichen Wiederholung als Selbstmord aus Verzweiflung über die Unmöglichkeit der Wiederholung gedacht war. Auch der ursprüngliche Untertitel „Ein fruchtloser Versuch" wird erst durch diese Stelle hier in seinem grausigen Sinn deutlich. Man beachte auch den Charakter, den Kierkegaard dem Erzählenden ursprünglich gegeben hat. Dieser Constantin Constantius (oder, wie er in der ursprünglichen Wiederholung mit schauerlichem Spott sich nannte: Victorinus de bona speranza) hat der Nachricht vom Selbstmorde des jungen Dichters nichts als die trockne Bemerkung beizufügen, daß es ihm eben an der Federkraft der Ironie gefehlt habe.

[23] auf eigne Verantwortung: dän. under egne Auspicier.

[24] Hier bei Kierkegaard ein deutscher Sprachbrocken. Es heißt im dänischen Text: ... da hans Hjerte bestandig „ging ihm über" i hiint Vers ... Es scheint so, als ob in Kierkegaards Ohr eine Erinnerung an Goethes König in Thule („Die Augen gingen ihm über") aufgeklungen wäre. Die Ideenassoziation lag für ihn nahe, da auch der König in Thule ein in der Liebe der Erinnerung dem Tode entgegengehender greiser Liebhaber ist.

+[25] Statt Verschwinden hieß es ursprünglich: „Tod". Die Änderung ist von Kierkegaard so mechanisch gemacht, daß die Worte „die Nachricht davon" (nämlich eigentlich vom Tode, d. h. Selbstmorde des jungen Dichters) stehen geblieben sind, obwohl sie nunmehr ziemlich sinnlos klingen. Vgl. Anm. 15+, 22+ und 66+.

[26] Diese Worte sind Mai 1843 geschrieben. Genau sechs Jahre vorher, Mai 1837, hat Kierkegaard bei einem Besuch in Frederiksberg (mit berühmtem Schloß und Park, heute Kopenhagener Vorstadt) Regine Olsen zum ersten Mal gesehn.

[27] Wo l'Hombre mit deutschen Karten gespielt wird, ist Schippen-Zwei der höchste Trumpf, der jedoch nur dann gilt, wenn der ihn Ausspielende schon einen Stich gemacht hat. — Inwiefern die griechische Lehre vom Sein und Nichtsein und vom Augenblick seiner Auffassung nach Hegels Dialektik mit ihrem „Übergang" und ihrer „Vermittlung" in Frage stellt, hat Kierkegaard im Begriff Angst Kap. III näher auseinandergesetzt; vgl. S. V. IV 350ff.

[28] Die dänischen Hegelianer sagten für „Vermittlung" mangels eines geeigneten Worts aus dänischer Sprachwurzel Mediation; das Wort für Wiederholung hingegen ist aus rein dänischer Sprachwurzel gebildet. Es ist bezeichnend für Kierkegaards Teilhaben an dem eben zu jener Zeit lebhaft erwachenden dänischen Nationalismus, daß er ein solches Argument brauchen kann.

[29] die Losung: Løsnet, d. h. das Substantiv Løsen mit angehängtem Artikel. Løsen heißt im Dänischen Losung, Losungswort, Parole; in der älteren Sprache wird es nebenher auch gebraucht für die feierliche Begrüßung durch 3, 9 oder 27 Kanonenschüsse („Dansk Løsen"). Kierkegaard

hat diese Stelle im Begriff Angst S. V. IV 290, gemäß einer Wandlung in seiner Anschauung vom Ethischen, gewaltsam so interpretiert, als ob das Wort „Lösung" hieße; vgl. dazu diese deutsche Kierkegaardausgabe 11. und 12. Abteilung Anm. 30. Der Zusammenhang zeigt aber klar, daß Kierkegaard ursprünglich wirklich die Bedeutung Losung gemeint hat.

[30] Die vom Übersetzer in Anführungsstriche gesetzten Worte sind auch bei Kierkegaard deutsch. Ein Zitat aus Hamann scheint die deutsche Periode nicht zu sein, wohl aber eine in Hamannschen Floskeln gegebene Charakteristik von Hamanns Schreibart durch Kierkegaard, der viel und gern in Hamann gelesen hat.

[31] Laut Mitteilung der dänischen Ausgabe handelt es sich um T. A. Ussing, einen der Führer der dänischen liberalen Bewegung, seit 1837 zu konservativerer Haltung zurücklenkend, 1840 Professor in der juristischen Fakultät der Universität Kopenhagen. Seine politische Tätigkeit fällt in Kierkegaards Studentenzeit.

[32] Anspielung auf Ussings Gesinnungswechsel.

[33] Um in der Schilderung, welche Kierkegaard Constantin Constantius von dessen zweiten Berliner Reise im Vergleich mit der ersten machen läßt, Dichtung und Wahrheit zu unterscheiden, ist es wichtig, aus Kierkegaards Briefwechsel (Herausgeg. v. N. Thulstrup, 2 Bde., Kopenhagen 1953 f) die wichtigsten erreichbaren äußeren Tatsachen über Kierkegaards eigne beiden Berliner Reisen (vgl. Anm. 6) zusammenzustellen. Kierkegaard ist auf seiner ersten Reise nach Berlin in Stralsund an Land gegangen und hat von dort aus die 31 Meilen nach Berlin mit der für seine Begriffe sehr schnellen preußischen Post in 22 Stunden zurückgelegt. Er hat zuerst Mittelstr. 61 gewohnt, ist dann aber bald wegen Mißhelligkeiten mit dem Wirt nach Jägerstr. 57 (Ecke Charlottenstraße, mit Blick auf den Gendarmenmarkt, wohl damals dem schönsten Platze Berlins,) umgezogen. Diese zweite Wohnung nennt er „gut, groß und vornehm". Sie ist ein ganzes Apartement gewesen. Während er arbeitete, stand die Flügeltür zum nächsten Zimmer offen. Er hörte täglich drei bis vier Stunden Kolleg, nahm täglich eine Stunde deutschen Sprachunterricht und lebte im übrigen sehr zurückgezogen, seine Kraft dem Studium und vor allen Dingen der Arbeit an Entweder/Oder widmend. Die Gedanken meditierte er nach seiner Art auf Gängen durch die (seiner Wohnung sehr nahe liegende) Straße Unter den Linden, die damals noch die beliebteste Promenade Berlins war, und auch in den Tiergarten hinein. Den Sonntag hielt er sich frei, machte aber keine Ausflüge. Aus den Briefen geht noch hervor, daß er gelegentlich den Wintergarten und die Königliche Oper (Aufführung von Mozarts Don Juan) sowie einige Ausstellungen besucht hat, und daß er an der Weihnachtsfeier der in Berlin wohnenden Dänen, denen er sich im allgemeinen ferne hielt, teilgenommen hat. Irgendwelchen Verkehr in deutschen Kreisen hat er nicht gehabt. Kleinszenen aus dem Kollegsaal und aus dem Straßenleben sind das einzige, was er vom deutschen Leben berichtet. Die Rückfahrt geschah mit der Post über Hamburg nach Kiel und von dort mit Dampfschiff. Auf der zweiten Reise nach Berlin ist Kierkegaard am Montag,

den 8. Mai 1843 mit dem Dampfschiff abgefahren. Er hat, obwohl die Eisenbahn zwischen Angermünde und Berlin schon fertig war, für die ganze Strecke an Land die Post benutzt. Der 10. Mai 1843 (Mittwoch nach Jubilate), wohl sein erster Tag in Berlin, war nach der damaligen preußischen Kirchenordnung Landesbuß- und Bettag. Kierkegaard hat zuerst im Hotel Saxen gewohnt und ist dann wieder nach Jägerstr. 57 gezogen; doch hatte sein Hauswirt für ihn nur noch eine Stube, in der zugleich Schreibtisch und Bett standen, frei. Kierkegaard hat auf diesem zweiten Berliner Aufenthalt jeden menschlichen Verkehr so gut wie vermieden und nahezu den ganzen Tag am Schreibtisch gesessen. Nach seinem Empfinden waren Ideenfülle und Arbeitstempo in ihm noch nie so groß gewesen wie damals. Immerhin hat er noch Zeit gefunden, das Königstädter Theater zu besuchen. Den von Constantin Constantius in die zweite Linie gestellten Grobecker nennt er seinen Lieblingsschauspieler. Die Rückreise erfolgte, als er mit der Wiederholung fertig war und Furcht und Zittern zu schreiben angefangen hatte, weil er zu diesem Werke seine Bibliothek nötig hatte. Aus einem Briefe an einen in Berlin wohnenden Dänen (No. 81 bei Thulstrup; der Brief gehört zeitlich hinter Brief No. 82 bei Thulstrup) geht hervor, daß die Rückreise noch im Mai (laut Brief No. 82 nach dem 25. Mai) erfolgte, und daß Kierkegaard diesmal von Berlin bis Angermünde die Eisenbahn (Fahrkarte 1. Klasse) benutzt hat; das ist die erste und einzige Eisenbahnfahrt seines Lebens. Außer einer komischen Szene von der Eisenbahnfahrt, welche seine Unfähigkeit zu deutscher Konversation übertrieben schildert, ist keine Einzelheit weiter von dieser zweiten Berliner Reise bekannt. Vergleicht man mit der von Constantin Constantius geschilderten Reise, so sind einige Äußerlichkeiten verwandt (Ankunft am Buß- und Bettag; Beziehen eines Zimmers aus dem früher bewohnten Apartement; plötzlicher Abbruch des Aufenthalts). Auch die Schilderung des unangenehmen Wetters wird richtig sein, da Kierkegaard in seinen Briefen von 1843 von Kränklichkeit und körperlicher Schwäche spricht. Völlig verändert ist hingegen Gehalt und Stimmung der Reise. Kierkegaard spricht in seinem Brief an E. Boesen vom 25. Mai 1843 davon, daß er im Sturzbad der Ideen steht und von ihrer reifen Fülle fast zu Tode versehrt wird, daß er in einer entscheidenden Krise steht, die, wenn er nicht in ihr stirbt, ein neuer Lebensanfang ist, und daß der Freund ihn bei der bevorstehenden Heimkehr fröhlicher finden werde denn je. Dies Kopieren zufälliger anekdotischer Züge aus der eignen äußeren Lebenswirklichkeit bei völliger Verkehrung und Entstellung des gleichzeitigen inneren Erlebens ist für Kierkegaards ganze dichterische Produktion bezeichnend und hat die Kierkegaardforscher bei ihren biographischen Rückschlüssen aus der dichterischen Produktion vielfach in Irrtümer verstrickt.

34 „Die aesthetische Giltigkeit der Ehe" ist die Überschrift der ersten Abhandlung im zweiten Teil von Entweder/Oder. Kierkegaard ironisiert sich selber durch die Feder des Constantin Constantius.

35 Anspielung auf eine ältere katholische Aschermittwochszeremonie.

36 „Das ganze Berlin" auch bei Kierkegaard deutsch. Gemeint ist wohl,

daß der Lohndiener einen damals für vier Groschen durch die ganze Stadt hin von einer Sehenswürdigkeit zur andern lotste.

[37] „auf der Eisenbahn" auch bei Kierkegaard deutsch. Kierkegaard hat getan, worüber er Constantin Constantius spotten läßt, vgl. Anm. 33.

[38] großartig: auch bei Kierkegaard deutsch. In einem Brief vom Dez. 1841 erwähnt Kierkegaard, daß ein Berliner ihm gegenüber den Wintergarten großartig genannt hat (Brief No. 58 bei Thulstrup).

[39] Das Königstädter Theater am Alexanderplatz in Berlin pflegte wesentlich die volkstümliche Posse. Seine beiden berühmtesten komischen Schauspieler, die ihm in der ersten Hälfte der Vierziger weit über Berlin hinaus einen Ruf verliehen, waren Friedrich Beckmann (geb. 1803, bis 1846 in Berlin, gest. 1866 in Wien) und Philipp Grobecker, (geb. 1815, seit 1840 am Königstädter Theater, gest. 1883). Kierkegaard erwähnt und charakterisiert sie weiter unten genau.

[40] Zwei damals berühmte Gaststätten Kopenhagens.

[41] Joh. Nestroys Posse „Der Talisman" ist 1843 erschienen.

[42] gestaltend: auch bei Kierkegaard deutsch, aber mit dänischer Endung. Das Hauptwort „Gestalt" kommt als Fremdwort aus dem Deutschen auch sonst im älteren Dänisch vor.

[43] Schattenspiel: auch bei Kierkegaard deutsch.

[44] Die dänische Ausgabe vermutet, daß Kierkegaard das Blatt Chodowiecki No. 8 des Kopenhagener Kupferstichkabinetts meint, welches jedoch nicht die Gründung Roms darstellt.

[45] von selbst: bei Kierkegaard lat. eo ipso.

[46] Sokrates bei Plato, Phaedrus 229 E/230 A. Die Platostelle ist in dieser deutschen Kierkegaardausgabe 10. Abtl. (Philosophische Brocken) Anm. 89 ausgedruckt.

[47] Die dänische Ausgabe verweist hierzu auf Baggesen, Danske Vaerker 12,25.

[48] Es handelt sich um ein Lustspiel J. L. Heibergs, auf das Kierkegaard sich mehrfach bezieht; vgl. Philos. Brocken S. V. IV 176.

[49] Wildparkhügel: Volksvergnügungsort im Wildpark (Dyrehaven) bei Kopenhagen.

[50] links: auch bei Kierkegaard deutsch.

[51] unheimlich: auch bei Kierkegaard deutsch.

[52] Vermutlich kritische Hindeutung auf die kantisch-fichtische Lehre, daß das Leben nach dem Tode ein unendliches sittliches Fortschreiten und Streben zur Vollkommenheit hin sei.

[53] Hier ist die größte, nahezu tolle Abweichung der zweiten Berliner Reise des Constantin Constantius von der Kierkegaards. Kierkegaard hat sich auf ihr (vgl. Anm. 33) gerade im Sturzbad der Ideen gefühlt und ununterbrochen an eben der Wiederholung geschrieben, in der er Constantin Constantius das Gegenteil erleben läßt.

[54] Johannes Ewald, dänischer Lyriker und Dramatiker, geb. 1743, gest. 1781. Die dänische Ausgabe verweist auf Ewalds Gedicht „Aufschrift auf eine Kaffeekanne", Ewalds Samlede Vaerker (1791) IV 365. Kierkegaard ist selbst ein starker Liebhaber des Kaffees gewesen, den er aus kostbaren Meißner Tassen zu trinken pflegte. Von jenem Konditor erzählt er in den Briefen seiner ersten Berliner Reise, daß er besseren Kaffee braue als man in Dänemark zu bekommen pflege.

[55] Vergil, Aeneis IV 698 f.

[56] Sprüche Salomonis 19,13 (nach der Fassung der dänischen Kirchenbibel).

[57] Justinus Kerner, geb. 1786, gest. 1862.

[58] Die dänische Ausgabe verweist hierzu auf J. L. Heibergs Lustspiel Kjøge Huskors 46. Szene.

[59] wieder holen: verstehe wieder nehmen. Um das Wortspiel herauszubringen, mußte die andre Übersetzung gewagt werden.

[60] Shakespeare, Troilus und Cressida (Übersetzung von Ludwig Tieck) 1. Akt, 2. Szene. Bei Shakespeare handelt es sich um spärlich gewachsene Barthaare.

[61] laß laufen: dän. lad gaae, eine sprichwörtliche Redewendung, deren Sinn (eigentlich: „laß es geschehen") sich unter Umständen abstumpft bis zu einem eine Sache mit Gleichgiltigkeit abschließenden „Meinetwegen" oder „Von mir aus!" Kierkegaard scheint dem Übersetzer an allen Stellen, an denen er diese Redewendung gebraucht, gemäß seinem ganzen Verhältnis zur Sprache einen expressiven Sinn hineinzuhören. In der ursprünglichen Wiederholung hätte der Übersetzer die Worte mit „laß fahren" (nämlich Leben und Liebe und alles) wiedergeben müssen. In der jetzigen Fassung schien ihm die Übersetzung „laß laufen" (nämlich: laß es gehen wie es will, streng dich nicht ethisch mit der Aufgabe an, die das Verhältnis zur Geliebten dir stellt), noch am ehesten den nunmehr sich ergebenden Sinn zu treffen. In der ursprünglichen Wiederholung sollte die Stelle wohl sagen, daß die Flucht des jungen Dichters vor der Wiederholung in den Tod im Grunde noch immer ein leichteres und besseres Ende gewesen sei, als wenn er sich der Wiederholung des Verhältnisses zum Mädchen ausgesetzt und dann wie der Knabe des deutschen Volksliedes vor Entsetzen an gebrochenem Herzen gestorben wäre. In der heutigen Wiederholung wirkt die Stelle sonderbar unmotiviert und dunkel, als ein reiner Lyrismus des an der Wiederholung verzweifelnden Constantin Constantius, ein Lyrismus, welcher angesichts der läppischen Art, in der Constantin Constantius an der Wiederholung scheitert, künstlerisch recht unmotiviert erscheint. — Die Zeilen aus dem deutschen Volkslied sind auch bei Kierkegaard auf deutsch gegeben.

[62] Hegesias Peisithanatos, Schüler Aristipps, nach Cicero Tuscul. I 34 (83).

+[63] Von dem nunmehr beginnenden neuen Abschnitte an hat das zurechtgemachte Konzept, das Kierkegaard in die Druckerei schickte, ein anderes

Format. Der nunmehr zunächst folgende Abschnitt S. V. IV 214—222 (Einleitung zu den Briefen) ist eine selbständige Lage für sich. Es läßt sich, vgl. Anm. 66+ und Anm. 70, wahrscheinlich machen, daß diese Einleitung zu den Briefen nachträglich, als Kierkegaard der Wiederholung den andern Schluß gab, hinzugefügt worden ist, wahrscheinlich anstelle einer von ihm vernichteten anderen Einleitung.

[64] Zumutung: auch bei Kierkegaard deutsch.

[65] Lukian von Samosata, Demonax 11.

+[66] Hierzu am Rande folgende wieder gestrichene Ergänzung: „Vor allem wunderte es mich, daß sie so große Bedeutung für ihn gehabt haben sollte; denn von irgend etwas in eigentlichem Sinne Erweckendem, Begeisterndem, Schöpferischem fand sich keine Spur. Es war ihm ergangen, wie es melancholischen Menschen recht oft ergeht: sie fangen sich selbst; er hat sie idealisiert, und nun hat sie geglaubt, so sei sie." Diese Bemerkung ist sicherlich Juli 1843, als Kierkegaard von der Wiederverlobung Regines vernahm und die ursprüngliche Wiederholung umarbeitete, niedergeschrieben. Sie ist dann, wie manche gar zu grobe Bemerkung, unmittelbar vor oder bei der Drucklegung gestrichen worden. Da es eine Randbemerkung ist, beweist ihre Zugehörigkeit zur späteren Schicht nichts Sicheres für das übrige Einleitungsstück zu den Briefen (S. V. III 214—222). Immerhin spricht der ganz andere Tenor dieses Einleitungsstücks, sowie der zweimalige Gebrauch des Wortes Verschwinden (vgl. dazu Anm. 25+) nebst dem Hinweis darauf, wie leicht ein Verschwinden als Selbstmord gedeutet werden könne, wohl dafür, daß das ganze Einleitungsstück, so wie wir es kennen, der späteren Fassung zugehört. Es gibt in Kierkegaards Konzepten häufig Ergänzungen am Rande, die unmittelbar während des Schreibens hinzugefügt worden sind. Vgl. auch Anm. 63+ und 70+.

+[67] Die in Klammern stehenden Worte sind nur der durch die nachträgliche Verstümmelung ziemlich unverständlich gewordene Rest einer scharfen polemischen Bemerkung. Ursprünglich lautete die Parenthese: „(ich meine den griechischen. Denn die einzelnen Männer, welche ebenso wie die wächsernen Doktoren [doctores cerei] im Mittelalter, von einem Rezensenten zu Aristophanessen ernannt worden sind, haben nicht viel zu bedeuten, so ein deutscher, dänischer, spanischer, jütischer Aristophanes ist eine ebenso gute Firma wie die jütische Frau Heiberg.)" Diese Bemerkung richtet sich zugleich gegen J. Ludwig Heiberg wie gegen H. L. Martensen. Heiberg hatte 1841 eine „apokalyptische Komödie" veröffentlicht: „Eine Seele nach dem Tode", und H. L. Martensen hatte in seiner Rezension diese Kierkegaard anstößige Dichtung in Anspielung auf die Frösche des Aristophanes „aristophaneisch" genannt. Kierkegaard kommt auf die Sache in den Vorworten zurück (S. V. V 29), nimmt dort aber ein anderes lobendes Stichwort Martensens („divina comedia in Miniatur") aufs Korn. „Wächserne Doktoren" wurden im englischen Mittelalter die Bettelmönchdoktoren von geringen Universitäten genannt; die dänische Ausgabe vermutet, daß Kierkegaard vielmehr an die von den kaiserlichen Pfalzgrafen frei ernannten „doctores bullati“ (d. h. Doktoren, die außer dem Diplom nichts aufzuweisen haben) denkt.

68 Von Lukian von Samosata ist eine Schrift „Gespräche in der Unterwelt“ (Dialogi mortuorum) erhalten.

69 was Andres: auch bei Kierkegaard deutsch..

+70 Die ganzen letzten Sätze sind klar unter Kenntnis der Wiederverlobung Regines geschrieben, somit nicht der ursprünglichen Wiederholung zugehörig (vgl. Anm. 66+) und müssen verstanden werden als ein — durch die fast zynische Ausdrucksweise nur schlecht versteckter — erster Versuch Kierkegaards, das durch die Geschichte mit Regine ihn packende innere Schicksal auf den Willen Gottes zurückzubeziehn.

71 Aufhebens: Wortspiel, welches in die vulgäre Bedeutung von viel Aufhebens machen den Begriff des Aufhebens aus der Philosophie Hegels ironisch hineinklingen läßt.

72 Hiob 2, 8—11.

+73 Während das Einleitungsstück zu den Briefen nach dem Anm. 66+ u. 70+ Gesagten, mindestens in seiner gegenwärtigen Fassung, zu den umgearbeiteten Stücken der Wiederholung gehört, sind die Briefe des jungen Dichters, soweit sie S. V. III 223—248 stehen, der ursprünglichen Wiederholung zugehörig.

+74 Hier hat Kierkegaard ursprünglich eine Fortsetzung gehabt, die er bei der Drucklegung strich, und deren Druck nach der Verlobung Regines mit einem andern in der Tat ganz unmöglich gewesen wäre: „Es geht mir wie einem Mädchen, das ich gekannt habe: sie bewunderte den Geliebten dermaßen, daß sie sich so recht wohl nur befand, wenn er seine Augen schloß, und ihr versprach, sein Angesicht so apathisch aussehen zu lassen, daß noch nicht einmal die Möglichkeit bestand, daß es das bedeuten konnte, was es sonst so oft bedeutete.“ Die Stelle beweist, daß dieser Brief des jungen Dichters zur ursprünglichen Wiederholung gehört.

+75 Anstelle dieses Satzes hat es ursprünglich geheißen: „Sind ihre Lippen erbleicht, diese Lippen, dieser Kuß, der auf ihnen erblühte, dessen Süße ich leidenschaftlicher einsog als Thor, da er das Weltenmeer austrank, dieser Kuß, der im nächsten Augenblick noch frischer sich rötete, obwohl ich doch meinte, ich hätte ihrem ganzen Leibe das Blut ausgesogen.“ Dieser Satz ist dann gestrichen und sogar mit Tinte schwer leslich gemacht worden. Stattdessen wurde am Fuß der Seite der im endgiltigen Text stehende Satz hingeschrieben und durch Strich und NB dem Setzer die nötige Weisung gegeben. Zum Verständnis des Vorgangs vgl. Anm. 74+.

76 In den Briefen Kierkegaards aus Berlin an Emil Boesen Winter 1841/42, in denen der Freund um unauffällige Beobachtung Regines und um Nachrichten über sie gebeten wird, ist der Name Regines folgerichtig vermieden und überhaupt eine kunstvoll umschreibende Sprache, die nur der Eingeweihte ohne weiteres verstehen konnte, angewandt.

77 Sinntreue Verdeutschung eines dänischen Zweizeilers, für den die

dänische Ausgabe folgenden Nachweis gibt: Schack-Staffeldt, Elskovsbaalet (Der Scheiterhaufen der Liebe) in „Digte", herausgegeben v. Liebenberg II 327.

78 Dieser Vierzeiler auch bei Kierkegaard deutsch; Herkunft nicht nachgewiesen.

79 Pred. Sal. 12,1.

+80 Statt „ergebener namenloser Freund" hatte Kierkegaard ursprünglich geschrieben „Alphons".

81 Hiob 1,21, d. h. der Ergebungsspruch, den Hiob tut, als Gott ihm alles genommen, ihn aber im Mark seiner Gesundheit noch nicht angetastet hat.

82 Hiob 2,13, d. h. das Schweigen des mit Aussatz geschlagenen Hiob, welches der leidenschaftlichen Klage und Anklage wider Gott vorhergeht.

83 Hiob 7,11. Da, wo Luther „in der Betrübnis meiner Seele" übersetzt, hat die dänische Bibel „in der Bitterkeit meiner Seele".

84 Pierrot: Name einer kasperleähnlichen Bühnenfigur.

85 Cicero, Pro Rostio 30,84.

86 Das neue Religionslehrbuch des dänischen Bischofs U. E. Balle hat lange dem Religionsunterricht in Dänemark zugrunde gelegen. Vgl. auch Kierkegaard, Vorworte S. V. V 12 samt Anm. 307 der 11. u. 12. Abtl. dieser deutschen Kierkegaardausgabe.

87 deutschen: im Urtext „dänischen". Die Dänen gebrauchten damals für ihre Muttersprache noch überwiegend die deutsche Schreibschrift und Druckschrift. (Auch Kierkegaard schrieb und druckte in deutschen Lettern.) Es ist natürlich, daß sie diese Schriftarten „dänisch" nannten.

88 Gotteshandwurz: der dänische Name für die große Händelwurz (= Händchenwurz), Orchis conopsea L.

89 Philoktet: Anspielung auf das bekannte Drama des Sophokles mit seinen vielen leidenschaftlichen Klageschreien.

90 Hiob 16,21 nach einer älteren heute aufgegebenen Deutung der Stelle Luther 1545: „Wenn ein Mann kunnt mit Gott rechten wie ein Menschenkind mit seinem Freunde."

91 Jesaja 40,6—8.

92 Hiob 19,21.

93 Hiob 13,4 nach der dänischen Kirchenbibel.

94 Hiob 6,5.

95 Es ist angespielt auf das Gewitter (Luther: Wetter), in welchem Gott Hiob 39ff erscheint und antwortet.

96 Hiob 29,4. In der dänischen Bibel heißt es „Vertraulichkeit", wo in der Lutherbibel Geheimnis steht.

97 Hiob 42,10ff.

98 Kierkegaard hatte Regine um seine Freiheit gebeten, und sie hatte sie

ihm leidenschaftlich und verzweifelt verweigert. Die Stelle ist vor der Kenntnis von Regines Wiederverlobung geschrieben, vgl. Anm. 73+.

[99] Nach Mitteilung der dänischen Ausgabe konnten in Dänemark zum Tode Verurteilte, wenn das Urteil zu hart erschien, „bis zur königlichen Begnadigung" einem Zuchthaus überwiesen werden und erhielten dann je nach ihrer Führung („Besserung") früher oder später die Freiheit. Es scheint so, als ob die so Gefangenen gesagt hätten, sie säßen gefangen „bis zur Unschuld".

+[100] Hier endet das, was von der ursprünglichen Wiederholung erhalten ist. Den Rest der ursprünglichen Wiederholung hat Kierkegaard aus dem Manuskript entfernt und ganz gegen seine Gewohnheit, alle Konzepte und verworfenen Stücke sorgfältig für die Nachwelt aufzubewahren, vernichtet. Reststreifen von fünf beschriebenen Blättern, die nahe an der Faltkante aus dem Manuskript herausgeschnitten sind, sind das einzige Übriggebliebene. Ob hinter ihnen noch ein weiteres ganzes Konvolut mit einem andern Nachwort des Constantin Constantius entfernt worden ist, läßt sich nicht feststellen. Alles aber, was in der heutigen Wiederholung S. V. III 249—264 folgt, ist erst nach der Kenntnis von der Wiederverlobung Regines geschrieben und hat mit der ursprünglichen Wiederholung nichts zu tun. Auch abgesehen von den urkundlichen Bestätigungen, die sich aus dem Manuskript entnehmen lassen, muß aber jeder Leser empfinden, daß es schlechterdings widersinnig ist, an die einen tragischen Schluß vorbereitenden, in ihrer Darstellung der Verzweiflung unvergleichlichen Briefe des jungen Dichters ein so possenhaftes und albernes Ende zu heften. Dieser literarische Widersinn ist nun jedoch der folgerichtige literarische Ausdruck für die Katastrophe, welche die Nachricht von Regines Wiederverlobung in Kierkegaard angerichtet hat.

+[101] Ursprünglich hieß es statt dieses Satzes: „Man muß ein Mädchen sich leer schreien lassen, sie reizen, daß sie schreit, umso geschwinder vergißt sie. Hat man so getan, dann hat man lediglich darauf zu achten, daß man das Eisen schmiedet, solange es heiß ist. Es gibt keinen Augenblick, da ein Mädchen mehr geneigt wäre zu einer neuen Liebe zu greifen, als wenn sie eine Liebe fahren läßt, die sie das Leben gekostet hätte. Da achte man darauf, ihr einen Mann in den Arm zu stecken, sie nimmt ihn, und wäre es gleich ein Mann, den man in der Krambude gekauft hätte." Diese Stelle beweist, daß wir uns hier im Zusammenhang der Juli 1843 geschriebenen neuen Textteile befinden und bestätigt somit das Urteil Anm 100+. Das Streichen dieser unbeherrschten Grobheit trägt also — ebenso wie die im Folgenden sonst noch zu verzeichnenden Textänderungen — einen andern Charakter als die Umgestaltungen der ursprünglichen Wiederholung. Es ist eine Ermäßigung oder Abmilderung der bittern Reaktion Kierkegaards auf Regines Wiederverlobung.

+[102] Von hier ab bis zum Ende des Absatzes (d. h. bis „. . . Heirat") hat es ursprünglich geheißen: „. . . so wäre ich zermalmt. Darum würde ich kein Bedenken tragen jegliches Mittel anzuwenden, um sie zum Sturze zu bringen, d. h. zur Heirat."

+[103] ihn: geändert aus ursprünglich „mich".

+[104] eine sehr simple und plebejische Kunstfertigkeit: geändert aus ursprünglich „eine tierische Kunstfertigkeit."

+[105] Fehlgriff: geändert aus ursprünglich „Fehltritt."

+[106] Gestrichene Fortsetzung: „als Rache und Vergeltung an denen, welche die Mädchen zum Narren halten."

+[107] damit: verstehe: damit, sie um seine Freiheit zu bitten. Der Satz geht auf den jungen Dichter. Er hatte ursprünglich eine Fortsetzung: „. . . denn ich meine, sie ist gerade so gewesen wie andre Mädchen."

+[108] ernstlich angestrengt: geändert aus ursprünglich „nach Weiberart alles erlaubt".

+[109] Gestrichene bissige Fortsetzung: „Könnte ein Mädchen gleich die unbeschreibliche Befriedigung haben, welche in der Länge sattmacht, daß sie für einen Mann sehr viel getan habe, daß sie einen Menschen sich selbst zurückgegeben habe, so wählt doch nur eine seltene Ausnahme dies. Allermeist wählt es ein Mädchen, einen Menschen in Grund und Boden zu ruinieren, und dann ist sie so großmütig, ihn zu trösten mit ihrer Umarmung und einem Hümpel Kinder."

+[110] so manches Mädchen bei sich bietender Gelegenheit: geändert aus ursprünglich „ein Mädchen".

+[111] ein Verführer: geändert aus ursprünglich „der erbärmlichste Verführer".

+[112] Gestrichene Fortsetzung: „So ein Mädchen müßte um der jungen Menschen willen nicht bloß an einem schwarzen Zahne kenntlich sein, nein, sie müßte grün sein im ganzen Gesicht. Aber das ist wohl zuviel verlangt. Es gäbe dann so viele grüne Mädchen." Im Tagebuch des Verführers S. V. I 394 ist erwähnt, daß der Verführer einen schwarzen Zahn bekommt. Horaz Ode II 8 erwähnt den schwarzen Zahn als Zeichen von Treulosigkeit.

+[113] als Übertreibung . . . als ein kleines lyrisches Impromptu, eine empfindsame Kurzweil (divertissement): geändert aus ursprünglich „als Wind".

+[114] Idee: geändert aus ursprünglich „fixe Idee".

+[115] Gestrichene Fortsetzung: „. . . und ihn davor gerettet, daß er sein Leben in dem tragikomischen Widerspruch hätte, einem andern Menschen viel zu danken, eben weil dieser andere Mensch stark genug war, ihm totaliter Unrecht zu tun.

+[116] Das Satzstück von: „Was das andere Geschlecht" bis „gar keine" hat ursprünglich gelautet: „Was das andere Geschlecht angeht, hab ich meine sehr eigene Anschauung. Zu einem großen Teil habe ich es aufgegeben, sintemal . . ." und weiter wie im endgiltigen Text.

+[117] Ursprünglich lautete es: „. . . und daher kann man sie noch nicht einmal verachten. Falls ich mich selbst darüber ertappte, daß ich ein Lügner wäre, ein Mörder, ja ein Heuchler, so würde ich doch nicht in Verzweiflung sinken; denn ich würde noch auf die Reue hoffen; aber falls ich mir selber komisch würde, falls ich entdeckte, daß meines Gefühls Gehalt Geschwätz sei, ich glaube, ich würde so stark erröten, daß ich daran stürbe. Stoße ich im Leben auf einen Heuchler, so geht es mir so wie der Dichter von jenem starken Manne sagt, der auf eine Schlange tritt — und so verachte ich; aber ich verachte, und auch dies ist gesund. Wenn ich dagegen ein Mädchen sehe, welches nicht heuchelt, sondern glaubt, und mit den heiligsten Beschwörungen für seinen Glauben bürgt, und im nächsten Augenblick etwas andres glaubt, so wirkt das auf mich, als ob ich den Mund voll frischer Butter bekäme, in der man das Salz vergessen hätte."

118 Gegen den 31. Mai 1843 ist Kierkegaard, vgl. Anm. 33, wieder in Kopenhagen gewesen. Doch hat er bei seinem völlig zurückgezogenen Leben damals die Wiederverlobung Regines wahrscheinlich erst im Juli erfahren.

119 Das Gewitter, von dem der Brief des jungen Dichters vom Februar sprach, hat einen völlig entgegengesetzten Sinn zu dem, was in diesem Briefe Gewitter heißt.

120 Hiob 42,10.

121 Die griechische Göttin der Geburt.

+122 Im August 1843: geändert aus ursprünglich „im Juli 1843"; vgl. die parallele Änderung Anm. 3. Der Tatbestand hier und dort ist wie folgt zu deuten: Die ursprüngliche Wiederholung ist Mai 1843 in Berlin geschrieben, die Entstellung und Umwandlung zur gegenwärtigen Fassung ist Juli 1843 in Kopenhagen nach Kenntnis der Wiederverlobung Regines geschehen. Als Kierkegaard die Wiederholung im August in den Druck gab, änderte er beide Daten und vernebelte so die persönlichen Beziehungen und die Entstehungsgeschichte der Schrift.

123 „unter uns": auch bei Kierkegaard deutsch.

124 Wo die Übersetzung „Seine Hochehrwürden" und „Seiner Hochwürden" hat, steht bei Kierkegaard „eine Wohlehrwürdigkeit" und „einer Hochwürdigkeit". Gemeint sind der schlichte Pastor und der höhere geistliche Würdenträger. Die Übersetzung hat die Prädikate so geändert, daß dieser Sinn sich dem heutigen deutschen Sprachgebrauch gemäß ausdrückt. Bei dem höheren Würdenträger ist vermutlich des Näheren an den Doktor oder Professor der Theologie gedacht (Martensen).

125 Luk. 15,7 u. 10.

+126 Der Satz von „Dergestalt ..." bis „... andrer bin" ist von Kierkegaard nachträglich eingefügt worden. Die Einfügung entspringt wohl dem Gefühl, daß der Constantin Constantius der zweiten Fassung (S. V. III 214—222, 249—252 und 257—264) mit dem Constantin Constantius des ersten Teils schwerlich zur Einheit zusammenzuschauen ist.

+127 Statt „... dich damit vielleicht versöhnen" hieß es ursprünglich: „... vielleicht sehen, wie alles hindeutet auf ihn, von dem die Rede ist allenthalben."

[128] Vollmacht: dän. Myndighed. Hier ist die äußere kirchliche Ermächtigung gemeint.

+[129] Im Druckmanuskript stand ursprünglich unter der Vorrede „Kopenhagen im Sommer 1843". Dies wurde dann geändert in „Kopenhagen, den 9. August 1843". Zuletzt wurde die Orts- und Zeitangabe ganz gestrichen. Am 9. August 1838 ist Kierkegaards Vater gestorben. Es handelt sich somit um ein Erinnerungsdatum, nicht um das bestimmte Entstehungsdatum. Die „Drei erbaulichen Reden" sind von der Druckerei am 13. Oktober 1843, 6 Tage nach der „Wiederholung" und „Furcht und Zittern" fertig abgeliefert worden. — In den März 1843 erschienenen „Zwei erbaulichen Reden" hatte Kierkegaard mit „jenem Einzelnen, den ich mit Freude und Dankbarkeit meinen Leser nenne", auf Regine hingedeutet. In diesem Vorwort hier, nach der Wiederverlobung Regines, löst er nun den Begriff des Einzelnen deutlich von Regine ab. Dies ist die Keimzelle, aus der ihm dann der für sein Verständnis des menschlichen Lebens grundlegende Begriff des Einzelnen, wie er in seinen Schriften seit 1848 scharf und deutlich sichtbar wird, erwachsen ist. Das Vorwort hier zeigt mit seiner tiefen Traurigkeit und mit seiner Unsicherheit, ob es in der Gegenwart überhaupt solch einen Einzelnen, der ihn versteht, gebe, zweierlei zugleich an: den tiefen Bruch, den die Wiederverlobung Regines in Kierkegaards Innerlichkeit bedeutet hat, und den diesem Bruch gemäßen Übergang von der Schriftstellerei um Regines willen zur Schriftstellerei ins Weite hinein, die eigentlich nichts als ein großer Monolog ist. Die „Drei erbaulichen Reden" sind der unmittelbar an die Umgestaltung von der „Wiederholung" und „von Furcht und Zittern" anschließende erste Versuch Kierkegaards, sich mit dem schlechthin negativen, ihn fast zerknickenden Ende seiner Verlobungskrise mit Gott auseinanderzusetzen.

[130] Es handelt sich um die Epistel des Sonntags Exaudi (der 1843 auf den 28. Mai fiel). Kierkegaard behandelt aus dieser Epistel allein die Worte aus Vers 8, die in Luthers Übersetzung lauten: „Die Liebe deckt auch der Sünden Menge." Über den gleichen Text hat Kierkegaard 1851 eine Kommunionrede veröffentlicht, S. V. XII 283ff. (Diese deutsche Kierkegaardausgabe, 27.—29. Abtl. S. 31ff.) — Die Worte „decken" und „bedecken", auch „zudecken" sind Übersetzung eines und des gleichen dänischen Worts; dasselbe gilt von „aufdecken" und „entdecken".

[113] Die Anklänge dieses Hymnus auf die Liebe an 1. Kor. 13 bedürfen keines Einzelnachweises.

[132] Solon zu Krösus bei Herodot I 32.

[133] 5. Mose 32,35. Die im Folgenden vollzogene Abgrenzung der christlichen Liebe gegen das alttestamentliche Bewußtsein, daß der Herr ja rächt, ist die erste scharfe Scheidung zwischen dem Alttestamentlichen (Jüdischen) und dem Christlichen in Kierkegaards Schriftstellerei.

[134] Anspielung auf 2. Mose 20,5: „bis ins dritte und vierte Glied" (Glied hier = Generation); die Stelle ist in Luthers kleinem Katechismus am Schluß des ersten Hauptstücks verwendet.

[135] manchmal und mancherlei Weise: Anklang an Hebr. 1,1.

[136] Phil. 3,13f; 1. Kor. 9,24.

[137] Matth. 20,1–16 und Luk. 7,41.

[138] Matth. 7,1ff; Luk. 9,54ff; Röm. 2,5.

[139] Tit. 1,15.

[140] Mark. 7,22 (von Kierkegaard selbst in der Handschrift notiert).

[141] Matth. 20,15 (von Kierkegaard selbst in der Handschrift notiert).

[142] Matth. 5,8 (von Kierkegaard selbst in der Handschrift notiert).

[143] Matth. 6,22f (von Kierkegaard selbst in der Handschrift notiert).

[144] Sprüche 10,10 (andre Übersetzung).

[145] Matth. 5,22 (von Kierkegaard selbst in der Handschrift notiert).

[146] Die folgenden Verszeilen sind laut Mitteilung der dän. Ausgabe von Kierkegaard genommen aus einem heute nicht mehr im kirchlichen Brauch stehenden Liede Kingo's: „Ach Herr, sieh meines Herzens Weh" (Ak Herre, se min Hjertevé, 8. Vers).

[147] 1. Mose 4,7.

[148] Gal. 5,20.

[149] Gal. 5,22.

[150] Matth. 13,12.

[151] Sirach 28,10(!). Luther übersetzt: „... so unterbleiben viel Sünden."

[152] Jak. 5,20.

[153] Jes. 42,3.

[154] Jes. 42,3.

[155] Luk. 15,20ff.

[156] 1. Kor. 13,7.

[157] 1. Petr. 3,9.

[158] Röm. 12,14.

[159] Die stumme verläßliche Liebe, die aus der Krise herausgerettet, bewahrt wird, ist die Kierkegaards zu der sich wieder verlobenden und ihn damit gleichsam auf die Wange schlagenden Regine. Indem Kierkegaard diese seine Liebe mit der eines durch jede Kränkung hindurch treuen Weibes vergleicht, tut er zweierlei zugleich: Er verdunkelt die persönliche Beziehung dieser Sätze und stellt doch mittelbar unerbittlich den Maßstab hin, von dem er möchte, daß Regine sich daran messe.

[160] Matth. 5,39–41.

[161] Matth. 18,22.

[162] Psalm 32,1.

[163] Ap.-Gesch. 27,22.

[164] Mark. 13,19ff.

[165] Jak. 5,16.

[166] 1. Mose 18,22ff.

[167] 1. Kor. 6,3.

[168] Joh. 8,1–11.

[169] Vgl. Anm. 130 und 170.

[170] Vgl. zu diesem Absatz nacheinander folgende Stellen: Phil. 2,12; Phil. 3,14; 1. Kor. 9,22; Röm. 13,12; Eph. 5,16 und Kol. 4,5; 1. Thess. 5,5ff; Joh. 9,4; 1. Petr. 4,7. An die letztgenannte Stelle (1. Petr. 4,7: „Es ist aber nahe kommen das Ende aller Dinge") schließt dann unmittelbar die Epistel des Sonntags Exaudi an (1. Petr. 4,8ff): „So seid nun (dänische Bibel wörtlich übersetzt: Darum seid) mäßig und nüchtern zum Gebet. Vor allen Dingen aber habt untereinander eine brünstige Liebe; denn die Liebe deckt auch der Sünden Menge. Seid gastfrei untereinander ohne Murmeln."

[171] Innerliche: d. h. innige (Luther: brünstige). Das Wort „innerlich" schwebt im Dänischen zwischen den beiden Bedeutungen „innerlich" und „innig" hin und her, und Kierkegaard macht sich diesen Zwiesinn nach seiner Art vielfältig zunutze. Diese deutsche Kierkegaardübersetzung hat, weil die Einheit von „innerlich" und „innig" für Kierkegaards Empfindungs- und Sprechweise bezeichnend ist, trotz der sich oft im Deutschen ergebenden sprachlichen Härte überall folgerichtig das begrifflich entscheidende Wort „innerlich" brauchen zu sollen gemeint.

[172] Hebr. 9,27. Die religiöse Gleichsetzung der urchristlichen Enderwartung mit der jedem Menschen gesetzten Erwartung seiner Sterbe- und Gerichtsstunde ist ein Teilhaben Kierkegaards an einer seinerzeit fast Gemeingut gewesenen Betrachtung der pietistischen Orthodoxie.

[173] In der folgenden Beschreibung der Liebe finden sich Anklänge an 1. Kor. 13 (vgl. Anm. 131).

[174] Vgl. Jak. 2,13.

[175] Anspielung auf Joh. 5,44.

[176] Die folgende nähere Beschreibung ist in ihrem ersten Teil nach dem Modell des Pharisäers Luk. 18,9ff (Gleichnis vom Pharisäer und Zöllner) gemacht.

[177] Vgl. Mark. 12,17.

[178] Hiob 9,3.

[179] einen andern: Im Dänischen gemeinsamen Geschlechts. Kierkegaard denkt an sein Verhältnis zu Regine. Das Neue, das die Liebe für das, was sie nimmt, einem Menschen gibt, ist für Kierkegaard die Tiefe des Gottesverhältnisses gewesen, die aus der ihm 1843 mit der Wiederverlobung Regines widerfahrenen völligen inneren Katastrophe erwuchs.

[180] Horaz, Oden III 1,40: Post equitem sedet atra cura.

[181] H. A. Brorson (gest. 1764) in seinem Liede: „Fleuch mein Geist und brich mit Stärke" („Flye min Aand og bryd med Styrke"). Kierkegaard modelt die von ihm zitierten Zeilen etwas um, er sagt „Sünde", wo Brorson

„Satan" hat. (Mitteilung der dänischen Ausgabe.) Die deutsche Übersetzung ist naturgemäß frei. Wörtlich: „... durch der Sünde Pfeile in des Paradieses Ruhe."

182 Luk. 7,36ff.

183 Sprüche Sal. 17,9 lautet: „Wer Sünde zudeckt, der macht Freundschaft."

184 Später hat Kierkegaard eine andre, tiefere Auffassung des Worts Luk. 7,47 vertreten; vgl. vor allem seine letzte Rede über die Sünderin, S. V. XII 249ff (diese deutsche Kierkegaardausgabe Abtl. 27–29 S. 5ff).

185 Vgl. zu diesem Gebet Jak. 1,17 und 2. Kor. 4,16.

186 Eph. 3,13–21 ist die Epistel des 16. Sonntags nach Trinitatis, der im Jahre 1843 auf den 1. Oktober fiel. Sie lautet in Luthers Übersetzung: „Darum bitte ich, daß ihr nicht müde werdet um meiner Trübsale willen, die ich für euch leide, welche euch eine Ehre sind. Derhalben beuge ich meine Kniee vor dem Vater unsers Herrn Jesu Christi, der der rechte Vater ist über alles, was da Kinder heißet im Himmel und auf Erden, daß er euch Kraft gebe nach dem Reichtum seiner Herrlichkeit, stark zu werden durch seinen Geist an dem inwendigen Menschen, daß Christus wohne durch den Glauben in euern Herzen, und ihr durch die Liebe eingewurzelt und gegründet werdet, auf daß ihr begreifen möget mit allen Heiligen, welches da sei die Breite und die Länge und die Tiefe und die Höhe; auch erkennen die Liebe Christi, die doch alle Erkenntnis übertrifft, auf daß ihr erfüllet werdet mit allerlei Gottesfülle. Dem aber, der überschwenglich tun kann über alles, das wir bitten oder verstehen, nach der Kraft, die da in uns wirket, dem sei Ehre in der Gemeine, die in Christo Jesu ist, zu aller Zeit, von Ewigkeit zu Ewigkeit! Amen."

187 Gal. 1,15f; Gal. 2,2. – Abfassung des Epheserbriefs durch Paulus während seiner letzten Gefangenschaft in Rom war zu Kierkegaards Zeiten die wissenschaftlich vorherrschende Meinung. Heute hält die strengere wissenschaftliche Kritik, F. Ch. Baur folgend, den Epheserbrief meist für pseudopaulinisch.

188 1. Petr. 2,20.

189 2. Tim. 4,9–16.

190 Zum Folgenden vgl. 2. Kor. 6,10.

191 Eph. 3,13.

192 Mark. 2,20.

193 1. Kor. 9,26.

194 Da, wo Luther übersetzt „stark zu werden durch seinen Geist an dem inwendigen Menschen" (Eph. 3,16; vgl. Anm. 186) legt Kierkegaards Rede als dänischen Text zugrunde: „at bekraeftes ved Guds Aand i det indvortes Menneske", gebraucht also für „stark werden" die Passivform von „bekraefte". Nun heißt bekraefte im Dänischen zugleich: s t ä r k e n, b e s t ä r k e n, b e k r ä f t i g e n, b e s t ä t i g e n. Das Gleiche gilt von dem dazugehörigen Substantiv Bekraeftelse. Kierkegaards erbauliche Rede spielt nun auf eine jeder Übersetzungskunst spottende Weise zwischen den vier Bedeu-

tungen hin und her. Der Übersetzer glaubt, wo es nur irgend angeht, „bestätigen“ und „Bestätigung“ schreiben zu sollen; denn in der Richtung dieser Bedeutung liegt der Skopus der Rede, die ein Niederschlag ist von Kierkegaards leidenschaftlichem Ringen, sich aus der Katastrophe des Sommers 1843 eine in Gott geborgene, jeder äußeren Stütze entraten könnende, rein innerliche persönliche Selbständigkeit zu erwerben. Dies ist auch das, was ihm die Redewendung „seine Seele retten“ in die Feder gegeben hat.

195 Matth. 16,2 f.

196 Jak. 4,13.

197 Luk. 12,16–21.

198 Jak. 4,14.

199 1. Kor. 3,9.

200 1. Kor. 10,13; Ap.-Gesch. 14,17.

201 Der Satz zeigt deutlich, daß Kierkegaard eine objektiv feststellbare Inspiration der Bibel letztlich nicht kennt. Sein Glaube an die neutestamentliche Offenbarung ist allein gegründet in dem inneren Zeugnis des heiligen Geistes (testimonium spiritus sancti internum) an den Einzelnen.

202 Mark. 10,23.

203 Hiob 1,5.

204 Die Formung dieses Bildes durch Kierkegaard ist mitbestimmt durch die Geschichte von Jesu Versuchung; vgl. Matth. 4,8.

205 Luk. 16,2.

206 Feuersäule, Wolkensäule: vgl. 2. Mose 13,21 f. „Und der Herr zog vor ihnen her, des Tages in einer Wolkensäule, daß er sie den rechten Weg führte, und des Nachts in einer Feuersäule, daß er ihnen leuchtete zu reisen Tag und Nacht.“ Die eigentümliche Abwandlung dieses biblischen Bildes hat Kierkegaard aus Hamann genommen; vgl. dessen „Biblische Betrachtungen“, London 19. III. 1758 (Schriften, herausgeg. von Friedrich Roth, Bd. I S. 52): „Wenn wir Gott bei Sonnenschein in der Wolkensäule übersehen, so erscheint uns seine Gegenwart des Nachts in der Feuersäule sichtbarer und nachdrücklicher.“

207 Röm. 5,4.

208 Hebr. 5,8. Zu der gleich folgenden Erwähnung Abrahams vgl. 1. Mose 23,17–20.

209 1. Kor. 2,9.

210 Aus einer Tagebuchaufzeichnung Kierkegaards, die sicher der zweiten Hälfte des Jahres 1843 zugehört, also entweder gleichzeitig oder etwas später als die Abfassung dieser Rede ist (Papirer IV A 165), geht hervor, daß Kierkegaard mit der alten Erbauungsschrift die „Theologia deutsch“ meint und die Stelle aus dem 10. Kapitel im Auge hat, wo es heißt: „Wenn uns Gott zu einem Höhern will ziehen, d. i. in ein Darben und Abgehen des Unsern in Geist und Natur und ziehet seinen Trost und Süßigkeit

von uns, so ist uns wank und weh und können uns nimmermehr darein schicken und vergessen Gottes ... und wähnen, wir seien verloren." Kierkegaard gibt in der Tagebuchaufzeichnung die letzten Worte unter selber dunkel geahntem Mißverständnis der deutschen Vokabel „wähnen" genau so wie in dieser Rede mit: „... und rühmen uns, wir seien verloren" wieder. Diesem Mißverständnis liegt nun aber etwas Tieferes zugrunde, nämlich die Erinnerung an den Gipfelpunkt seiner Jugendverschuldung, an seine trotzige, die Qual in seinem Innern zu seinem Stolz machende lästerliche Selbstverfluchung vor Gott. Neben der noch deutlicheren Stelle in der „Krankheit zum Tode" S. V. XI 183–185 (vgl. die Erläuterung in dieser deutschen Kierkegaardausgabe 24./25. Abteilung Anm. 61) ist die Äußerung in dieser Rede über den inwendigen Menschen das wichtigste Selbstzeugnis Kierkegaards zum Verständnis seiner Jugendempörung. In der Tagebuchaufzeichnung Papirer IV A 165 spricht er schon, ähnlich wie in der Krankheit zum Tode, vom „Maximum der Verzweiflung".

211 2. Petr. 3,8.

212 Eph. 3,13ff (vgl. Anm. 186) ist eine Bitte des Paulus an Gott, daß er die Empfänger des Briefs bestätigen (stark machen) möge in dem inwendigen Menschen.

213 Jak. 1,17.

214 Der folgende verwickelte Satz, welcher dem irdischen Vater den himmlischen Vater abgrenzend gegenüberstellt, ist das entscheidende authentische Dokument für das Verhältnis des aus der pietistischen Enge seines Vaterhauses herausdrängenden jungen Studenten Kierkegaard zu seinem Vater; da, wo die Pünktchen stehen und der Kontrastvergleich abbricht, hat der Leser sich den Fortgang des kritisch werdenden Verhältnisses zu tiefster Entzweiung der beiden und durch diese hindurch dann zur Versöhnung in der Gemeinsamkeit des Glaubens an die himmlische Vaterliebe Gottes zu ergänzen.

215 Röm. 12,15: „Freuet euch mit den Fröhlichen und weinet mit den Weinenden."

216 Röm. 8,38.

217 Mit diesem Menschen meint Kierkegaard wohl den Vater, nicht die Mutter.

218 Dieser feierliche Schluß kann kaum anders verstanden werden, als daß Kierkegaard die innere Lösung vom Irdischen, die ihm aus der Krise des Sommers 1843 erwachsen ist, als eine „Rückkehr zu Gott" empfunden hat.

HELMUTH VON GLASENAPP

Die fünf Weltreligionen

Brahmanismus, Buddhismus, Chinesischer Universismus, Christentum, Islam. 42. Tausend. 400 Seiten

Die Wiederbelebung der Religionen ist eines der interessantesten Phänomene unserer Zeit. Das lebendige Christentum des Papstes Johannes Paul II., Ayatollah Khomeinis Vision einer Republik des Islam, die Anziehungskraft des Hinduismus und des Buddhismus für junge Menschen im Westen – zwei Drittel der Menschheit bekennen sich heute zu einer der fünf Weltreligionen. Die Fülle der religiösen Erscheinungsformen, das Trennende und das Gemeinsame der Bekenntnisse untersucht der bekannte Indologe und Religionswissenschaftler Helmuth von Glasenapp.

»Mit einer meisterhaften Darstellungsgabe zeichnet Helmuth von Glasenapp die östlichen Religionen als die Religionen des *ewigen Weltgesetzes*, des unaufhörlichen Wechsels von Werden und Vergehen in einem als ewig gedachten Weltkreislauf – während die westlichen Religionen der *geschichtlichen Gottesoffenbarung* die Weltgeschichte zwischen Schöpfung und Weltende als einen einmaligen geschichtlichen Prozeß auffassen.«

Theologie und Glaube

EUGEN DIEDERICHS VERLAG